COMENTÁRIOS AO NOVO CÓDIGO CIVIL

O GEN | Grupo Editorial Nacional reúne as editoras Guanabara Koogan, Santos, Roca, AC Farmacêutica, Forense, Método, LTC, E.P.U. e Forense Universitária, que publicam nas áreas científica, técnica e profissional.

Essas empresas, respeitadas no mercado editorial, construíram catálogos inigualáveis, com obras que têm sido decisivas na formação acadêmica e no aperfeiçoamento de várias gerações de profissionais e de estudantes de Administração, Direito, Enfermagem, Engenharia, Fisioterapia, Medicina, Odontologia, Educação Física e muitas outras ciências, tendo se tornado sinônimo de seriedade e respeito.

Nossa missão é prover o melhor conteúdo científico e distribuí-lo de maneira flexível e conveniente, a preços justos, gerando benefícios e servindo a autores, docentes, livreiros, funcionários, colaboradores e acionistas.

Nosso comportamento ético incondicional e nossa responsabilidade social e ambiental são reforçados pela natureza educacional de nossa atividade, sem comprometer o crescimento contínuo e a rentabilidade do grupo.

JOSÉ RENATO NALINI

Doutor em Direito Constitucional pela Universidade de São Paulo.
Desembargador do Tribunal de Justiça de São Paulo.
Corregedor-Geral da Justiça no Biênio 2012/2013.
Professor Permanente do Programa de Pós-Graduação em
Direito (Mestrado) da UNINOVE.

COMENTÁRIOS AO NOVO CÓDIGO CIVIL

Livro Complementar

Das Disposições Finais e Transitórias

Dos Princípios Regedores do Novo Código Civil

Lei de Introdução

Volume XXII
(Arts. 2.028 a 2.046)

2ª edição
revista e atualizada

Coordenador
SÁLVIO DE FIGUEIREDO TEIXEIRA

Rio de Janeiro

- A EDITORA FORENSE se responsabiliza pelos vícios do produto no que concerne à sua edição, aí compreendidas a impressão e a apresentação, a fim de possibilitar ao consumidor bem manuseá-lo e lê-lo. Os vícios relacionados à atualização da obra, aos conceitos doutrinários, às concepções ideológicas e referências indevidas são de responsabilidade do autor e/ou atualizador.

  As reclamações devem ser feitas até noventa dias a partir da compra e venda com nota fiscal (interpretação do art. 26 da Lei n. 8.078, de 11.09.1990).

- Direitos exclusivos para o Brasil na língua portuguesa
  Copyright © 2013 *by*
  EDITORA FORENSE LTDA.
  Uma editora integrante do GEN | Grupo Editorial Nacional
  Travessa do Ouvidor, 11 – Térreo e 6º andar – 20040-040 – Rio de Janeiro – RJ
  Tel.: (0XX21) 3543-0770 – Fax: (0XX21) 3543-0896
  forense@grupogen.com.br | www.grupogen.com.br

- O titular cuja obra seja fraudulentamente reproduzida, divulgada ou de qualquer forma utilizada poderá requerer a apreensão dos exemplares reproduzidos ou a suspensão da divulgação, sem prejuízo da indenização cabível (art. 102 da Lei n. 9.610, de 19.02.1998).

  Quem vender, expuser à venda, ocultar, adquirir, distribuir, tiver em depósito ou utilizar obra ou fonograma reproduzidos com fraude, com a finalidade de vender, obter ganho, vantagem, proveito, lucro direto ou indireto, para si ou para outrem, será solidariamente responsável com o contrafator, nos termos dos artigos precedentes, respondendo como contrafatores o importador e o distribuidor em caso de reprodução no exterior (art. 104 da Lei n. 9.610/98).

- 1ª edição – 2007 / 2ª edição – 2013

- CIP – Brasil. Catalogação na fonte.
  Sindicato Nacional dos Editores de Livros, RJ.

  N159c

  Nalini, José Renato, 1945 –

  Comentários ao Novo Código Civil, volume XXII: livro complementar das disposições finais e transitórias. 2. ed / José Renato Nalini; coordenador: Sálvio de Figueiredo Teixeira – Rio de Janeiro: Forense, 2013.

  Conteúdo: v. 22 – Arts. 2.028 a 2.046

  Inclui bibliografia
  ISBN 978-85-309-4737-8

  1. Brasil. [Código Civil (2002)]. 2. Direito Civil – Brasil.
  I. Teixeira, Sálvio de Figueiredo, 1939 –. II. Título

  07–1711   CDU 347.251(81)

À memória e presença viva do Desembargador SYLVIO AMARAL,
sempre à frente de seu tempo e raro artífice de uma concepção
de Corregedoria-Geral de Justiça destinada a modernizar
o Judiciário e a conferir amplitude à consciência dos juízes.

PREFÁCIO À 2ª EDIÇÃO

Ao Ministro Sálvio de Figueiredo Teixeira.

No momento em que preparo a 2ª edição deste volume da coleção organizada pelo Ministro Sálvio de Figueiredo Teixeira, as consciências lúcidas do país são surpreendidas pela notícia de seu precoce falecimento, em 15 de fevereiro de 2013. Fato inesperado, numa terra que aos poucos se acostuma com o vigor intelectual de personagens octogenários, nonagenários e centenários. Não são poucos os exemplos de notáveis senhoras e senhores ainda aptos a fazer de suas existências verdadeiras lições, como bem ilustra a escritora Lygia Fagundes Telles, ainda em plena atividade, o arquiteto Oscar Niemeyer, que permaneceu produtivo até a morte, aos 104 anos, e os juristas Goffredo da Silva Telles e Miguel Reale, também falecidos.

A comunidade jurídica já foi mais cônscia de que valores existem que não podem ser olvidados. Dentre eles, o reconhecimento dos atributos pessoais de próceres que possam servir de modelo para as novas e futuras gerações. De tempos para esta data, a voragem do tempo e a mutação profunda dos costumes sociais não têm permitido o cultivo do passado. Investe-se mais na tática das homenagens aos detentores atuais do poder do que em reverenciar os que se foram. Os vultos responsáveis por relevantes conquistas em todas as áreas das ciências do direito já não merecem aquele culto que um dia se prestou aos que já deixaram este plano terreno.

Houve tempos em que a partida de um grande jurista comovia a comunidade e inúmeras vozes se faziam ouvir para o lamento laudatório. Hoje, o atropelo dos factoides parece debilitar a capacidade de exprimir emoções. São tamanhas as requisições destinadas aos viventes, que não há tempo para chorar os mortos.

O Ministro SÁLVIO DE FIGUEIREDO TEIXEIRA judicou no STJ desde 1989, até o trágico AVC que o impediu de presidir o Tribunal da Cidadania. Ingressou na Magistratura mineira por concurso, aos 27 anos, depois de ter sido advogado e promotor. Percorreu todos os estágios da carreira e desde cedo observou que a Universidade não produz juízes. Oferece à sociedade, no máximo, bacharéis em ciências jurídicas. Mas exercer a jurisdição carece de formação. Daí a imprescindibilidade das Escolas da Magistratura, a única real revolução do Judiciário no século XX.

Criou a Escola Judicial "Desembargador Edésio Fernandes", do TJMG, e depois impulsionou a criação ou a consolidação de inúmeras outras Escolas de Juízes no Brasil e na América Latina. Foi Diretor da Escola Nacional da Magistratura, que dinamizou e fez relacionar-se com as congêneres de todo o mundo. Incentivou a elaboração de uma doutrina de preparação e formação de Magistrados, procurou dotar o Judiciário brasileiro de pensadores e humanistas que deixassem o ranço do tecnicismo e da anacrônica tradição medieval, mas acordassem para as urgentes necessidades contemporâneas.

Na visão do Ministro Carlos Velloso, o Judiciário que o Ministro Sálvio propôs estaria afinado com os grandes temas contemporâneos, jurídicos e metajurídicos, e estaria adequadamente formado para um enfrentamento eficiente. Pois "é isto e muito mais do que isto que o Ministro Sálvio de Figueiredo Teixeira preconiza, ele que é autor de leis processuais que têm concorrido para o desemperramento da máquina judicial. Sálvio tem-se revelado, além de juiz notável, primoroso nos julgamentos, autêntico líder da magistratura brasileira. E sua liderança tem levado grande número de juízes a adotar posições que aperfeiçoam a função jurisdicional e melhoram o acesso à Justiça".[1]

Predestinado a liderar, o Ministro Sálvio de Figueiredo Teixeira foi responsável pela grande revolução do processo no Brasil e exportou sua experiência para a comunidade lusófona, onde era muito respeitado. Sabia agregar, era admirado, estimado e verdadeiramente venerado. Tanto que existe até mesmo uma associação denominada Sociedade dos Amigos do Sálvio – SAS. Privar de sua amizade era constatar que o mineiro de Salinas conservara as tradições do interior das Gerais, mantinha a verve humorística, cultivava a música e as artes. Levava a sério essa eleição afetiva, que é a escolha dos parentes do coração, que são os amigos.

Esse homem que dispunha de tanta autoridade e merecia tamanho respeito, que conseguiu levar para o STJ quase todos os quadros que conheceu e entendeu pudessem bem servir à Justiça brasileira, deixa um legado que somente a posteridade saberá reconhecer, pois a proximidade da perda, ao aturdir os que o conheciam, impede apreciação serena do alcance de sua obra em benefício do aprimoramento da Magistratura brasileira.

---

1   Apresentação do livro do Ministro Sálvio de Figueiredo Teixeira, *O Juiz* – Seleção e Formação do Magistrado no Mundo Contemporâneo. Belo Horizonte: Del Rey, 1999.

VIII

PREFÁCIO À 1ª EDIÇÃO

O último dos volumes da coleção coordenada pelo Ministro SÁLVIO DE FIGUEI-REDO TEIXEIRA e confiado ao menos talentoso dos comentadores se destina a contemplar o Livro Complementar Das Disposições Finais e Transitórias do Código Civil de 2002.

São dezenove artigos voltados a propiciar transição o quanto possível harmônica entre uma lei que vigeu por quase um século e esta, presumivelmente inspirada pelas profundas transformações impostas à sociedade brasileira nas últimas décadas.

O direito intertemporal já mereceu a atenção dos maiores doutrinadores da ciência jurídica universal. É tema recorrente na jurisprudência, a partir da concepção de que as leis continuam necessárias para disciplinar a sociedade humana e que sua atualização, renovação ou modificação constitui fatalismo inescapável, especialmente em tempos que a sociologia competentemente denomina de "modernidade líquida", nos quais há acelerada multiplicação nas mudanças sociais. Nada sobrevive à avalanche de transformações sociais observadas nas últimas décadas e o caráter perene da normatividade por vezes levanta o risco de ser relegada à obsolescência com enorme rapidez.

Decorridos mais de dez anos de vigência da Lei nº 10.406, de 10.01.2002, muitas das questões consideradas tormentosas já se pacificaram nos pretórios. Outras ainda causam dúvidas e as mentes mais inquietas não estão serenadas. Produzida a lei, coincide com sua vigência a turbulenta perplexidade que ela ocasiona. Surgem as indagações oriundas de sua incidência, têm início as infindáveis discussões sobre o seu alcance e consequências. O que teria pretendido o legislador?

A exteriorização vernacular de sua empreitada conseguiu traduzir sua intenção? Além disso, a *mens legislatoris* ainda é bússola tranquila para o intérprete?

A interpretação da lei é mais relevante do que o seu texto. Conseguirá implementá-lo, dilatá-lo, adaptá-lo às reais premências de uma sociedade em permanente mutação ou culminará por neutralizá-lo, torná-lo inócuo? Revigorar normas consideradas sepultas não é raro mister cometido ao tirocínio do aplicador das normas.

Uma reflexão voltada a examinar os preceitos do direito intertemporal, regras viabilizadoras da efetiva implementação da nova lei civil, reclama também um olhar sobre os princípios regedores do novo Código.

A principiologia e sua categoria normativa cogente é um dos mais expressivos fenômenos da ciência do direito. O advento de uma Constituição principiológica favoreceu o desenvolvimento das teorias que permitem sugar dos princípios – explícitos ou implícitos – resultados até mais consistentes em relação aos extraíveis das regras.

Os princípios conferiram também a diretriz filosófica ao Código Reale. Não cansava de proclamar o codificador, em sua pregação para disseminar o espírito que alimentou o trabalho de mais de um quarto de século, que três pilares sustentavam o edifício civilístico: a *eticidade*, a *socialidade* e a *operabilidade*.

Vive-se tempos nos quais as incursões da sociedade aberta dos intérpretes no campo da hermenêutica aplicada ao Direito e a crescente interdependência das disciplinas do saber jurídico revelam, com grande clareza, que visão atomizada das categorias específicas do Direito Civil em nada contribui para a resolução de casos concretos. Festeja-se que esse é um caminho aparentemente sem volta, embora ainda carente de maior rigor no trato (e na importação) das teorias da interpretação.

Bem por isso, propus-me, nesta empreitada, a oferecer à comunidade aberta dos intérpretes dessa *Constituição do homem comum*, como ao Código Civil se referia o Prof. MIGUEL REALE, rápida incursão pelos princípios, pela maneira de se interpretar a lei e pela responsabilidade do aplicador do direito. Entendi imprescindível a investida em temas afeitos à hermenêutica, na medida em que a grande maioria das milhares de faculdades de Direito espalhadas pelo país ainda trata essa disciplina, essencial à compreensão do arcabouço normativo, com indesculpável menoscabo. Afinal, a missão de interpretar não é apenas dos juízes, mas – prioritariamente – de todos os envolvidos no contexto processual. Estimulado pelos demais operadores, o magistrado poderá fazer jus ao potencial do Código Civil de 2002 de ser verdadeira usina, fonte inesgotável de soluções justas.

O Código Beviláqua era considerado monumento jurídico pela exação vernacular, pela fidelidade às fontes romanas, por ter conseguido se valer do melhor conteúdo do Código Napoleônico e adaptá-lo às necessidades brasileiras.

O Código Reale se propõe a ser um solucionador de problemas reais. A injustiça é a experiência com que se defronta a maior parte das pessoas durante sua vida terrena. Tudo aquilo que puder atenuar a iniquidade, semear a harmonia, reduzir as contendas, orientar a espontânea conciliação e devolver à cidadania a autonomia de sua vontade será muito bem recebido.

Uma concepção nova do direito, mais voltado a resultados do que a ritos, provido de eficiência, que é *regra de ouro* na sociedade contemporânea, tanto que insculpida como dever para a Administração Pública, é compatível com a aplicação da nova lei civil.

O juiz que quiser realmente fazer o *justo concreto*, não apenas exercer o seu dever de ofício, terá nela ferramentas fidedignas. Continuam disponíveis os instrumentos contidos na Lei de Introdução às Normas de Direito Brasileiro, revitalizada por seiva fundante de que também se impregnou o novo estatuto.

X

A melhor homenagem que se poderia prestar a esse *farol das Gerais*, que é o Ministro SÁLVIO DE FIGUEIREDO TEIXEIRA, é disseminar o seu amor à Justiça e a sua crença inabalável de que o juiz bem formado, de consciência ética irrepreensível, continua a ser chamado neste século XXI a exercer um protagonismo heróico.

Assumir-se como agente capaz de concretizar as mensagens normativas do constituinte e do legislador civil, sem descurar da especialíssima contribuição da *Constituição Cidadã*, de 1988, para edificar a pátria justa, fraterna e solidária com que têm direito de sonhar todos os brasileiros.

Nota da Editora: o Acordo Ortográfico foi aplicado integralmente nesta obra.

ÍNDICE SISTEMÁTICO

INTRODUÇÃO: PRINCÍPIOS INCIDENTES
AO LIVRO COMPLEMENTAR
DAS DISPOSIÇÕES FINAIS E TRANSITÓRIAS

1. O princípio da irretroatividade das leis	1
2. O princípio da segurança jurídica	11

LIVRO COMPLEMENTAR
DAS DISPOSIÇÕES FINAIS E TRANSITÓRIAS

Art. 2.028	17
Art. 2.029	45
Art. 2.030	49
Art. 2.031	51
Art. 2.032	60
Art. 2.033	61
Art. 2.034	62
Art. 2.035	65
Art. 2.036	70
Art. 2.037	75
Art. 2.038	79
Art. 2.039	87
Art. 2.040	104
Art. 2.041	106
Art. 2.042	110
Art. 2.043	120
Art. 2.044	121

Art. 2.045 122

Art. 2.046 123

PRINCÍPIOS REGEDORES DO NOVO CÓDIGO CIVIL

1. Da onipotência do legislador ao *sapere aude* 127

2. Era necessário um novo Código? 130

3. O papel do juiz na aplicação do novo Código 132

4. A função interpretativa da jurisprudência 135

5. A hermenêutica positivista 139

6. A interpretação textual 139

7. A interpretação extratextual 140

8. Os princípios gerais de direito 145

9. A livre investigação científica 148

10. A Escola do Direito Livre 151

11. A publicização do direito privado 154

12. A constitucionalização do Direito Civil 157

13. Revalorização do Princípio 164

14. Conceituação de Princípio 167

15. Os princípios constitucionais 170

16. A plasticidade principiológica 176

17. Os princípios regedores do Código Civil de 2002 181

    17.1. Eticidade 181

    17.2. Socialidade 183

    17.3. Operabilidade 186

18. Cláusulas gerais 188

19. Conceitos legais indeterminados 191

20. Conceitos determinados pela função 192

21. Protagonismo do intérprete 193

APÊNDICE
LEI DE INTRODUÇÃO ÀS NORMAS DO DIREITO BRASILEIRO

Decreto-lei nº 4.657, de 04.09.1942 199

Bibliografia 269

INTRODUÇÃO

Princípios Incidentes ao Livro Complementar das Disposições Finais e Transitórias

1. O princípio da irretroatividade das leis

Numa concepção ideal, a lei é norma abstrata de conduta destinada a incidir sobre todas as futuras concreções da hipótese nela prevista. O formulador dessas *regras do jogo* passa a representar o poder mais relevante dentre os atribuídos ao gestor da coisa pública. Por isso é que o Legislativo seria a função predominante no Estado de Direito. Aos demais poderes restaria a aplicação da lei ausente a controvérsia – Executivo ou Administração – e fazer incidir a lei nos conflitos.

Regras estabelecidas, previsibilidade de incidência, atribuições perfeitamente definidas. Pressupostos à segurança e estabilidade das relações essenciais à consecução dos objetivos da existência humana.

Para que tal configuração prevaleça, é essencial que as leis valham para o futuro. E essa assertiva vale tanto para o legislador quanto para o Estado-Juiz, na medida em que nem este pode aplicar nova lei a situações jurídicas consolidadas sob a égide de lei antiga e nem aquele pode efetuar a produção de legislação retroativa. Ilógico estabelecer disciplina para fatos passados. Os indivíduos se orientam de acordo com preceitos preexistentes. Diversa fora a previsão normativa e distinta poderia ter sido a opção de conduta.

O normal para o ser humano é viver com esperança no futuro. Por maiores sejam as dificuldades, por mais angustiantes sejam suas vicissitudes, nutre-se de expectativas em dias melhores. A retroatividade é contra a natureza: carregaria o peso do passado, sem o conforto da esperança.

As questões da lei no tempo são permanentes, como a própria reflexão em torno ao tema. Na reflexão agostiniana, indaga-se: *"O que é, por conseguinte, o tempo? Se ninguém mo perguntar, eu sei; se o quiser explicar a quem me fizer a pergunta, já não sei. Porém, atrevo-me a declarar, sem receio de contestação, que, se nada sobreviesse, não haveria tempo futuro, e, se agora nada houvesse, não existiria o tempo presente. De que modo existem aqueles dois tempos – o passado e o futuro –, se o passado já não existe e o futuro ainda não veio?"*[1]

Por isso é que, para Agostinho, *"talvez fosse próprio dizer que os tempos são três: presente das coisas passadas, presente das presentes, presente das futuras. Existem, pois, estes três tempos na minha mente que não vejo em outra parte: lembrança presente das coisas passadas, visão presente das coisas presentes e esperança presente das coisas futuras".*[2] Na verdade, a preocupação do legislador com o momento da incidência da nova norma é permanente. O aplicador da lei enfrenta o desafio de responder se a norma presente serve para resolver o que já passou, além de se prestar à baliza de solução para o futuro.

É por isso que, no dizer de Canotilho, *"o problema das leis retroativas é uma das mais complexas questões da teoria geral do direito".*[3] A formulação do Estado de Direito repousa sobre os alicerces da segurança e da confiança jurídica. Requisitos só atingíveis se houver durabilidade e permanência do ordenamento. A estabilidade das relações interindividuais e sociais está baseada numa expectativa de certeza do quadro de regras.

A dinâmica social implica revisão da normatividade. Mudam os cenários, alteram-se as condições, avançam a ciência e a tecnologia. O regramento suficiente para a disciplina de temas superados também se

---

1   SANTO AGOSTINHO, *Confissões*, tradução de J. Oliveira Santos, S. J. e A. Ambrósio de Pina, S. J., *Pensadores*, São Paulo, Abril Cultural, 1973, p. 244.
2   SANTO AGOSTINHO, op.cit., *idem*, p. 248.
3   JOSÉ JOAQUIM GOMES CANOTILHO, *Direito Constitucional*, 6ª ed. revista, Coimbra, Livraria Almedina, 1993, p. 374.

exaure – talvez resida aí sua imperfeição, a despeito do apego de muitos a verdadeiro sacrário da Lei. A renovada produção normativa pressupõe o progresso civilizatório.

Ora, os indivíduos necessitam de certa proteção para que as alterações legais não afetem situações tranquilas e pacificadas. Se a regra é a irretroatividade das leis, *"uma absoluta proibição da retroatividade...impediria o legislador de realizar novas exigências de justiça e de concretizar as ideias de ordenação social, positivamente plasmadas na Constituição"*.[4] Existe, portanto, uma *irretroatividade mitigada*. Ou seja: a lei retroativa só será inconstitucional quando uma norma ou princípio constitucional não permitir outra alternativa.

A noção de *retroatividade*, salienta Canotilho, não se coaduna com um conceito unitário que desconheça a estrutura diferenciada das normas e as diversas espécies e graus de referência ao passado. Assinala o constitucionalista luso que *"embora o problema da retroatividade se discuta a propósito da eficácia intertemporal das leis, deve distinguir-se entre* leis retroativas *e* disposições transitórias: *quando uma nova lei não pode ter eficácia em relação ao passado existe uma* proibição de retroatividade; *quando uma nova lei não pode ter eficácia imediata diz-se que existe necessidade de direito transitório"*.[5]

Nem toda lei retroativa é inconstitucional. Só o será se incompatível com um preceito constitucional suficientemente denso. Tal raciocínio decorre da concepção de Constituição como sistema aberto de normas e princípios e, ainda na lição de Canotilho, evita duas unilateralidades: *"1) a redução do parâmetro normativo-constitucional às regras, esquecendo-se ou desprezando-se a natureza de direito atual e vinculante dos princípios; 2) a derivação para uma retórica argumentativa a partir de princípios abstratos, insuficientemente positivados ou desprovidos de densidade normativa"*.[6] Dentre estes últimos, citam-se

---

4   JOSÉ JOAQUIM GOMES CANOTILHO, op.cit., *idem*, p. 375.
5   JOSÉ JOAQUIM GOMES CANOTILHO, op.cit., *idem, ibidem*.
6   JOSÉ JOAQUIM GOMES CANOTILHO, op.cit., *idem*, p. 376.

o princípio da vinculação temporal do direito, cuja tradução singela é: *"cada tempo tem o seu direito, cada direito o seu tempo"* e o princípio da garantia dos direitos adquiridos. O risco é o de que *"uma argumentação ancorada exclusivamente em princípios deste gênero reconduzir--se-á a um infrutífero esquema tautológico (ex: "deve ser protegida a confiança do cidadão digna de ser protegida", "devem proteger-se os direitos adquiridos por serem direitos adquiridos").*[7]

Significativa a advertência para se evitar invocações retóricas desprovidas de conteúdo, apenas para se valer da intensidade semântica de expressões como *direito adquirido*. Os pilares dogmáticos do direito positivado sob a forja do individualismo desservem hoje a uma visão jurídica mais consentânea com a moderna instrumentalidade do direito. A Ciência Jurídica é ferramenta, como tantas outras, para tornar menos aflitiva a efêmera passagem da criatura humana pela sua aventura terrena. O patrimônio jurídico reveste valor, mas não é sacrário inviolável, se estiverem contrapostos interesses díspares. Desproporcionais sob a vertente do interesse privado e do interesse coletivo.

Fundamental abeberar-se o operador jurídico das novas perspectivas abertas por um Direito Civil alicerçado sobre a socialidade, com o abandono da egoística visão moldada ao sabor do individualismo. Os princípios da segurança jurídica e da confiança do cidadão servem como referência, mas não servem para afastar a retroatividade, quando imprescindível à consecução dos intuitos da nova lei.

No mundo da mutação contínua, do dinamismo irrefreável, da derrubada de conceitos e verdades estabelecidas, não se pode engessar o direito para atender a interesses privatísticos. O Estado de Direito Democrático garante um *mínimo* de certeza nos direitos das pessoas e nas suas expectativas fundadas no ordenamento. Assegura à cidadania a confiança na tutela jurídica. Na possibilidade de invocação de um juiz profissional, o quão possível neutro, com a formação técnica suficiente para proferir uma decisão compreensível. Mas nunca haverá a certeza

---

7   JOSÉ JOAQUIM GOMES CANOTILHO, op.cit., *idem, ibidem.*

máxima ou *absoluta* nos direitos que pretensamente titulariza. Certeza absoluta não existe nem de que se esteja vivo nas próximas horas. Quanto mais diante de um quadro normativo subordinado a múltiplas e desconformes interpretações.

Por isso é que o princípio da proteção jurídica, ínsito à ideia de Estado de Direito de índole democrática, não pode excluir em absoluto a possibilidade de leis retroativas. Sempre poderá existir uma retroatividade legítima, se do cotejo entre os interesses postos em confronto prevalecer aquele merecedor da tutela contida na retroatividade.

Assume relevância cada vez mais intensa a capacidade hermenêutica do operador do direito. Dependerá de sua habilidade exegética detectar o caso concreto à luz de diversos critérios. Dentre eles, o da estrutura diferenciada das normas, o da concretização de normas e princípios e o da concordância prática e conflitos de bens constitucionais.[8]

As normas não são todas da mesma natureza, nem de idêntica hierarquia ou grau. Para aferição de sua retroatividade, há de se questionar se é uma norma pessoal, tributária, garantidora de direitos sociais, garantidora do direito de indenização. Em cada hipótese, cabe investigar em que medida a *referência ao passado* colide com as normas e princípios constitucionais.

Ninguém hoje aceitaria discutir se uma norma tipificadora de condutas infracionais poderia retroagir para colher práticas pretéritas. De maneira análoga, padecem de inconstitucionalidade as leis que tornem retroativamente ilícitos certos comportamentos para associar-lhes efeitos negativos.

A partir da concepção da Constituição como sistema aberto de normas e princípios, conferiu-se densidade jurídica a toda espécie de preceito contido no pacto. Em relação às regras explicitadas, a dificuldade é sensivelmente menor. Já no pertinente aos princípios, impõe-se enorme dose de cautela. Há princípios explícitos e princípios implícitos. A densidade entre eles também varia. Princípios há no texto consti-

---

8 Critérios extraídos da obra de CANOTILHO, já citada, *idem*, pp. 377 e ss.

tucional que necessitam de concretização, e a conversão de uma *norma geral* em *norma de decisão* pode esbarrar em riscos de retroatividade incompatível.

A condição de uma análise profunda e motivada pelo julgador é fator de segurança para os destinatários da Justiça. Até para propiciar adensamento refletido e consolidação da orientação tomada perante os superiores graus de jurisdição.

O critério da concordância prática e conflitos de bens constitucionais é talvez o campo mais instigante para a reflexão dos estudiosos. Uma Constituição chamada de Cidadã, como a do Brasil de 05.10.1988, prenhe de princípios de intensidade distinta, não pode prescindir de um intérprete provido de condições para fazer preponderar – num determinado caso – a incidência principiológica mais adequada. No confronto entre princípios sempre haverá o sacrifício de um para que prevaleça o outro.

No campo das leis, incide a estratégia da antinomia. Se uma lei vale, a outra não pode também valer. Na esfera principiológica, serve-se o intérprete da estratégia da ponderação. Um princípio não precisa excluir o outro. Amoldam-se, na plasticidade hermenêutica, para que numa hipótese valha aquele que – em outro caso concreto – será sacrificado. A segurança da cidadania será a motivação das decisões, postulado constitucional que legitima a Magistratura brasileira e que permite a qualquer interessado acompanhar o raciocínio intelectual do julgador. Assim como favorece o controle interpretativo exercido pelos graus superiores de jurisdição.

Importa ainda constatar que nem sempre a retroatividade tem o mesmo alcance. Há casos de *retroatividade autêntica* – a pretensão a ter efeitos sobre o passado. A *eficácia ex tunc*, a atingir todas as ocorrências pretéritas. Mas também há hipóteses de *retroatividade aparente, parcial* ou *inautêntica*. Nestas, a pretensão da lei é vigorar para o futuro – *eficácia ex nunc* – mas vulnera situações, direitos ou relações jurídicas desenvolvidas no passado mas ainda subsistentes. É a retroatividade pertinente aos efeitos jurídicos, bastante comum na disciplina de alteração de contratos providos de vocação de permanência.

A nova regulação jurídica não tem a intenção de substituir *ex tunc* a disciplina normativa preexistente. Culmina por atingir, contudo, situações, posições jurídicas e garantias geradas no passado. Quanto a estas, entende-se legítima a expectativa do interessado de não ser prejudicado pela nova normatividade.

A questão posta por Canotilho é pertinente: *"Nestas hipóteses pode ou não ser invocado, para a obtenção de uma norma de decisão, o princípio da confiança? A resposta, em geral, aponta para uma menor intensidade normativa do princípio nas hipóteses de* retroatividade inautêntica *do que nos casos de verdadeira retroatividade (também chamada* retrospectividade *ou* retroatividade *quanto a efeitos jurídicos)"*.[9]

Uma das alternativas para solucionar a invocada lesão aos interesses do cidadão é a vertente dos *direitos fundamentais*. Houve invasão a qualquer dimensão importante dos direitos consagrados na ordem fundante? Ou cuidou o legislador de editar uma *disciplina transitória* justa para as situações atingidas.

No Brasil, os direitos fundamentais são cláusula pétrea.[10] Não é impossível, portanto, sustentar a incompatibilidade do novo preceito com o pacto que é *fundamento de validade* de toda a normatividade inferior.

Já as *disposições transitórias* constituem regra adotada no Brasil até para as Constituições. É que a aplicação das leis não se submete à dicotomia estabilidade/novidade. Entre a perpetuidade de uma legislação produzida *para ficar* como código eterno e a sua substituição abrupta e integral por nova normação, surgem as soluções de compromisso. São as *normas* ou *disposições transitórias*, cujos instrumentos se diversificam. Dentre eles, menciona Canotilho: *"Confirmação do direito em vigor para os casos cujos pressupostos se gerarem e desenvolverem à sombra da lei antiga; entrada gradual em vigor da lei nova; dila-*

---

9   JOSÉ JOAQUIM GOMES CANOTILHO, op.cit., *idem*, p. 379.
10 Artigo 60, § 4º, da Constituição da República.

tação da vacatio legis*; disciplina específica para situações, posições ou relações jurídicas imbricadas com as leis velhas e as leis novas".*[11] O legislador do Código Civil de 2002 se serviu de quase todas elas ao dispor sobre as *disposições finais e transitórias.*

Recorda Maria Helena Diniz que o mecanismo das disposições transitórias *"são elaborados pelo legislador no próprio texto normativo para conciliar a nova norma com as relações já definidas pela anterior. São disposições que têm vigência temporária, com o objetivo de resolver e evitar os conflitos ou lesões que emergem da nova lei em confronto com a antiga".*[12]

Essa, aliás, a dicção do art. 6º da Lei de Introdução às Normas do Direito Brasileiro, que assevera: *"Art. 6º A Lei em vigor terá efeito imediato e geral, respeitados o ato jurídico perfeito, o direito adquirido e a coisa julgada".*

Cada tópico enunciado no dispositivo acima transcrito mereceria denodado estudo. Bem por isso, neste item, serão fornecidas noções gerais, coordenadas à compreensão do ponto que ora se estuda. Nesse sentido, o ato jurídico perfeito é aquele que, atendido o pressuposto da validade, já se consumou sob a égide de lei vigente, ou seja, se aperfeiçoou pela produção de efeitos jurídicos por meio do exercício do direito gerado por essa lei.

É regra o caráter soberano do ato jurídico perfeito. Excepcionalmente, todavia, admite a jurisprudência que pode a lei nova atingir o que se tutelou por lei anterior, desde que esteja revestida da característica de ser de ordem pública (*RSTJ*, v. 17, 1991).

O direito adquirido, por sua vez, é aquele que *"já se incorporou definitivamente ao patrimônio e à personalidade de seu titular, de modo que nem lei nem fato posterior possa alterar tal situação jurídica, pois há direito concreto, ou seja, direito subjetivo e não direito potencial ou*

---

11   JOSÉ JOAQUIM GOMES CANOTILHO, op.cit., *idem*, pp. 379/380.

12   DINIZ, Maria Helena. *Lei de Introdução às Normas do Direito Brasileiro interpretada.* 17. ed. São Paulo: Saraiva, 2012. p. 203.

abstrato".[13] É o atributo de um ato que, aperfeiçoado ao tempo de lei anterior, permanece por ela protegido mesmo com a superveniência de nova legislação. Importante destacar que excepcionam a regra do direito adquirido as leis de ordem pública, atinentes ao interesse público ou à dimensão política, na medida em que o interesse da coletividade prevalece sobre o interesse particular do indivíduo. Por evidente, também, que há outras exceções fora do Direito Civil, como a retroatividade *in bonam partem* do Direito Penal.

Por fim, a coisa julgada é um atributo associado ao julgamento, fundado na imutabilidade de sentença judicial transitada em julgado em dois aspectos: o formal e o material. *Coisa julgada formal* ocorre perante a exclusão da possibilidade de recurso ou reapreciação de questões já decididas sobre a relação processual dentro da mesma demanda. *Coisa julgada material* existe se a relação material controvertida – a questão de mérito, o cerne da ação, a questão de fundo – é decidida em termos definitivos e irretratáveis e se impõe a todos os tribunais e a todas as autoridades. Importante observar as formas de relativização da coisa julgada, como a que decorre da norma da Súmula nº 514 do STF, que admite: *"ação rescisória contra sentença transitada em julgado, ainda que contra ela não se tenha esgotado todos os recursos".*

São conceitos que ainda provocam discussões acadêmicas apaixonadas, sobretudo quando são transplantados para situações concretas regidas por outras disciplinas jurídicas. Não são poucos os conflitos decorrentes desse cenário. O que dizer, por exemplo, da conflituosa relação entre *direito adquirido* e o primeiro direito intergeracional consagrado pela Norma Fundante, qual seja, o direito ao meio ambiente ecologicamente equilibrado? Haveria um *direito adquirido a desmatar?*

Não desconhecem os operadores do direito que o princípio da proteção da confiança propiciará uma ampla discussão dos preceitos contidos no Livro Complementar. Por mais cuidadosa ou ambiciosa tenha sido a intenção do legislador, só a forja da jurisdição – após intensa dis-

---

13   DINIZ, Maria Helena, op. cit., p. 211.

cussão, reflexão e sedimentação de leituras – conferirá algumas tendências à interpretação dos dispositivos incluídos dentre os artigos 2.028 a 2.046 do Código Civil de 10.01.2002.

Discutir-se-á a necessidade e a indispensabilidade da disciplina transitória. Seu alcance e limites. Sua pertinência, quanto a regular de maneira justa, adequada e proporcionada as questões provindas da conexão de efeitos jurídicos da lei nova a pressupostos – posições, relações, situações – anteriores e subsistentes no momento de sua vigência.

O Código Civil de 1916 vigeu durante 87 anos e não estava pacificada a jurisprudência em torno a muitos dentre seus preceitos. Não é excessivo prever que este século levará décadas a extrair consequências jurisprudenciais dos dispositivos de seu Livro Complementar.

Além das ferramentas da interpretação à luz da Constituição, cada vez mais invasiva das relações antigamente denominadas *privadas*, o operador jurídico não poderá se desvincular da profunda transformação acolhida neste Código Civil. A releitura dos princípios inspiradores desta *Constituição do homem comum*, como o Prof. Miguel Reale gostava de chamar o Código Civil, será de profundo interesse para encaminhar as alternativas de efetiva aplicação da nova lei.

Vigente o Código, iniciam-se as discussões. Por mais que pretendesse o legislador disciplinar as questões do direito intertemporal, as dúvidas surgirão. Não há mágicas, nem receitas infalíveis. O intuito destas notas é abordar alguns aspectos e propiciar a reflexão dos operadores. Plena consciência de que não resta ao comentador senão *"ditar alguns princípios de diretrizes; nem o próprio legislador, a quem soberanamente incumbe decidir sobre os limites de eficácia das próprias normas, a podia dar com uma disposição universal que tivesse a pretensão de disciplinar todas as espécies de conflitos, fosse qual fosse o campo de aplicação da norma, a natureza do instituto ou a configuração especial da relação"*.[14]

---

14   ROBERTO DE RUGGIERO, *Instituições de Direito Civil*, São Paulo, Saraiva, 1934, v. I, p. 169.

INTRODUÇÃO

2. O princípio da segurança jurídica

No mundo premido pela insegurança, em que a única certeza parece provir da incerteza, resta cada vez mais difícil a invocação ao princípio da *segurança jurídica*. Por que haveria *segurança jurídica* se não há segurança na ciência em geral, cujos dogmas ensejam permanente revisão? Encontra-se superado de há muito a distinção entre *ciências exatas* e *ciências humanas*, principalmente porque as primeiras não comportam mais esse adjetivo. O máximo que se poderia afirmar seria uma *tendência à exatidão*.

Todavia, ainda se invoca – e com frequência – a *segurança jurídica*. É um dos dogmas sobre os quais se assenta o positivismo. Mais do que isso, é um elemento essencial do princípio do Estado de Direito.

Conceito imbricado com o princípio da *proteção da confiança,* o seu conteúdo envolve outras duas conceituações:

"1. estabilidade ou *eficácia* ex post *da segurança jurídica: uma vez adotadas, na forma e procedimento legalmente exigidos, as decisões estatais não devem poder ser arbitrariamente modificadas, sendo apenas razoável alteração das mesmas quando ocorram pressupostos materiais particularmente relevantes;*

2. previsibilidade ou eficácia ex ante *do princípio da segurança jurídica que, fundamentalmente, se reconduz à exigência de certeza e calculabilidade, por parte dos cidadãos, em relação aos efeitos jurídicos dos atos normativos".*[15]

Convém examinar o teor das críticas tecidas hoje contra a Justiça brasileira pelos seus destinatários, sobretudo os setores econômico-financeiros e empresariais. Argumenta-se que os investimentos estrangeiros – essenciais ao desenvolvimento do Brasil – aqui não aportam com a prodigalidade necessária, exatamente porque a Justiça não é capaz de garantir *estabilidade* e é *imprevisível.*

---

15   JOSÉ JOAQUIM GOMES CANOTILHO, *Direito Constitucional*, 6ª ed., Coimbra, Almedina, 1993, p. 380.

Ora, a estabilidade só seria possível se a legislação continuasse a ser o quadro *estável* de preceitos elaborados de acordo com o processo legislativo, destinado a incidir sobre uma sociedade também *estável*. A *previsibilidade* pressupõe homogeneidade interpretativa, o que não se mostra possível diante da formação *plural* da Magistratura brasileira.

Ambos os conceitos – *estabilidade e previsibilidade* – restarão cada vez mais comprometidos na sociedade complexa e heterogênea em que se vive. Para contornar essa característica da Justiça é que se elaborou um sistema piramidal de tribunais. Os *Tribunais Superiores* é que têm condição de conferir certa homogeneidade às decisões e de nortear o sentido da interpretação. Sobretudo se vierem a enfrentar o desafio da elaboração das *súmulas vinculantes*, instrumento posto à disposição do Judiciário pelo constituinte derivado, com a Emenda Constitucional nº 45/2004.

Busca o sistema alcançar segurança jurídica também no âmbito dos atos jurisdicionais. A já mencionada *coisa julgada* foi, durante muito tempo, um dos territórios indevassáveis por força da vontade constitucional.[16] Não é raro encontrar-se em comunidades juridicamente jejunas, mas relevantes no contexto da nacionalidade – *v.g.*, empresariado, universidade, intelectualidade, mídia etc. – uma noção de *segurança jurídica* indistinta da pretensa *uniformidade* ou *estabilidade da jurisprudência*.

Não existe direito à preservação da jurisprudência dos tribunais. A interpretação da lei é dinâmica e submetida a inúmeras variações de enfoque. Embora se compreenda a aspiração a uma estabilidade na orientação dos tribunais, o juiz brasileiro só tem a obrigação de decidir nos termos da lei, segundo a sua convicção e responsabilidade. Por isso a dificuldade na implementação da *súmula vinculante*. A função das Cortes Superiores é aferir a correspondência das decisões das instâncias inferiores com padrões por elas considerados conformes com o orde-

---

16 Artigo 5º, inciso XXXVI, da Constituição da República: *A lei não prejudicará o direito adquirido, o ato jurídico perfeito e a coisa julgada.*

namento. Mas sempre resta ao juiz – individualmente considerado – a autonomia responsável de decidir de acordo com a sua consciência e sua leitura própria da lei.

Recai-se – novamente e sempre – no tema da adequada seleção do operador jurídico. A aplicação de uma legislação cada vez mais prolífica e tópica, inspirada por necessidades imediatas e nem sempre identificado o forte vínculo com o bem comum, reclama um intérprete sensível e afinado com as expectativas da comunidade à qual é preordenado a servir.

A primazia do direito – de *qualquer direito* – nem sempre se direciona à obtenção da justiça concreta. Nem todos os instrumentos normativos se mostram efetivamente suscetíveis de conformar as relações sociais. A *jurisdicionalização* de todas as questões não significa intensificação do grau democrático na vida social. Ao contrário, o exagerado *"culto do direito e a crença no direito como meio de desenvolvimento da sociedade poderá correr o risco da* juridicização *integral das condutas, com a consequente* degenerescência do fórum jurídico. *Nesta perspectiva, o Estado Social (= Estado Providência) origina a "ultrapassagem da forma jurídica", dessacralizando e instrumentalizando o direito. Proclama-se, por isso, o "regresso ao Estado de Direito", à "pureza do direito". Os "custos de Estado de Direito" do Estado Social tornar-se-iam insuportáveis: de um princípio de limitação e distanciação do poder através do direito passa-se para uma tentacularização do poder através do direito".*[17]

O advento do Código Civil de 2002 reflete as tendências do Direito pós-moderno, com aspiração a um retorno à singeleza. O Estado de direito moderno garantiu a sociedade civil perante o autoritarismo do Estado. O Estado de Direito pós-moderno pretende redescobrir o indivíduo, depois de consagradas pelo direito constitucional as dimensões inelimináveis da socialidade, igualdade e fraternidade. Se no Estado de Direito moderno foi necessária a regra do direito contra a ordem

---

17 JOSÉ JOAQUIM GOMES CANOTILHO, op. cit., *idem*, p. 395.

autoritária e onipotente, no Estado de Direito pós-moderno o regresso à interpretação da regra tem o intuito de reduzir a complexidade prestacional do Estado.

Um Código Civil com cláusulas abertas e gerais, com a crença explícita nas credenciais hermenêuticas do juiz, a quem se cometeu amplitude nunca dantes presente no positivismo, propicia a vedação ao risco da integral e total juridicização da vida. Impede ainda a rigidificação planificante das estruturas autônomas da sociedade. Devolve à criatura racional a oportunidade de exercer sua autonomia, à luz do princípio da subsidiariedade, na inversão da tendência de sua crescente puerilização. Pois outra não é a outorga de todas as questões – mesmo as ínfimas e irrelevantes – à discricionariedade de um juiz. Profissional onipresente e concentrador de todas as decisões, mesmo aquelas que não poderiam ser subtraídas à autonomia da vontade individual.

LIVRO COMPLEMENTAR

DAS DISPOSIÇÕES FINAIS E TRANSITÓRIAS

Art. 2.028. Serão os da lei anterior os prazos, quando reduzidos por este Código, e se, na data de sua entrada em vigor, já houver transcorrido mais da metade do tempo estabelecido na lei revogada.

COMENTÁRIOS

Sempre que uma legislação nova é editada, surgem os problemas de sua vigência diante de situações jurídicas ainda em curso e sob incidência da lei anterior.

O legislador civil de 2002 pretendeu disciplinar o tema a partir de um critério de praticidade. Se na data da entrada em vigor do novo Código já houvera transcorrido mais da metade do tempo estabelecido no Código revogado, então o prazo continuaria a ser contado pela lei anterior.

Os requisitos para a incidência dos prazos do Código Civil de 1916 são dois: 1) sua redução pela lei nova. Se os prazos foram dilatados, não há se falar em aplicação do Código revogado. 2) decurso de mais da metade do prazo antigo. Se não decorrido esse período – mais da metade do prazo previsto pela lei revogada – a incidência do Código Civil de 2002 é indiscutível.

O tema é tormentoso. Na hipótese de alguém lesado em 10.1.2000, por exemplo, à luz do Código Civil de 1916 teria o prazo de 20 anos para promover a ação de indenização – artigo 177 CC anterior – ressalvadas hipóteses especiais (v.g., a do artigo 178, § 1º, VII).

Ora, a partir do Código Civil de 2002, o prazo para a prescrição da pretensão de reparação civil passou a ser de 3 anos – artigo 206, § 3º, inciso V. No dia em que a lei nova começou a viger, ou seja, 12 de janeiro de 2003, não transcorrera "mais da metade do tempo estabelecido na lei revogada", dicção do artigo 2.028 atual. Na literalidade de sua dicção, o lapso prescricional aplicável seria o novo, de três anos, já consumado no início de vigência da lei nova.

À evidência, não pode ter sido esta a intenção do legislador. Durante a Jornada I do STJ, aprovou-se o enunciado: *"50. A partir da vigência do novo Código Civil, o prazo prescricional das ações de reparação de danos que não houver atingido a metade do tempo previsto no Código Civil de 1916 fluirá por inteiro, nos termos da nova lei (art. 206)"*. A leitura racional do dispositivo é no sentido de que *o prazo novo* começará a fluir *a partir da vigência* do Código. Nunca seria admissível que o prazo prescricional já fora inteiramente consumado nessa data, com evidente prejuízo para o lesado.

A previsão do artigo 2028, portanto, está longe de esgotar todas as indagações que poderão surgir na prática. A primeira e mais óbvia delas já se abordou: a partir de que momento incidiria o prazo da lei nova? A partir do fato gerador ou da vigência do Código Civil?

Para THEOTÔNIO/GOUVÊA,[1] só poderá ser a partir do Código Civil. E isso por uma razão muito singela. Do contrário – se contado desde o fato gerador – o prazo estaria consumado antes mesmo de se iniciar sua contagem. E a lei não pode transigir com absurdos.

Aliás, essa a orientação longeva, a partir das clássicas lições de PAUL ROUBIER, para quem a matéria da prescrição é uma das mais importantes do direito transitório. Para o deão da Faculdade de Direito de Lyon, *"o princípio admitido de maneira a mais geral hoje em dia é aquele do efeito imediato da lei sobre as prescrições em curso"*.[2] *Os novos prazos deveriam ser contados inteiramente* a partir da vigência do Código Civil, incidindo sobre *todas as situações*, ressalvadas aquelas em que a *prescrição já tivesse ocorrido*.

Se é verdade que a prescrição iniciada não confere senão um *direito eventual* ou uma *expectativa de direito*, não é menos verdadeiro que

---

1   THEOTÔNIO NEGRÃO E JOSÉ ROBERTO FERREIRA GOUVÊA, *Código Civil e Legislação Civil em vigor*, 23ª ed., São Paulo, Saraiva, 2004, p. 433.

2   PAUL ROUBIER, *Le Droit Transitoire – Conflits des lois dans le temps*, 2ème edition, Paris, Éditions Dalloz et Sirey, 1960, p. 297.

DAS DISPOSIÇÕES FINAIS E TRANSITÓRIAS (Art. 2.028)

esse *direito eventual* ou essa *expectativa de direito* não podem depender, simultaneamente, de duas leis: a lei antiga e a lei nova. Por isso é que PAUL ROUBIER já salientava a total superação da ideia de subsistência da lei antiga em matéria de prescrição: *"A teoria da sobrevida da lei antiga em matéria de prescrição foi rapidamente abandonada pela legislação".*[3] O sistema científico só pode ser o do efeito imediato da lei nova. No pertinente à prescritibilidade de um direito, a lei nova incide imediatamente sobre as prescrições em curso. Se declara um bem ou direito imprescritível, ela neutraliza a prescrição que se encontrava em curso. Mas se considera prescritível um direito, a partir de sua vigência esse prazo começa a correr, *"sem, naturalmente, que se possa considerar o tempo escoado sob a lei anterior".*[4]

A maior parte dos comentadores concorda que o termo inicial do prazo reduzido é a data da entrada em vigor do Código. A hipótese acima é expressiva de quão absurda seria outra opção. Como bem observa MÁRIO LUIZ DELGADO, *"já ensinava WIDSHEID que de maneira alguma a lei nova poderia provocar a consumação do prazo em data anterior à sua vigência".*[5]

O propósito do legislador foi preservar a intangibilidade das situações jurídicas já consolidadas e aquelas suficientemente providas de uma legítima expectativa de breve alcance dessa intangibilidade. Se o prazo à luz do qual a situação jurídica está em pleno curso e a caminho de seu exaurimento, a superação de sua metade favorece a confiança de que a situação estará em breve pacificada.

Esse modelo também já se adotara na França. O sistema preconizado por Merlin consistia na aplicação proporcional das duas leis,

---

3 PAUL ROUBIER, op. cit., *idem, ibidem.*
4 PAUL ROUBIER, op. cit., *idem*, p. 299, a mencionar a singularidade da solução francesa. A jurisprudência admitiu a solução por ele preconizada, contrária à sobrevida da lei antiga do artigo 2.281 do Código Civil francês (Cass. 8.8.1837, S., 37.1.679, 25.1.1858, DI, 58.01.109).
5 MÁRIO LUIZ DELGADO, "Problemas de Direito Intertemporal: Breves Considerações sobre as disposições finais e transitórias do novo Código Civil Brasileiro", *in Questões Controvertidas no novo Código Civil*, São Paulo, Editora Método, 2003, p. 492.

cada uma pela parte correspondente à duração escoada sob seu império. PAUL ROUBIER critica a solução. O sistema tem o inconveniente manifesto de submeter as situações a cálculos muitas vezes complicados. Parece um expediente duvidoso e deveria também ser aplicado para as hipóteses em que o prazo prescricional é alongado pela lei nova. Por isso, em França, a Corte de Cassação logo abandonou tal solução.[6]

Não diverge da orientação de ROUBIER a ponderação de CARLOS MAXIMILIANO: *"Parece mais simples e lógico respeitar a situação anterior, tranquila e jurídica, do credor ou proprietário; começar a contagem a partir da entrada em vigor dos preceitos hodiernos"*.[7]

SAVIGNY, com sua autoridade, propôs uma solução original, embora controvertida: *"Deixar ao prescribente a escolha, entre completar o tempo requerido pela lei pretérita, ou recomeçar de acordo com a hodierna"*.[8] A crítica tecida contra a proposta reside no fato de que um tema de *ordem pública* ficava submetido à discricionariedade do particular.

A proposta – longeva – de CARLOS MAXIMILIANO se apoia no fio condutor de SAVIGNY. Embora o prescribente pudesse escolher o prazo da lei antiga ou da lei nova, de acordo com as suas conveniências, ele preferiria continuar com o prazo antigo somente se a parte restante fosse menor do que o prazo moderno. Propõe: *"... convertamos tal presunção em* regra. *Ressumbra do exposto o princípio equitativo e altamente jurídico: prevalece o prazo mais breve, estabelecido pela norma*

---

6   PAUL ROUBIER, op. cit., *idem*, p. 301.

7   CARLOS MAXIMILIANO, *Direito Intertemporal ou Teoria da Retroatividade das Leis*, 2ª ed, São Paulo/Rio, Livraria Freitas Bastos, 1955, pp. 248/249.

8   SAVIGNY, vol. VIII, p. 423, *in* CARLOS MAXIMILIANO, op. cit., *idem*, p. 249. Acrescenta CARLOS MAXIMILIANO filiarem-se à mesma corrente BARROS ERRAZURIZ, *Curso de Derecho Civil*, 4ª ed., Chile, vol. I, nº 79; ARTURO ALESSANDRI & SOMARRIVA UNDURRAGA, vol. I, nº 376; FIORE, vol. I, nº 234; FERRARA, vol. I, p. 275. E reproduz o artigo 25 da Lei sobre o Efeito Retroativo das Leis do Chile, de 07.10.1861: *"A prescrição iniciada sob o império de uma lei e ainda não completada ao tempo da promulgação de outra que a modifique poderá ser regida pela primeira ou pela segunda, à vontade do prescribente; mas, escolhendo-se a última, não começará a contar-se a prescrição senão desde a data em que tenha aquela norma começado a imperar"*.

recente, a partir da entrada da mesma em vigor; não se conta o tempo transcorrido antes; porém, se ao sobrevir o novo diploma faltava, para se consumar a prescrição, trato menor do que o fixado pelos preceitos atuais, prefere-se o prazo determinado pela lei anterior".[9]

A solução do artigo 169 da Lei de Introdução ao Código Civil alemão não fora outra: *"Se o tempo da prescrição conforme o Código Civil é mais breve do que segundo as leis anteriores, contar-se-á o prazo mais curto, a partir do advento do Código. Se, entretanto, o lapso maior fixado em normas antigas transcorre mais cedo do que o menor determinado pelo Código Civil, a prescrição completar-se-á mediante o decurso do prazo mais longo".*[10]

Pleno de razão e sapiência, nesse ponto, o Anteprojeto da Lei Geral de Aplicação das Normas Jurídicas elaborado pelo Professor HAROLDO VALLADÃO. O § 2º do artigo 82 dispunha: *"A lei que diminui prazos em curso aplica-se imediatamente, correndo os novos prazos da vigência da mesma lei, salvo se os prazos terminarem mais cedo de acordo com a lei anterior".*[11]

A solução do novo Código Civil não foi a melhor, portanto. Ensejará discussões. Cumpre à jurisprudência extrair do preceito consequências menos problemáticas do que as potencialmente nele abrigadas.

No mais, a retroatividade não pode ser a regra geral. O longevo preceito inspirador da segurança jurídica é o da irretroatividade. Orienta-se a jurisprudência a ratificar essa postura, como se verifica, v.g., do julgado conduzido pelo Ministro CELSO DE MELLO: *"A incidência imediata da lei nova sobre os efeitos futuros de um contrato preexistente, precisamente por afetar a própria causa geradora do*

---

9   CARLOS MAXIMILIANO, op. cit., *idem*, p. 250.
10 CARLOS MAXIMILIANO, op. cit., *idem, ibidem*.
11 HAROLDO VALLADÃO, "Lei Geral de Aplicação das Normas Jurídicas", Anteprojeto oficial – (Decretos nº 51.005, de 1961, e 1.490, de 1962), de reforma da Lei de Introdução ao Código Civil, apresentado pelo Professor HAROLDO VALLADÃO ao Senhor Ministro da Justiça e Negócios Interiores, Rio de Janeiro, 1964, sem maiores indicações da editora, exemplar dedicado pelo autor em 01.11.1964 ao Professor JOSÉ FREDERICO MARQUES.

ajuste negocial, reveste-se de caráter retroativo (retroatividade injusta de grau mínimo), achando-se desautorizada pela cláusula constitucional que tutela a intangibilidade das situações jurídicas definitivamente consolidadas".[12]

O comportamento humano perante a lei se ajustou a certos postulados básicos. Dentre os quais, o de que a lei não pode prejudicar o ato jurídico perfeito. Nisso reside a confiança no sistema jurídico. Qualquer modificação dos efeitos futuros de um ato jurídico perfeito tipifica a hipótese de retroatividade mínima e esta encontra-se também vedada pela cláusula do inciso XXXVI do artigo 5º da Constituição da República.

Por isso a tranquila construção pretoriana: *"Lei nova não pode alterar negócio jurídico firmado sob o império de diploma legislativo anterior".*[13] Prepondera o postulado básico de que é legítimo aos afetados por uma relação jurídica nutrir expectativa de sua efetividade e permanência. Por isso é que *"aos contratos livremente pactuados têm as partes o direito de vê-los cumpridos nos termos da lei contemporânea ao seu nascimento".*[14] Em trilha de identidade: *"Estando o fato jurígeno obrigacional no passado, a lei nova, ou ato normativo novo, não modifica as condições de adimplemento avançadas".*[15]

Existe uma conotação lógica entre os conceitos de *ato jurídico perfeito* e o *princípio da irretroatividade*. O dogma *tempus regit actum* inseriu-se na consciência jurídica e estratificou-se nos ordenamentos, de maneira que, se um negócio jurídico é celebrado na conformidade de uma lei, esta é que o regerá até seu exaurimento. A concepção de *ato jurídico perfeito* contempla a imprescindível segurança e certeza sem as quais não haverá estabilidade para o desenvolvimento das relações humanas.

---

12   STF, 1ª Turma, RE nº 193.792-1-RS, Rel. Min. CELSO DE MELLO, j.10.12.96, não conheceram, v.u., *DJU* 14.03.97, p. 6.916.

13   *RSTJ* 71/293.

14   *RJTJESP* 126/428, em julgado unânime de uniformização de jurisprudência.

15   *RSTJ* 11/319, *STJ-RT* 651/190 e *RJTJERGS* 145/37.

Decorrido menos da metade do prazo de prescrição previsto no Código Civil de 1916 ou mesmo por lei extravagante, aplica a lei nova se nesta aquele prazo restou diminuído. E o Código Civil de 2002 incide a partir de sua vigência – 12 de janeiro de 2003 –, desprezado o tempo já fluído à luz da lei revogada.

O Enunciado nº 50 do CEJ consagra o entendimento dominante: *"A partir da vigência do novo Código Civil, o prazo prescricional das ações de reparação de danos que não houver atingido a metade do tempo previsto no Código Civil de 1916 fluirá por inteiro, nos termos da lei nova (art. 206)".*

Essa orientação dimana também do STF: *"Tratando-se de lei que encurtou o prazo da prescrição, ela é aplicável às prescrições em curso, mas contando-se o novo prazo da data em que a mesma lei começou a vigorar (por exemplo, acórdãos do Supremo no Arquivo Judiciário, vol.20, p.3, e vol.27, p.239). É bem clara e precisa a lição de Roubier:*[16] *no caso em que a lei nova reduz o prazo exigido para a prescrição, a lei nova não se pode aplicar no prazo em curso, sem se tornar retroativa. Daí resulta que o prazo novo, que ela estabelece, ocorrerá somente a contar da sua entrada em vigor; entretanto, se o prazo fixado pela lei antiga deveria terminar antes do prazo novo contado a partir da lei nova, mantém-se a aplicação da lei antiga, havendo aí um caso de sobrevivência tácita desta lei, porque seria contraditório que uma lei, cujo fim é diminuir a prescrição, pudesse alongá-la".*[17]

Na visão de ANTONIO JEOVÁ DOS SANTOS, a ocorrência mais frequente será aquela não prevista no artigo 2.028. O lapso prescricional decorrido será inferior à metade e o prazo foi diminuído pelo novo Código. Não há direito adquirido em relação à prescrição que está a fluir. *"Sendo mera expectativa, os novos prazos estão sujeitos à aplicação da nova lei. ... A solução encontrada pelo legislador de 2002 se*

---

16 PAUL ROUBIER, *Lês Conflicts de lois dans le temps*, 1933, 2º vol., pp. 242/243, citação do corpo do acórdão.

17 RE nº 51.706-MG, Rel. Min. LUIZ GALLOTTI, j. 04.04.1963.

afina com a doutrina brasileira e se aproxima dos corifeus do Direito intertemporal, como Gabba e Paul Roubier. Mostra, também, o acerto da sua conclusão, pois, 'de um ponto de vista geral, a prescrição se fundamenta num lapso de tempo. Por conseguinte, enquanto não consumado o tempo legal, enquanto não terminado o fato in itinere, está sujeita à superveniência de uma lei nova, quer modificando-lhe a estrutura e os requisitos, quer alterando o próprio lapso de tempo, quer até mesmo abolindo-o'. "[18]

Jurisprudência

SUPREMO TRIBUNAL FEDERAL

Direito tributário. Lei interpretativa. Aplicação retroativa da Lei Complementar nº 118/2005. Descabimento. Violação à segurança jurídica. Necessidade de observância da *vacacio legis*. Aplicação do prazo reduzido para repetição ou compensação de indébitos aos processos ajuizados a partir de 9 de junho de 2005.

Quando do advento da LC 118/05, estava consolidada a orientação da Primeira Seção do STJ no sentido de que, para os tributos sujeitos a lançamento por homologação, o prazo para repetição ou compensação de indébito era de 10 anos contados do seu fato gerador, tendo em conta a aplicação combinada dos arts. 150, § 4º, 156, VII, e 168, I, do CTN. A LC 118/05, embora tenha se autoproclamado interpretativa, implicou inovação normativa, tendo reduzido o prazo de 10 anos contados do fato gerador para 5 anos contados do pagamento indevido. Lei supostamente interpretativa que, em verdade, inova no mundo jurídico deve ser considerada como lei nova. Inocorrência de violação à autonomia e independência dos Poderes, porquanto a lei expressamente interpretativa também se submete, como qualquer outra, ao controle judicial

---

18 ANTONIO JEOVÁ DOS SANTOS, *Direito Intertemporal e o novo Código Civil – Aplicações da Lei nº 10.406/2002*, 2ª ed., São Paulo, RT, 2004, p. 1.431. A citação final é de SERPA LOPES, *Comentários à Lei de Introdução ao Código Civil*, vol. 1, p. 347.

quanto à sua natureza, validade e aplicação. A aplicação retroativa de novo e reduzido prazo para a repetição ou compensação de indébito tributário estipulado por lei nova, fulminando, de imediato, pretensões deduzidas tempestivamente à luz do prazo então aplicável, bem como a aplicação imediata às pretensões pendentes de ajuizamento quando da publicação da lei, sem resguardo de nenhuma regra de transição, implicam ofensa ao princípio da segurança jurídica em seus conteúdos de proteção da confiança e de garantia do acesso à Justiça. Afastando-se as aplicações inconstitucionais e resguardando-se, no mais, a eficácia da norma, permite-se a aplicação do prazo reduzido relativamente às ações ajuizadas após a *vacatio legis*, conforme entendimento consolidado por esta Corte no Enunciado 445 da Súmula do Tribunal. O prazo de *vacatio legis* de 120 dias permitiu aos contribuintes não apenas que tomassem ciência do novo prazo, mas também que ajuizassem as ações necessárias à tutela dos seus direitos. Inaplicabilidade do art. 2.028 do Código Civil, pois, não havendo lacuna na LC 118/08, que pretendeu a aplicação do novo prazo na maior extensão possível, descabida sua aplicação por analogia. Além disso, não se trata de lei geral, tampouco impede iniciativa legislativa em contrário. Reconhecida a inconstitucionalidade do art. 4º, segunda parte, da LC 118/05, considerando-se válida a aplicação do novo prazo de 5 anos tão somente às ações ajuizadas após o decurso da *vacatio legis* de 120 dias, ou seja, a partir de 9 de junho de 2005. Aplicação do art. 543-B, § 3º, do CPC aos recursos sobrestados. Recurso extraordinário desprovido (RE 566.621/RS, Rel. Min. Ellen Gracie, j. 04.08.2011).

Trata-se de agravo de instrumento contra decisão que inadmitiu recurso extraordinário (102, III, *a* e *b*, da Constituição federal) interposto de acórdão, em que se discute a exigibilidade da contribuição para o custeio do Fundo de Saúde do Exército – FUSEX no período anterior à vigência da Medida Provisória nº 2.131/2000 e o prazo prescricional aplicável à espécie.

Decido.

Esta Corte, no julgamento do RE 566.621 (rel. min. Ellen Gracie, DJe de 11.10.2011), *leading case* de repercussão geral, fixou orientação no sentido de que as disposições da Lei Complementar 118/2005 são aplicáveis às demandas ajuizadas a partir de 09 de junho de 2005. Confira-se a ementa do referido julgado:

"Direito tributário. Lei interpretativa. Aplicação retroativa da lei complementar nº 118/2005. Descabimento. Violação à segurança jurídica. Necessidade de observância da *vacacio legis*. Aplicação do prazo reduzido para repetição ou compensação de indébitos aos processos ajuizados a partir de 9 de junho de 2005.

Quando do advento da LC 118/05, estava consolidada a orientação da Primeira Seção do STJ no sentido de que, para os tributos sujeitos a lançamento por homologação, o prazo para repetição ou compensação de indébito era de 10 anos contados do seu fato gerador, tendo em conta a aplicação combinada dos arts. 150, § 4º, 156, VII, e 168, I, do CTN.

A LC 118/05, embora tenha se autoproclamado interpretativa, implicou inovação normativa, tendo reduzido o prazo de 10 anos contados do fato gerador para 5 anos contados do pagamento indevido.

Lei supostamente interpretativa que, em verdade, inova no mundo jurídico deve ser considerada como lei nova.

Inocorrência de violação à autonomia e independência dos Poderes, porquanto a lei expressamente interpretativa também se submete, como qualquer outra, ao controle judicial quanto à sua natureza, validade e aplicação.

A aplicação retroativa de novo e reduzido prazo para a repetição ou compensação de indébito tributário estipulado por lei nova, fulminando, de imediato, pretensões deduzidas tempestivamente à luz do prazo então aplicável, bem como a aplicação imediata às pretensões pendentes de ajuizamento quando da publicação da lei, sem resguardo de nenhuma regra de transição, implicam ofensa ao princípio da segurança jurídica em seus conteúdos de proteção da confiança e de garantia do acesso à Justiça.

Afastando-se as aplicações inconstitucionais e resguardando-se, no mais, a eficácia da norma, permite-se a aplicação do prazo reduzido relativamente às ações ajuizadas após a *vacatio legis*, conforme entendimento consolidado por esta Corte no Enunciado 445 da Súmula do Tribunal.

O prazo de *vacatio legis* de 120 dias permitiu aos contribuintes não apenas que tomassem ciência do novo prazo, mas também que ajuizassem as ações necessárias à tutela dos seus direitos.

Inaplicabilidade do art. 2.028 do Código Civil, pois, não havendo lacuna na LC 118/08, que pretendeu a aplicação do novo prazo na maior extensão possível, descabida sua aplicação por analogia. Além disso, não se trata de lei geral, tampouco impede iniciativa legislativa em contrário.

Reconhecida a inconstitucionalidade do art. 4º, segunda parte, da LC 118/05, considerando-se válida a aplicação do novo prazo de 5 anos tão somente às ações ajuizadas após o decurso da *vacatio legis* de 120 dias, ou seja, a partir de 9 de junho de 2005.

Aplicação do art. 543-B, § 3º, do CPC aos recursos sobrestados.

Recurso extraordinário desprovido." (grifei)

Visto que na hipótese dos autos a demanda foi ajuizada em 08 de janeiro de 2007, deve ser aplicado o prazo prescricional de cinco anos previsto na Lei Complementar 118/2005, o que fulmina a pretensão da parte ora agravada.

Dessa orientação divergiu o acórdão recorrido.

Do exposto, conheço do agravo de instrumento para dar provimento ao recurso extraordinário.

Invertam-se os ônus da sucumbência, ressalvada a hipótese de concessão do benefício da assistência judiciária gratuita (AI 734.356/SE, Rel. Min. Joaquim Barbosa, j. 07.11.2012).

Agravo em recurso extraordinário. Direito civil. Telefonia. Contrato de participação financeira. Subscrição de ações: inexistência de repercussão geral. Agravo ao qual se nega seguimento.

Relatório

1. Agravo de instrumento contra decisão que não admitiu recurso extraordinário, interposto com base no art. 102, inc. III, alínea a, da Constituição da República.

2. O recurso inadmitido tem por objeto o seguinte julgado do Tribunal de Justiça de Santa Catarina:

Apelação cível. Ação de complementação de ações emitidas em decorrência de contrato de participação financeira firmado com empresa de telefonia. Preliminar de ilegitimidade passiva *ad causam* repelida. Brasil Telecom S/A, empresa contratada, sucessora da Telesc S/A.

A Brasil Telecom S/A, na qualidade de sucessora da Telesc S/A, empresa contratada, detém legitimidade passiva em ação que tem por objeto o adimplemento de contrato de participação financeira.

Prejudicial de mérito. Pretensão da Brasil Telecom em ver reconhecida a ocorrência de prescrição trienal, prevista no art. 287, II, *g* da Lei nº 6.404/76. Prescrição não configurada. Relação jurídica de natureza obrigacional. Aplicação da regra geral contida no art. 177 do CC/1916 ou art. 205 do CC/2002, observado o disposto no art. 2.028 do Código Civil de 2002. Precedentes do STJ. Prescrição afastada. Recurso desprovido.

"1 – Esta Corte firmou entendimento no sentido da não aplicação do lapso temporal previsto no art. 287, II, *g* da Lei nº 6.404/76, introduzido pela Lei nº 10.303/2001, porquanto trata-se de direito obrigacional decorrente de contrato de participação financeira e não societário. Desta forma, incide, na espécie, a prescrição prevista no art. 177 do Código Civil de 1916 e nos arts. 205 e 2.028 do Código Civil de 2002.

2 – Agravo regimental desprovido" (AgRg no REsp 845.763/RS, Rel. Min. Fernando Gonçalves).

Sendo o pedido inaugural de prestação jurisdicional no sentido de compelir a Concessionária de Serviço Público a adimplir o contrato em sua integralidade, emitindo as ações conforme o formalmente avençado, a hipótese é de incidência do art. 177 do Código Civil de 1916, ou do art. 205 do vigente, por não se tratar de "pretensão de ressarcimento de enriquecimento sem causa" ou de "reparação civil", previstos nos incisos IV e V do § 3º do art. 206 do Novo Código Civil, mesmo porque eventual conversão da obrigação em indenização é consequência para a execução do *mandamus*, conforme a regra do art. 633 e seu parágrafo único, do CPC, o que não descaracteriza o pedido acolhido pela decisão transitada em julgado.

Emissão das ações em data posterior ao do efetivo pagamento. Direito do autor à diferença constatada entre o número de ações a que faria jus na data do desembolso e as que foram efetivamente emitidas, ou à indenização por perdas e danos no valor equivalente, bem como aos respectivos dividendos. Exegese do disposto no art. 633 do CPC. Desnecessidade de apuração em fase de conhecimento. Prescrição dos dividendos (art. 206, § 3º, III, CC). Inocorrente. Recurso desprovido.

O adquirente de linha telefônica, em contrato de participação financeira, faz jus à diferença entre o número de ações a que teria direito na data do pagamento e as que efetivamente foram emitidas posteriormente, ou à indenização por perdas no valor correspondente.

O pagamento dos dividendos constitui decorrência natural da complementação de ações, não havendo que se falar na prescrição trienal do art. 206, § 3º, III, do Código Civil, tendo em vista que a pretensão de havê-los somente nasce quando reconhecido ao contratante o direito ao número diferencial de ações não emitidas pela empresa de telefonia das quais advirá o cálculo desta remuneração.

Valor patrimonial das ações. Cálculo com base no balancete da empresa ré relativo ao mês em que houve o desembolso, ou, sendo o caso de quitação parcelada, o mês em que houve o pagamento da primeira prestação. Nova orientação do STJ. Recurso parcialmente provido neste ponto.

O valor patrimonial unitário da ação deve ser o aferido em balancete da empresa de telefonia elaborado no mês em que houve o desembolso pelo consumidor, ou, tendo ocorrido a quitação de forma parcelada, o mês em que houve o pagamento da primeira prestação. Precedentes do STJ no REsp n. 975.834/RS.

Indenização. Exegese do disposto no art. 633 do CPC. Cálculo de acordo com o preço de mercado das ações. Possibilidade. Consideração da melhor cotação em bolsa. Recurso desprovido.

Com relação ao cálculo da indenização, deve ser utilizado o valor correspondente a melhor cotação das ações no mercado financeiro, por configurar situação mais favorável ao exercício do direito do consumidor".

3. No recurso extraordinário, a Agravante alega que o Tribunal *a quo* teria contrariado o art. 5º, *caput*, e inc. I, da Constituição da República.

Assevera que "a decisão recorrida, ao negar a incidência da lei societária, acabou por criar duas categorias de acionistas, ao arrepio da lei e da Constituição" (grifos no original).

4. A decisão agravada teve como fundamento para a inadmissibilidade do recurso extraordinário a ausência de repercussão geral declarada pelo Supremo Tribunal Federal.

Examinados os elementos havidos no processo, DECIDO.

5. O art. 544 do Código de Processo Civil, com as alterações da Lei n. 12.322/2010, estabeleceu que o agravo contra decisão que inadmite recurso extraordinário processa-se nos autos do processo, ou seja, sem a necessidade de formação de instrumento, sendo este o caso.

Analisam-se, portanto, os argumentos postos no agravo, de cuja decisão se terá, na sequência, se for o caso, exame do recurso extraordinário.

6. Razão jurídica não assiste à Agravante.

7. No julgamento do Agravo de Instrumento n. 729.263, Relator o Ministro Cezar Peluso, DJe 16.10.2009, o Supremo Tribunal Federal afirmou a inexistência de repercussão geral da questão debatida nestes autos, por demandar a análise da legislação infraconstitucional e o reexame de cláusulas contratuais (Súmula n. 454 do Supremo Tri-

bunal Federal), nestes termos: "RECURSO. Extraordinário. Incognoscibilidade. Telefonia. Contrato de participação financeira. Subscrição de ações. Matéria infraconstitucional. Ausência de repercussão geral. Recurso não conhecido. Não apresenta repercussão geral o recurso extraordinário que, tendo por objeto contrato de participação financeira e subscrição de ações de telefonia, com complementação dos títulos acionários, versa sobre matéria infraconstitucional".

Declarada a ausência de repercussão geral, os recursos extraordinários e os agravos que suscitarem a mesma questão constitucional podem ter o seu seguimento negado pelos respectivos relatores, conforme o § 1º do art. 327 do Regimento Interno do Supremo Tribunal Federal.

7. Nada há, pois, a prover quanto às alegações da Agravante.[19]

8. Pelo exposto, nego seguimento ao agravo (art. 544, § 4º, inc. II, alínea a, do Código de Processo Civil e art. 21, § 1º, do Regimento Interno do Supremo Tribunal Federal)[20] (ARE 707.155/SC, Rel. Min. Cármen Lúcia, j. 25.10.2012).

Trata-se de agravo contra decisão que negou seguimento ao recurso extraordinário interposto de acórdão, cuja ementa segue transcrita:

"Ação de cobrança. Bolsa de estudos concedida pela FAPESP. Restituição dos valores pagos ao autor a título de bolsa para desenvolvimento de pesquisa em programa de doutoramento. Abandono do programa. Descumprimento de cláusula contratual. Fatos ocorridos em 1999. Ação ajuizada em 2006. Ocorrência de prescrição, nos termos do artigo 206, § 3º, IV do Código Civil. Prazo contado por inteiro, a partir da vigência do Código Civil de 2002, conforme artigo 2.028 deste diploma legal. Sentença de extinção do processo com análise do mérito (artigo 269, inciso IV, do Código de Processo Civil) mantida. Recurso improvido".

No RE, fundado no art. 102, III, a, da Constituição, alegou-se violação ao art. 37, § 5º, da mesma Carta.

---

19   Numeração conforme publicação oficial.
20   Numeração conforme publicação oficial.

O agravo merece acolhida. Isso porque, o Tribunal de origem divergiu do entendimento firmado pelo Plenário desta Corte quando do julgamento do MS 26.210/DF, de minha relatoria, no qual restou consignado que as ações que têm por objeto o ressarcimento de prejuízos causados ao erário, são imprescritíveis, conforme dispõe o art. 37, § 5º, da Constituição. Por oportuno, trago à colação ementa do indigitado julgado:

"Mandado de segurança. Tribunal de Contas da União. Bolsista do CNPq. Descumprimento da obrigação de retornar ao país após término da concessão de bolsa para estudo no exterior. Ressarcimento ao erário. Inocorrência de prescrição. Denegação da segurança. I – O beneficiário de bolsa de estudos no exterior patrocinada pelo Poder Público, não pode alegar desconhecimento de obrigação constante no contrato por ele subscrito e nas normas do órgão provedor. II – Precedente: MS 24.519, Rel. Min. Eros Grau. III – Incidência, na espécie, do disposto no art. 37, § 5º, da Constituição Federal, no tocante à alegada prescrição. IV – Segurança denegada".

Isso posto, com base no art. 544, § 4º, II, *c*, do CPC, dou provimento ao agravo para conhecer do recurso extraordinário e dar-lhe provimento, para afastar a prescrição, devendo os autos retornarem ao juízo de origem para prosseguimento da ação como de direito (ARE 713.025/SP, Rel. Min. Ricardo Lewandowski, j. 27.09.2012).

SUPERIOR TRIBUNAL DE JUSTIÇA

Agravo regimental. Agravo no recurso especial. Ação monitória. Prazo para ajuizamento. Recurso a que se nega seguimento.

1. A ação monitória fundada em cheque prescrito está subordinada ao prazo prescricional de 5 (cinco) anos de que trata o artigo 206, § 5º, I, do Código Civil.

2. Nos termos do disposto no art. 2.028 do Código Civil de 2002, se na data da entrada em vigor do novo Código Civil ainda não havia transcorrido mais da metade do prazo prescricional, que, no sistema anterior, era vintenário, aplica-se o prazo estabelecido na lei atual.

DAS DISPOSIÇÕES FINAIS E TRANSITÓRIAS (Art. 2.028)

3. Reinício da contagem do prazo prescricional reduzido no dia 11 de janeiro de 2003, data da entrada em vigor do novo Código Civil.

4. Agravo regimental desprovido (AgRg no AREsp 14.219/SP, Rel. Min. Paulo de Tarso Sanseverino, j. 18.09.2012).

Administrativo. Ação de cobrança. Expansão de rede de energia elétrica. Legitimidade passiva. Revisão. Reexame de provas e cláusulas contratuais. Impossibilidade. Súmulas 5 e 7/STJ. Regra de transição. Prescrição vintenária. Aplicação do Código Civil/1916. Art. 177 do Código Civil. Súmula 83/STJ.

1. Na hipótese dos autos, é indispensável o reexame de cláusulas contratuais e das provas dos autos para verificar a *legitimatio ad causam* da CEEE; portanto, no caso, incide o teor das Súmulas 5 e 7 do STJ.

2. O entendimento desta Corte em relação ao prazo prescricional é de que, na vigência do Código Civil de 1916, aplica-se o art. 177 e o prazo é vintenário, e, após a entrada em vigor do Código Civil de 2002, o prazo é o quinquenal, nos termos do art. 206, § 5º, inciso I, do novo diploma civil. O Tribunal de origem ainda levou em consideração a regra de transição prevista no art. 2.028 do novo Código Civil, segundo a qual "serão os da lei anterior os prazos, quando reduzidos por este Código, e se, na data de sua entrada em vigor, já houver transcorrido mais da metade do tempo estabelecido na lei revogada."

3. Da data da vigência do novo Codex, houve o transcurso de menos da metade do interregno prescricional estabelecido no Código Civil de 1916. No caso, portanto, aplica-se o lapso de 10 anos previsto no art. 205 do novo Código Civil. Agravo regimental improvido (AgRg no REsp nº 1.324.232/RS, Rel. Min. Humberto Martins (1130), j. 14.08.2012).

Agravo Regimental no Recurso Especial. Contrato. Construção de rede elétrica. Sociedade de economia mista. Prescrição vintenária e quinquenal. Fundamento inatacado. Súmula 283/STF. Legitimidade passiva. Revisão. Reexame de provas e cláusulas contratuais. Impossibilidade. Súmulas 5 e 7/STJ.

1. A C. Segunda Seção, no julgamento do REsp 1.063.661/RS, Rel. Min. Luis Felipe Salomão, DJ 8.3.10 – selecionado como representativo da controvérsia (CPC, artigo 543-C, § 1º, e Resolução n. 8/2008/STJ) –, sedimentou o entendimento deste Tribunal no sentido de que "prescreve em 20 (vinte) anos, na vigência do Código Civil de 1916, e em 5 (cinco) anos, na vigência do Código Civil de 2002, a pretensão de cobrança dos valores aportados para a construção de rede de eletrificação rural, posteriormente incorporada ao patrimônio da CEEE/RGE, respeitada a regra de transição prevista no art. 2.028 do Código Civil de 2002."

2. O Colegiado Estadual, no entanto, adotou o prazo prescricional de dez anos, previsto no art. 205 do Código Civil, por não constar nos autos o instrumento contratual firmado entre as partes, razão pela qual não poderia aplicar à espécie o prazo quinquenal previsto no art. 206, § 5º, I, do referido diploma. Nas razões do Recurso Especial, a recorrente não rebate de forma específica este fundamento, afirmando, tão somente, a aplicação o disposto no art. 206, § 5º, I, do Código Civil. Tem-se, portanto, aplicação da Súmula 283 do Supremo Tribunal Federal.

3. Além disso, é inviável a análise da ocorrência da prescrição, pois não há comprovação da data do término da obra, marco que deve ser considerado como inicial do prazo prescricional. Desta forma, os argumentos utilizados para fundamentar a pretensa violação legal somente poderiam ter sua procedência verificada mediante o reexame das provas, não cabendo a esta Corte, a fim de alcançar conclusão diversa da estampada no Acórdão recorrido, reavaliar o conjunto probatório. Incidência, na espécie, da Súmula 7 desta Corte.

4. A reapreciação da matéria referente à legitimidade da agravante demandaria reexame de provas e cláusulas contratuais, o que é vedado em Recurso Especial, nos termos das Súmulas/STJ 5 e 7.

5. Agravo Regimental improvido (AgRg no REsp nº 1.234.794/RS, Rel. Min. Sidnei Beneti (1137), j. 26.06.2012).

TRIBUNAIS DE JUSTIÇA

Prescrição. Ação de cobrança de aluguéis e encargos locatícios em fase de execução. Inocorrência. Decurso de mais da metade do prazo quinquenal previsto no Código Civil de 1916 (art. 178, § 10, VI). Regência da espécie, portanto, por aquele dispositivo, nos termos do art. 2.028 do Código Civil de 2002. Reformada a sentença que acolheu exceção de pré-executividade para julgar extinto o processo pela ocorrência da prescrição. Recurso provido (AC nº 888.581-0/2, 36ª Câmara de Direito Privado/TJSP, Rel. Des. Dyrceu Cintra, j. 23.02.2006, v.u.).

Prescrição. Prazo. Ação de cobrança de comissão de corretagem. Inaplicabilidade do art. 178, § 7º, IV, do Código Civil de 1916. Tempo faltante para consumação da prescrição pela lei anterior maior que o prazo fixado pela nova legislação. Prevalecimento do prazo desta última, contado do dia de sua entrada em vigor. Art. 2.028 do Novo Código Civil. Lapso prescricional afastado. Prosseguimento da ação determinado. Recurso provido para esse fim (AC nº 755.337-0/1, 33ª Câmara de Direito Privado/TJSP, Rel. Des. Claret de Almeida, j. 01.02.2006, v.u.).

Prescrição. Embargos à execução. Locação predial. Pretensão executória que se manteve paralisada por mais de 7 anos. Ocorrência. Exegese dos arts. 178, § 1º, IV, do CC de 1916, 206, § 3º, I, e 2.028 do atual. Recurso improvido (AC nº 908.233-0/0, 26ª Câmara de Direito Privado/TJSP, Rel. Des. Andreatta Rizzo, j. 06.03.2006, v.u.).

Prescrição. Prazo. Nas ações de reparação de danos, fluirá por inteiro, nos termos da nova lei e a partir de sua vigência, o prazo prescricional que, nos termos do Código Civil de 1916, não haja transcorrido mais da metade de seu curso quando da entrada em vigor do novo Código Civil. Aplicabilidade dos arts. 206, § 3º, V, e 2.028 do novo Código Civil. Recurso improvido (AI nº 423.135-4/5, 6ª Câmara de Direito Privado/TJSP, Rel. Des. Magno Araújo, j. 09.02.2006, v.u.).

Prescrição. Reparação civil. Fato anterior a 2002. Decurso de 5 anos. Prazo do CC/02. Inaplicabilidade. Entendimento do art. 2.028 do mesmo diploma. Prescrição inocorrente. Recurso improvido (AI nº 1.006.678-0/1, 34ª Câmara de Direito Privado/TJSP, Rel. Des. Emanuel Oliveira, j. 08.03.2006, v.u.).

Prescrição. Caderneta de poupança. Juros. Cobrança. Transcurso de mais da metade do tempo estabelecido pela lei revogada. Prazo vintenário. Aplicação. Entendimento do art. 2.028 do CC/02. Sentença mantida. Recurso improvido (AC nº 7.026.300-2 14ª, Câmara de Direito Privado/TJSP, Rel. Des. Virgilio de Oliveira Júnior, j. 15.03.2006, v.u.).

Prescrição. Indenizatória por danos material e moral julgada extinta. Relação de direito pessoal. Prazo. Contagem. Questão enfocada pelo direito intertemporal. Fato ocorrido sob a égide do Código Civil de 1916. Propositura da ação em novembro de 2004, quando já em vigor o Código Civil de 2002. Exegese do art. 2028 do vigente Código Civil. Incidência do prazo da lei nova, que deve ser contado a partir da data em que entrou em vigor a nova disposição, ou seja, a partir de 11.01.2003. Prescrição inocorrente na hipótese. Recurso provido para anular a sentença, determinando-se o prosseguimento do feito nos seus ulteriores termos (AC nº 429.377-4/2, 5ª Câmara de Direito Privado/TJSP, Rel. Des. Silvério Ribeiro, j. 22.03.2006, v.u.).

Prescrição. Prazo. Correção monetária. Caderneta de poupança. Plano Verão. Diferença de remuneração (janeiro de 1989). Ação de caráter eminentemente pessoal. Art. 177 do CC. Lapso prescricional vintenário não consumado. Inaplicabilidade, ademais, do art. 2.028 do CC de 2002. Recurso desprovido quanto ao tema (AC nº 7.044.912-0, 24ª Câmara de Direito Privado/TJSP, Rel. Des. Paulo Pastore Filho, j. 23.02.2006, v.u.).

Correção monetária. Caderneta de poupança. Saldo disponível. IPC de abril 1990. Admissibilidade. Ação proposta em 2004, prazos

DAS DISPOSIÇÕES FINAIS E TRANSITÓRIAS (Art. 2.028)

prescricionais regidos pelo Código Civil de 1916, nos termos do art. 2.028 do Código atual. Prescrição vintenária não configurada. Recurso improvido (AC nº 7.054.282-0, 22ª Câmara de Direito Privado, Rel. Des. Matheus Fontes, j. 04.04.2006, v.u.).

Prescrição. Prazo. Inaplicabilidade da regra de transição prevista no art. 2.028 do Novo Código Civil. Verificação. Termo inicial. Data de entrada em vigor do mesmo diploma legal. Reconhecimento. Lapso prescricional não consumado. Recurso improvido (AI nº 7.058.036-4, 24ª Câmara de Direito Privado, Rel. Des. Roberto Mac Cracken, j. 06.04.2006, v.u.).

Prescrição. Prazo. Execução fiscal. Multa ambiental. Dívida de natureza não tributária. Contagem do lapso prescricional de acordo com o Código Tributário Nacional. Inaplicabilidade. Processo extinto pela prescrição intercorrente. Impossibilidade. Observância da prescrição vintenária, nos termos do art. 2.028 do CC atual que, por conter regra processual, aplica-se imediatamente. Necessidade. Extinção do crédito tributário. Inadmissibilidade. Recurso provido (AC nº 544.688-5/4, Câmara Especial do Meio Ambiente/TJSP, Rel.ª Des.ª Regina Capistrano, j. 18.05.2006, v.u.).

Correção Monetária. Caderneta de poupança. Cobrança. Preliminar de prescrição afastada. São os da lei anterior os prazos, quando reduzidos pelo novo Código Civil, e se, na data de sua entrada em vigor, já houver transcorrido mais da metade do tempo estabelecido na lei revogada. Inteligência do art. 2.028 do Código Civil de 2002. Reconhecido o índice de 42,76%. Correção monetária devida. Recurso improvido (AC nº 7.052.738-5, 14ª Câmara de Direito Privado/TJSP, Rel. Des. Virgilio de Oliveira Jr., j. 29.03.2006, v.u.).

Prescrição. Prazo. Ação que exige o pagamento da diferença de índice de correção monetária para caderneta de poupança. Inaplicabilidade do art. 205 do Código Civil de 2002. Interpretação do art. 2.028 do mencionado diploma legal. Recurso improvido (AC nº 7.052.033-9,

24ª Câmara de Direito Privado/TJSP, Rel. Des. Paulo Pastore Filho, j. 23.02.2006, v.u.).

Prescrição. Prazo. Cobrança c.c. reparação de danos. Regra de transição do art. 2.028 do Código Civil/2002. Aplicabilidade. Crédito constituído em 1998 e ação ajuizada em 2004. Prazo prescricional de 3 anos ultrapassado. Recurso do réu provido e prejudicado o do autor (AC nº 405.091-4/1, 3ª Câmara de Direito Privado/TJSP, Rel. Des. Beretta da Silveira, j. 23.05.2006, v.u.).

Prescrição. Prazo. Execução de alimentos. Embargos. Improcedência. Insistência na tese de prescrição parcial do débito. Descabimento. Observância da regra do art. 2.028 do CC/2002. Necessidade. Redução do prazo prescricional. Contagem no novo prazo que passa a correr por inteiro, com início na vigência da legislação revogadora. Lapso prescricional não verificado. Sentença confirmada. Recurso improvido (AC nº 408.586-4/2 9ª, Câmara de Direito Privado/TJSP, Rel. Des. Grava Brazil, j. 16.05.2006, v.u.).

Prescrição. Cobrança. Taxa de administração e manutenção de loteamento. Ação interposta sob a vigência do Código Civil atual. Incidência do art. 2.028 deste diploma. Prazo prescricional vintenário estipulado no CC de 1916 não havia no momento do ajuizamento superado metade do seu interregno. Aplicação do prazo decenal estipulado no art. 205 do atual Diploma Civil. Fluência dos juros moratórios estabelecidos na sentença mantida sentença de procedência parcial. Recurso da autora parcialmente provido (AC nº 440.860-4/8, 5ª Câmara de Direito Privado/TJSP, Rel. Des. Oscarlino Moeller, j. 24.05.2006, v.u.).

Prescrição. Monitória. Cobrança de nota promissória. Aplicação da prescrição em curso, a partir da entrada em vigor do novo Código Civil. Artigo 2.028. Ação ajuizada antes de decorridos 5 anos da entrada em vigor do novo Código Civil. Prescrição inocorrente. Prosseguimento do feito. Recurso parcialmente provido (AC nº 7.056.135-4 22ª, Câmara de Direito Privado/TJSP, Rel. Des. Matheus Fontes, j. 02.05.2006, v.u.).

DAS DISPOSIÇÕES FINAIS E TRANSITÓRIAS (Art. 2.028)

Prazo. Prescrição. Tarifa. Água e esgoto. Hotel. Prestação de serviços configurada. Aplicação do lapso trienal previsto no art. 206, § 3º, do Novo Código Civil. Impossibilidade. Art. 2.028 do Novo Código Civil. Hipótese de redução de prazo anterior. Aplicação retroativa inviável. Lapso prescricional afastado. Recurso desprovido (AC nº 914.489-0/8 35ª, Câmara de Direito Privado/TJSP, Rel. Des. Artur Marques, j. 29.05.2006, v.u.).

Prescrição. Direito intertemporal. Multa administrativa. Infração ambiental. Descaracterização da sanção como sendo de natureza tributária. Fixação, na sentença, do prazo vintenário. Alegação de prescrição com a regra de transição dos prazos, conforme o artigo 2.028 do Código Civil. Desacolhimento. Inocorrência do transcurso de mais da metade do lapso temporal. Incidência da regra geral do artigo 205 do Código Civil, que prevê prescrição em dez anos. Recurso desprovido (AC nº 550.965-5/8, Câmara Especial do Meio Ambiente/TJSP, Rel. Des. Renato Nalini, j. 29.06.2006, v.u.).

Prescrição. Cobrança. Despesas condominiais. Prazo de 20 anos na vigência do CC de 1916. Redução para 10 anos pelo Novo Código Civil. Observância da regra de transição do artigo 2.028 do Código Civil de 2002. Prescrição inocorrente. Recurso não provido (AC nº 919.949-0/9, 26ª Câmara de Direito Privado/TJSP, Rel. Des. Felipe Ferreira, j. 29.05.2006, v.u.).

Prescrição. Prazo. Fato gerador da indenização e propositura da ação sob vigência do Código Civil de 1916. Direito Pessoal. Artigo 177. Estabelecimento de condições diversas conforme disposição do artigo 2.028 do novo Código Civil (Lei nº 10.406). Limite da contagem em face novo prazo a contar da vigência do novo Código. Impossibilidade de retroação, sob pena de ferir direito certo da parte com consumação da perda antes mesmo do seu início. Tempestividade que contou, inclusive, com regular despacho do juiz. Obrigação de distribuição que incumbe à parte. Formalização da citação que foge ao seu limite de atuação, sendo ato próprio da Administração. Distribuída no prazo, tem-se como afastada a preliminar. Recurso improvido (AC nº 361.477-4/4, 3ª Câmara de Direito Privado/TJSP, Rel. Des. Elcio Trujillo, j. 20.06.2006, m.v.).

Juros. Remuneratórios. Plano Verão (janeiro de 1989). Expurgos inflacionários. Decisão que decreta a prescrição de juros remuneratórios. Prescrição vintenária. Aplicação, na hipótese, da regra estabelecida no artigo 2.028 do Código Civil de 2002. Sentença reformada. Recurso provido parcialmente nesse sentido (AC nº 1.191.597-2, 21ª Câmara de Direito Privado/TJSP, Rel. Des. Silveira Paulilo, j. 28.06.2006, v.u.).

Prescrição. Prazo. Caderneta de poupança. Juros remuneratórios. Inaplicabilidade do art. 205 do novo Código Civil. Aplicação do prazo vintenário previsto no Código Civil de 1916. Interpretação do art. 2.028 do Código Civil vigente. Interrupção com a citação, retroagindo à data da propositura da ação. Art. 219, § 1º, do Código de Processo Civil. Recurso improvido (Ac. nº 7.030.922-7, 24ª Câmara de Direito Privado, Rel. Des. Roberto Mac Cracken, j. 23.06.2006, v.u.).

Prazo. Prescrição. Termo inicial. Execução por título extrajudicial. Termo de confissão de dívida. Hipótese em que o prazo prescricional de 5 anos, previsto na nova legislação civil, foi aplicado de maneira retroativa, incidindo a partir do vencimento do contrato bancário firmado pelas partes. Inadmissibilidade. Aplicação do prazo quinquenal previsto no art. 206, § 5º, I, do novo Código Civil, somente a partir da data de início de sua vigência. Art. 2.028 do mesmo *Codex*. Prescrição inocorrente. Sentença de extinção do processo executivo anulada. Prosseguimento da execução determinada. Recurso provido (AC nº 7.069.615-2, 19ª Câmara de Direito Privado/TJSP, Rel. Des. João Camillo de Almeida Prado Costa, j. 20.06.2006, v.u.).

Prazo. Prescrição. Juros remuneratórios. Cobrança de diferença de remuneração em caderneta de poupança. Aplicação do lapso vintenário estabelecido no art. 2.028 do Código Civil de 1916 em razão de já haver transcorrido mais da metade do tempo estabelecido na lei revogada.

DAS DISPOSIÇÕES FINAIS E TRANSITÓRIAS (Art. 2.028)

Art. 2.028 do Novo Código Civil. Prescrição afastada. Recurso desprovido (AC nº 7.030.244-8, 24ª Câmara de Direito Privado/TJSP, Rel. Des. Roberto Mac Cracken, j. 25.05.2006, v.u.).

Prescrição. Prazo. Caderneta de poupança. Juros remuneratórios. Vinte anos. Inaplicabilidade, ao caso, do art. 205 do Código Civil vigente. Interpretação do artigo 2.028 do Novo Código Civil. Interrupção com a citação, retroagindo à data da propositura da ação, nos termos do artigo 219, § 1º, do Código de Processo Civil. Sentença mantida. Recurso não provido (AC nº 7.031.861-3, 24ª Câmara de Direito Privado/TJSP, Rel. Des. Roberto Mac Cracken, j. 01.06.2006, v.u.).

Prescrição. Prazo. Juros remuneratórios. Vinte anos. Inaplicabilidade ao caso do artigo 205 do CC vigente. Interpretação do artigo 2.028 do Novo Código Civil. Interrupção com citação, retroagindo à data da propositura da ação, nos termos do artigo 219, § 1º, do Código de Processo Civil. Recurso não provido (AC nº 7.032.267-9, 24ª Câmara de Direito Privado/TJSP, Rel. Des. Roberto Mac Cracken, j. 29.06.2006, v.u.).

Contrato. Prestação de serviços. Ensino. Cobrança. Prescrição anual das mensalidades escolares vencidas na vigência do Código Civil de 1916. Inaplicabilidade, de outro modo, do disposto na regra do artigo 2.028, do atual Diploma Legal, àquelas vencidas posteriormente à sua entrada em vigor. Norma esta que rege tão somente os prazos que foram reduzidos pelo Novo Ordenamento. Prescrição afastada. Recurso improvido (AC nº 987.214-0/7, 35ª Câmara de Direito Privado/TJSP, Rel. Des. Artur Marques, j. 07.08.2006, v.u.).

Cambial. Cheque. Protesto tardio. Admissibilidade. Ação causal. Prescrição inocorrente. Lei nº 7.357/85, arts. 62, c/c art. 205, e 2.028 do Código Civil/2002. Interrupção, ademais, pelo protesto cambial. Artigo 202, III, do Código Civil/2002. Ação improcedente. Recurso provido (AC nº 7.057.504-3, 22ª Câmara de Direito Privado/TJSP, Rel. Des. Matheus Fontes, j. 01.08.2006, v.u.).

Prazo. Prescrição. Direito intertemporal. Multa administrativa. Infração ambiental. Descaracterização da sanção como sendo de natureza tributária. Alegação de prescrição com a regra de transição dos prazos, conforme o artigo 2.028 do Código Civil. Desacolhimento. Inocorrência do transcurso de mais da metade do lapso temporal. Incidência da regra geral do artigo 205 do Código Civil, que prevê prescrição em dez anos. Exceção de pré-executividade rejeitada. Recurso desprovido (AC nº 530.899-5/0, Câmara Especial do Meio Ambiente/TJSP, Rel.ª Des.ª Regina Capistrano, j. 21.09.2006, v.u.).

Prescrição. Prazo. Pretensão executória. Liquidação de sentença proferida em autos de ação coletiva. Trânsito em julgado anterior à vigência do Novo Código Civil. Transcurso de menos da metade do tempo estabelecido na lei anterior. Incidência do inciso IV, § 3º, do artigo 206, combinado com o artigo 2.028 do Novo Código Civil. Prazo trienal contado a partir da data do início da vigência do Código Civil de 2002. Inaplicabilidade, na espécie, do artigo 27 do Código de Defesa do Consumidor. Hipótese, contudo, em que, antes de encerrado o prazo prescricional, houve notificação do réu, nos termos do artigo 202 do Código Civil. Interrupção reconhecida. Prescrição afastada. Recurso provido (AC nº 464.105-4/9, 1ª Câmara de Direito Privado/TJSP, Rel. Des. Elliot Akel, j.12.09.2006, v.u.). Em idêntico sentido: AC nº 464.098-4/5, 1ª Câmara de Direito Privado/TJSP, Rel. Des. Elliot Akel, j. 05.09.2006, v.u.; AC nº 464.099-4/0, 1ª Câmara de Direito Privado/ TJSP, Rel. Des. Elliot Akel, j. 05.09.2006, v.u.; AC nº 464.035-4/9, 1ª Câmara de Direito Privado/TJSP, Rel. Des. Elliot Akel, j. 03.10.2006, v.u.

Prescrição. Ação com pedido de cobrança de diferença de rendimento de caderneta de poupança. Inocorrência. Inaplicabilidade do artigo 205 do Código Civil vigente. Interpretação do artigo 2.028 do mencionado diploma legal. Sentença de procedência mantida. Recurso não provido (AC nº 7.070.035-1, 24ª Câmara de Direito Privado/TJSP, Rel. Des. Paulo Pastore Filho, j.10.08.2006, v.u.).

Cambial. Cheque. Protesto tardio. Admissibilidade. Prescrição do título executivo. Possibilidade, ainda, de cobrança. Lei nº 7.357/85, artigos 61 e 62 c.c. artigos 205 e 2.028 do Código Civil/2002. Interrupção, ademais, pelo protesto, de um dos cheques. Artigo 202, inciso III, do Código Civil/2002. Ações declaratórias e cautelares improcedentes. Liminar revogada. Ação monitória procedente. Recurso provido (AC nº 1.169.285-7, 22ª Câmara de Direito Privado/TJSP, Rel. Des. Matheus Fontes, j. 19.09.2006, v.u.).

Prescrição. Prazo. Caderneta de poupança. Juros remuneratórios. Inaplicabilidade do art. 205 do novo Código Civil. Aplicação do prazo vintenário previsto no Código Civil de 1916. Interpretação do art. 2.028 do Código Civil vigente. Interrupção com a citação, retroagindo à data da propositura da ação. Art. 219, § 1º, do Código de Processo Civil. Recurso parcialmente provido (AC nº 7.066.006-1, 12ª Câmara de Direito Privado/TJSP, Rel. Des. José Reynaldo, j. 28.06.2006, v.u.).

Prazo. Prescrição. Indenização. Acidente do trabalho. Direito comum. Prescrição trienal. Extinção do processo com julgamento do mérito, na forma do artigo 269, IV, do CPC. Apelante que teve ciência inequívoca de sua doença laboral em abril de 1996. Prazo prescricional que era de 20 anos. Artigo 177 do Código Civil/1916. Ação proposta na vigência do novo Código Civil/2002. Prescrição que passou a ser de 3 anos, conforme redação do artigo 206, § 3º, V, do vigente Código Civil/2002. Aplicação da regra de transição prevista no artigo 2.028 do Código Civil/2002. Prazo inferior à metade do tempo estabelecido na lei revogada. Extinção afastada. Recurso provido (AC nº 914.637-0/9, 35ª Câmara de Direito Privado/TJSP, Rel. Des. Melo Bueno, j. 04.09.2006, v.u.).

Apelações. Ação contra incorporadores (Lei 4.591/64) visando ao ressarcimento de despesas havidas para proporcionar condições adequadas de habitabilidade a apartamentos. Prazo prescricional. Regras dos arts. 1.245 do Código Beviláqua e 618, e seu par. único, e 2.028

do Código Reale. Direito intertemporal. Os prazos dos dois primeiros dispositivos são de garantia, correndo, uma vez verificado o defeito na obra, prescrição ordinária para a ação contra o construtor. Inaplicabilidade do draconiano prazo de 180 dias, do par. único do art. 618, aos casos sujeitos à regra de passagem do art. 2.028. A doutrina de CARLOS PINTO DEL MAR: inteligência possível de tal dispositivo. Regra acerca de ônus da prova resultante da interpretação do parágrafo à vista do disposto no "caput" do artigo 618. Reforma de sentença que aplicou, a determinados pleitos dos autores, o prazo trienal do inc. V do § 3º do art. 206 do novo Código Civil. Não se pode interpretar largamente regra de prescrição, muito menos dar desmedida abrangência à expressão "pretensão de reparação civil" do inc. V em tela; o dispositivo se refere apenas à reparação do ato ilícito extracontratual (arts. 186 e 187 do novo Código). Afastada a prescrição em parte reconhecida pela sentença, a ação é julgada inteiramente procedente, à vista do apurado na prova pericial. Solidariedade passiva. Parágrafo 3º do art. 31 da Lei 4.591/64 ainda em vigor. Os incorporadores são solidariamente responsáveis, por suas obrigações, perante os destinatários de unidades autônomas. Sentença que se reforma também neste particular. Apelação dos autores provida. Apelo dos réus desprovido (Apelação com Revisão nº 0045245-67.2006.8.26.0602, 10ª Câmara de Direito Privado/TJSP, Rel. Des. Cesar Ciampolini, j. 27.11.2012).

Despesas condominiais. Cobrança. Prazo prescricional quinquenal. Art. 206, § 5º, inciso I, do Código Civil. Aplicação da regra de transição do art. 2028 do Código Civil. Prescrição afastada. Despesas condominiais. Cobrança. Débito em aberto demonstrado. Comprovação, no entanto, dos pagamentos dos meses de abril de 2004, abril de 2005 e janeiro de 2008. Procedência da ação. Pedido contraposto julgado improcedente. Imposição de sucumbência recíproca. Recurso parcialmente provido (Apelação nº 0041552-30.2008.8.26.0562, 27ª Câmara de Direito Privado/TJSP, Rel. Des. Cláudio Hamilton, j. 04.12.2012).

Ação de cobrança. Contrato de mútuo e nota promissória vinculada. Ajuizamento em face do devedor e do avalista. Prescrição. Reconhecimento. Prazo quinquenal. Inteligência do artigo 206, § 5º, inciso I, c.c. artigo 2028, ambos do Código Civil. Sentença de improcedência do pedido, alterado o fundamento da extinção, que se proclama nos termos do artigo 269, inciso IV, do Código de Processo Civil. Recurso não provido. Recurso não provido, com observação (Apelação nº 0217185-83.2008.8.26.0100, 38ª Câmara de Direito Privado,TJSP, Rel. Des. Fernando Sastre Redondo, j. 05.12.2012).

Art. 2.029. Até dois anos após a entrada em vigor deste Código, os prazos estabelecidos no parágrafo único do art. 1.238 e no parágrafo único do art. 1.242 serão acrescidos de dois anos, qualquer que seja o tempo transcorrido na vigência do anterior, Lei nº 3.071, de 1º de janeiro de 1916.

COMENTÁRIOS

O parágrafo único do artigo 1.238 reduz a dez anos o prazo de quinze anos previsto no *caput* para o possuidor de imóvel adquiri-lo por usucapião, mediante as condições ali fixadas. Os requisitos alternativos são: haver o possuidor estabelecido no imóvel a sua moradia habitual ou nele realizado obras ou serviços de caráter produtivo.

Por sua vez, dispõe o art. 1.240-A, conforme a redação dada pela Lei nº 12.424/2011: *"aquele que exercer, por 2 (dois) anos ininterruptamente e sem oposição, posse direta, com exclusividade, sobre imóvel urbano de até 250 m² (duzentos e cinquenta metros quadrados) cuja propriedade divida com ex-cônjuge ou ex-companheiro que abandonou o lar, utilizando-o para sua moradia ou de sua família, adquir-lhe-á o domínio integral, desde que não seja proprietário de outro imóvel ur-*

bano ou rural. § 1º O direito previsto no caput *não será reconhecido ao mesmo possuidor mais de uma vez".*

Embora referida lei tenha se notabilizado pelo aperfeiçoamento do Programa Minha Casa, Minha Vida, é no incremento dos dispositivos legais destinados a promover a regularização fundiária de assentamentos localizados em área urbana que reside sua maior contribuição.

No caso em tela, trata-se da definição de prazo legal específico (referente à *"propriedade dividida com ex-cônjuge ou ex-companheiro que abandonou o lar"*) para aquisição dominial. Para além das críticas usualmente dirigidas ao instituto, fundadas em vetusta concepção acerca do conceito (indeterminado) de "segurança jurídica", está a necessidade de regular situação muito frequente em contextos sociais de carência de direitos: o abandono do lar por um dos cônjuges ou companheiro – quase sempre do sexo masculino – que reforça a situação de dependência e vulnerabilidade daquele que fica – em geral uma mulher, que, em muitas das vezes, é responsável pela criação dos filhos.

A presença da figura do "companheiro" é indicativa da preocupação em albergar as múltiplas formas de união, para além do casamento. E sabidamente preocupou-se o legislador em evitar a potencialização da dependência da mulher diante de uma separação ocorrida em universos marcados pela privação de direitos. Daí o prazo exíguo.

Por seu turno, o parágrafo único do artigo 1.242 reduz a cinco anos o prazo de dez contemplado no *caput*, se o imóvel usucapiendo houver sido adquirido, onerosamente, com base no registro constante do serviço de imóveis, mas posteriormente cancelado. Desde que nele os possuidores tenham estabelecido moradia ou realizado investimentos de interesse social e econômico.

Agora, o legislador cuidou de *acrescer* dois anos aos prazos previstos no parágrafo único do art.1.238 e no parágrafo único do art.1.242. *"Não se trata, apenas, de acrescer dois anos, mas, sim, dois anos após a vigência do novo Código. É esse o sentido da expressão qualquer que seja o tempo transcorrido na vigência do anterior. A matéria tem, contudo, aspectos que ultrapassam os poderes do legislador ordinário, uma vez que o conceito de direito adquirido tem sede constitucional".*[21]

O dispositivo do artigo 2.029, sem correspondência legislativa com o Código Civil revogado, representa opção política do formulador do novo regramento civil. A regra transitória vigeu até 12 de janeiro de 2005 e acresceu dois anos à exigência temporal reclamada para a prescrição aquisitiva. Ainda que prestes a se exaurir o prazo da lei anterior, que era de vinte anos – artigo 550 do Código revogado – ou de quinze ou dez – artigo 551 do mesmo *Codex* – o usucapiente só satisfaz o requisito temporal mediante acréscimo de mais dois anos ao exigido nos parágrafos mencionados.

Para MARIA HELENA DINIZ, *"se, após 2 anos da entrada em vigor do novo Código Civil, alguém já vinha possuindo, desde o império do Código Civil de 1916, com* animus domini, *imóvel por 9 anos sem justo título e boa-fé, tendo nele estabelecido sua morada e o tornado produtivo, não terá de aguardar mais 11 anos para pedir a usucapião extraordinária, como previa o art. 550 do CC/1916, que, para tanto, exige 20 anos de posse ininterrupta, pois, como reside no imóvel e nele realizou obras sociais e econômicas, configurou-se a posse-trabalho, logo bastar-lhe-á esperar apenas mais 3 anos para pedir a sentença declaratória de usucapião, pois, pelo art. 1238, parágrafo único, o prazo é de 10 anos, acrescido de mais 2 anos, por força do art. 2.029 do CC. Deverá cumprir, então, 12 anos de posse-trabalho para obter, por meio de usucapião, a propriedade daquele imóvel".*[22]

---

21   JORGE FRANKLIN ALVES FELIPE e GERALDO MAGELA ALVES, *O Novo Código Civil Anotado*, coord. JOÃO BOSCO CASCARDO DE GOUVÊA, Rio de Janeiro, Forense, 2002, p. 398.
22   MARIA HELENA DINIZ, *Comentários ao Código Civil*, vol. 22, p. 87.

Jurisprudência

TRIBUNAL DE JUSTIÇA

Usucapião Extraordinária. Pretendida configuração do período aquisitivo, com incidência do art. 1.238, parágrafo único, do Código Civil de 2002, em vigor após o julgamento de improcedência na origem. Pretensão obstada (Súmula nº 445 do STF e artigo 2.029 do CC de 2002). Pressuposto do prazo que deve estar atendido quando do ajuizamento da ação. Posse vintenária incomprovada. Ação julgada improcedente. Recurso improvido (AC nº 189.601-4/8, 3ª Câmara de Direito Privado/TJSP, Rel. Des. Waldemar Nogueira Filho, j. 05.08.2003, v.u.).

Civil. Direito intertemporal. Aquisição de domínio de bem imóvel por usucapião. Prazo. Aplicação dos prazos do Código Civil anterior por já decorrido metade do tempo quando da vigência do novo Código (art. 2.028). Sentença de improcedência. Hipótese, todavia, em que se aplica o disposto no art. 2.029 do Código Civil, tendo em vista a data do ajuizamento da ação e seu fundamento. Prova suficiente do uso do imóvel para moradia habitual. Sentença reformada declarando-se o domínio. Recurso provido (AC. nº 439.059.4/0, 2ª Câmara de Direito Privado/TJSP, Rel. Des. Boris Kauffmann, j. 15.08.2006, v.u.).

Usucapião Extraordinária. Prescrição aquisitiva. Prazo vintenário que deverá estar completo antes do ajuizamento da ação. Inaplicabilidade do artigo 1.238 do Código Civil de 2002 aos processos pendentes. Interpretação do artigo 2.029 do referido *Codex* e da Súmula nº 445 do Supremo Tribunal Federal. Ação improcedente. Recurso não provido (*JTM*, 272/186).

Imissão de posse. Usucapião verificada. Utilização da área para guarda de caminhões. Posterior estabelecimento de oficina mecânica no local. Clandestinidade cessada em 1993, transmudando-se a mera detenção em verdadeira posse. Inteligência do art. 1.208, do Código

DAS DISPOSIÇÕES FINAIS E TRANSITÓRIAS (Art. 2.030)

Civil. Posse pacífica e ininterrupta com "animus domini" por mais de doze anos. Prescrição aquisitiva caracterizada, nos termos do parágrafo único do art. 1.238 c/c art. 2029, do Código Civil. Ação improcedente. Recurso desprovido (Apelação nº 0124212-21.2008.8.26.0000, 1ª Câmara de Direito Privado/São Bernardo do Campo, Rel. Luiz Antonio de Godoy, j. 23.10.2012).

Art. 2.030. O acréscimo de que trata o artigo antecedente será feito nos casos a que se refere o § 4º do art. 1.228.

COMENTÁRIOS

Este preceito é outra regra transitória destinada a conferir tempo de reflexão a proprietários cujos imóveis atendam às condições previstas no § 4º do artigo 1.228. É que a criação legislativa da *desapropriação judicial*, por representar inovação pioneira, sem dúvida traria perplexidade aos expropriados.

A cultura jurídica ainda não assimilou inteiramente a crescente relativização do direito de propriedade, hoje subordinado a uma hipoteca social e a potencialidade de perda da titularidade dominial pelo fato de o *trabalho do possuidor* ter um significado profundo na conformação nova desse direito fundamental.

O dispositivo já cumpriu sua finalidade e sua vigência não pode ser invocada desde 12.01.2005. A partir de então, o prazo para a expropriação judicial é de cinco anos, conforme preceituado no § 4º do artigo 1.228. Já para MARIA HELENA DINIZ, *"a posse traduzida em trabalho criador, concretizado em obras ou serviços produtivos e pela construção de uma morada, poderá fazer com que, se for ininterrupta e de boa-fé, o proprietário fique privado de sua área. O prazo previsto para tanto é mais de cinco anos, e sofrerá acréscimo de dois se a situa-*

ção que lhe deu origem teve início antes da vigência do novo Código ou durante a vacatio legis*".*[23]

A preceituação do novo codificador não foi bem recebida por toda a doutrina. Parte dos comentadores, para ele, *"ofende o direito de propriedade, incentivando as conhecidas invasões. Pelo contrário, o dispositivo reafirma o preceito constitucional da função social da propriedade, previsto no art. 5°, XXIII, da CF. Outrossim, nos termos do art. 184 da Carta Magna, a propriedade que não estiver cumprindo essa função social está protegida pela indenização. Assim, não vislumbramos ofensa ao direito de propriedade".*[24]

Prefiro enxergar na regra uma sinalização ao proprietário que descumpra a vocação social de seu imóvel, sujeito à expropriação pelo juiz, na hipótese descrita no § 4º do artigo 1.228: *"O proprietário também pode ser privado da coisa se o imóvel reivindicado consistir em extensa área, na posse ininterrupta e de boa-fé, por mais de 5 (cinco) anos, de considerável número de pessoas, e estas nela houverem realizado, em conjunto ou separadamente, obras e serviços considerados pelo juiz de interesse social e econômico relevante".*

A favelização crescente das grandes concentrações urbanas será âmbito natural de incidência da expropriação judicial. Antes mesmo de seu reconhecimento, parcela pretoriana pioneira já acenava para as novas questões fundiárias surgidas na insensata urbanização e conurbação contemporânea. Exemplo dela é a decisão do TJSP que segue: *"Favela. Abandono de loteamento. Ação reivindicatória. Lotes de terreno transformados em favela dotada de equipamentos urbanos. Função social da propriedade. Direito de indenização dos proprietários. Lotes de terreno urbanos tragados por uma favela deixam de existir e não podem ser*

---

23 MARIA HELENA DINIZ, *Novo Código Civil Comentado*, coordenação RICARDO FIUZA, 2ª ed., Saraiva, 2004, p. 1.881.

24 PAULO HAMILTON SIQUEIRA JÚNIOR, *Comentários ao Código Civil – artigo por artigo*, coordenação CARLOS EDUARDO NICOLETTI CAMILLO, GLAUBER MORENO TALAVERA, JORGE SHIGUEMITSU FUJITA e LUIZ ANTONIO SCAVONE JÚNIOR, São Paulo, Revista dos Tribunais, 2006, p. 1.400.

DAS DISPOSIÇÕES FINAIS E TRANSITÓRIAS (Art. 2.031)

recuperados, fazendo, assim, desaparecer o direito de reivindicá-los. O abandono dos lotes urbanos caracteriza uso antissocial da propriedade, afastado que se apresenta do princípio constitucional da função social da propriedade. Permanece, todavia, o direito dos proprietários de pleitear indenização contra quem de direito. Ação reivindicatória improcedente".[25]

Jurisprudência

TRIBUNAL DE JUSTIÇA

Usucapião Ordinário. Prescrição. Prazo reduzido pelo novo Código Civil. Antes de superada metade do prazo que até então estava previsto, a aplicação da nova regra tem incidência integral, mas deve observar, como termo inicial de contagem para a aquisição da prescrição aquisitiva, a data da entrada em vigor da nova legislação (11/01/2003). Lapso prescricional não cumprido pelos autores. Improcedência mantida. Recurso improvido (Apelação Cível nº 990.10.256699-4/SP, 8ª Câmara de Direito Privado, Rel. Des. Caetano Lagrasta, j. 10.11.2010).

Art. 2.031. As associações, sociedades e fundações, constituídas na forma das leis anteriores, bem como os empresários, deverão se adaptar às disposições deste Código até 11 de janeiro de 2007.

Parágrafo único. O disposto neste artigo não se aplica às organizações religiosas nem aos partidos políticos.

---

25 Apelação Cível nº 212.726-1, São Paulo, Relator Desembargador JOSÉ OSÓRIO, 8ª Câmara Cível do Tribunal de Justiça, j.16.12.1994, v.u., *Boletim AASP* 1.896/137.

COMENTÁRIOS

A redação atual do artigo 2.031 foi conferida pela Medida Provisória nº 234/2005. Desta resultou o Projeto de Lei de Conversão nº 12, de 01.06.2005, aprovado pelo Congresso Nacional em 09.06.2005 e promulgado como Lei nº 11.127/2005. De acordo com a Medida Provisória nº 79, de 27.11.2002, o dispositivo não incide sobre as entidades desportivas.

O regime jurídico das associações, sociedades e fundações é matéria de *ordem pública* e, portanto, imprescindível a adaptação de todas as constituídas anteriormente à vigência do Código a seus novos preceitos. Estes não são poucos, nem singelos. Mencionem-se, como exemplo, os contidos nos artigos 967, 968, 969, 971, 974, 975, 979 e 980.

A complexidade das alterações e o crescente número das entidades intermediárias, cuja criação foi enfatizada e estimulada pelo constituinte de 1988, impôs prorrogação – para quatro anos – do prazo originalmente previsto pelo legislador civil. Um dos fenômenos contemporâneos é a multiplicação de todos os corpos intermediários entre o Estado e o indivíduo, tanto que a Constituição de 1988 contemplou vários incisos do artigo 5º a tais entidades. Assim a liberdade de reunião, pressuposto à organização de um quadro associativo.[26] É plena a liberdade de associação[27] e de associar-se,[28] assim como a sua criação independentemente de autorização.[29] A dissolução de associações é subordinada à

---

26 Artigo 5º, inciso XVI, da Constituição da República: *todos podem reunir-se pacificamente, sem armas, em locais abertos ao público, independentemente de autorização, desde que não frustrem outra reunião anteriormente convocada para o mesmo local, sendo apenas exigido prévio aviso à autoridade competente.*

27 Artigo 5º, inciso XVII, da Constituição da República: *é plena a liberdade de associação para fins lícitos, vedada a de caráter paramilitar.*

28 Artigo 5º, inciso XX, da Constituição da República: *ninguém poderá ser compelido a associar-se ou a permanecer associado.*

29 Artigo 5º, inciso XVIII, da Constituição da República: *a criação de associações e, na forma da lei, a de cooperativas independem de autorização, sendo vedada a interferência estatal em seu funcionamento.*

DAS DISPOSIÇÕES FINAIS E TRANSITÓRIAS (Art. 2.031)

decisão judicial com trânsito em julgado.[30] Por fim, conferiu-se à entidade associativa legitimidade para representar seus filiados judicial e extrajudicialmente.[31]

Nada obstante a prorrogação do prazo para adaptação, a incidência da normatividade de ordem pública é imediata. Ou seja, conforme lição de ROSA MARIA DE ANDRADE NERY e NELSON NERY JÚNIOR, *"está em vigor desde 12.01.2003, data da entrada em vigor do Código Civil. Isto quer significar, por exemplo, que somente poderá haver modificação do contrato social da sociedade limitada por deliberação dos sócios (CC 1.071-V), o que deve ocorrer em assembleia-geral (CC 1.072), mesmo que ainda não tenha havido adaptação do contrato social às novas regras do Código Civil".*[32]

O Enunciado nº 73 do CEJ dispõe: *"Não havendo revogação do art. 1.060 do Código Civil, nem a modificação do § 2º do artigo 1.158 do mesmo diploma, é de interpretar-se este dispositivo no sentido de não aplicá-lo à denominação das sociedades anônimas e sociedades limitadas já existentes, em razão de se tratar de direito inerente à sua personalidade".*

A exceção aberta às organizações religiosas e aos partidos políticos decorre da especificidade de ambos. O parágrafo único foi acrescentado pela Lei nº 10.825, de 22.12.2003. O Projeto de Lei nº 634, do Deputado PAULO GOUVÊA, motivou a iniciativa: *"Os partidos políticos e as igrejas, bem como suas entidades mantenedoras, entraram numa espécie de limbo jurídico/legal, na lei civil, porque não podem ser associação, já que não se enquadram na definição legal do art. 53, pois não têm fins econômicos* stricto sensu. *Não podem também ser sociedades,*

---

30 Artigo 5º, inciso XIX, da Constituição da República: *as associações só poderão ser compulsoriamente dissolvidas ou ter suas atividades suspensas por decisão judicial, exigindo-se, no primeiro caso, o trânsito em julgado.*

31 Artigo 5º, inciso XXI, da Constituição da República: *as entidades associativas, quando expressamente autorizadas, têm legitimidade para representar seus filiados judicial ou extrajudicialmente.*

32 NELSON NERY JÚNIOR e ROSA MARIA DE ANDRADE NERY, *Código Civil Comentado e Legislação Extravagante*, 3ª ed, São Paulo, RT, 2005, p. 898.

porque a definição do art. 981 as afasta totalmente daquela possibilidade. Resta para as igrejas serem consideradas fundações, pois assim permite o art. 62. Ocorre porém que a instituição de uma fundação tem que seguir, além das normas do atual Código, lei específica que trata daquelas organizações, cujas normas inviabilizam, para as igrejas, sua instituição".

A liberdade de religião e de culto propicia um regime de maior flexibilidade às organizações voltadas ao cultivo e prática religiosa. Além da liberdade de criação, organização, estruturação interna e funcionamento, o legislador civil assegurou a obrigatoriedade do registro dos atos constitutivos e necessários ao seu funcionamento.[33]

À luz do Código Civil de 1916, o Conselho Superior da Magistratura de São Paulo chegou a julgar procedente a dúvida suscitada por registrador civil de pessoas jurídicas que se recusou a registrar estatuto de Igreja que reproduzia estrutura, nomenclatura hierárquica e denominação idêntica à de outra confissão religiosa preexistente. Diante da explicitude do § 1º do artigo 44 do Código Civil de 2002, questiona-se a viabilidade de recusa análoga. Parece nítida a intenção do legislador de se não recusar o registro público instituidor de qualquer organização religiosa.

Em relação aos Partidos Políticos, não constituem associações privadas como quaisquer outras.[34] Ainda representam o conduto único aberto à cidadania para participar da Democracia Representativa. Justifica-se a preservação de um modelo consagrado, inspirado no direito comparado e insuscetível de adaptação obrigatória, incidente sobre as entidades coletivas de outra índole.

Editada essa norma transitória, caberia uma indagação: qual a consequência para as pessoas jurídicas de direito privado que não se adaptarem ao novo estatuto civil?

---

33   Artigo 44, inciso IV e § 1º, do Código Civil.
34   A lei de regência dos Partidos Políticos é a Lei nº 9.096/1995.

O legislador foi omisso. Lembra MÁRIO LUIZ DELGADO: *"Não havendo sanção específica, poderiam as pessoas jurídicas de direito privado se furtarem a realizar tais adaptações? O que sucederia com tais entidades? Tornar-se-iam pessoas jurídicas irregulares, submetidas às mesmas regras da sociedade em comum (arts. 986 a 990)?"*[35] Conclui o autor que a resposta é afirmativa para as sociedades civis, pois essa tipologia não existe mais na lei regente. Já no caso das fundações, associações e antigas sociedades mercantis, a única sanção seria a ineficácia das regras estatutárias em conflito com o novo Código.

A falta de sanção direta aos responsáveis não os isenta de responderem pelos efeitos de sua conduta, seja em relação a terceiros como frente aos demais sócios.[36]

Jurisprudência

TRIBUNAL DE JUSTIÇA

Associação. Arts. 59 e 2.031 do Código Civil de 2002. Vigência do primeiro sem prejuízo do prazo instituído pelo segundo para as alterações estatutárias das associações constituídas anteriormente. Inexistência de *vacatio legis*. Hipótese em que, de todo modo, já se havia convocado assembleia e modificado o estatuto para as alterações decorrentes do Novo Código Civil de 2002. Inadmissibilidade. Liminar bem concedida. Recurso improvido (AI nº 336.292-4/1, 2ª Câmara de Direito Privado/TJSP, Rel. Des. Maia da Cunha, j. 09.03.2004, v.u.).

Do corpo do acórdão:

Diga-se, inicialmente, que o art. 2.031 do Código Civil de 2002, longe de instituir uma vacantia legis*, pretendeu apenas conceder o prazo de um ano para que as associações, sociedades e fundações, consti-*

---

35 MÁRIO LUIZ DELGADO, op. cit., *idem*, p. 498.
36 RICARDO ARONNE, *Código Civil Anotado*, coord. RODRIGO DA CUNHA PEREIRA, Síntese, Porto Alegre, s/d, p. 1.322.

tuídas na forma das leis anteriores, se adaptassem às novas disposições civis impostas pela nova legislação.

Nada além disso, a significar que o art. 59 do Código Civil de 2002 passou a ter eficácia com a entrada em vigência do novo código, de onde se infere que, para alteração no estatuto e destituição dos administradores, a regra é a do parágrafo único, no sentido de que: "Para as deliberações a que se referem os incisos II e IV é exigido o voto concorde de dois terços dos presentes à assembleia especialmente convocada para esse fim, não podendo ela deliberar, em primeira convocação, sem a maioria absoluta dos associados, ou com menos de um terço nas convocações seguintes".

Devedora sociedade prestadora de serviços de vigilância e segurança, constituída sob a égide do Código Civil de 1916 e Código Comercial. Natureza de sociedade empresária a partir da vigência do atual Código Civil. Inteligência dos artigos 966 e 982 do Código Civil. Sujeição à falência. Preliminar de impossibilidade jurídica do pedido rejeitada. Depósito elisivo. Apresentação de defesa consistente em relevante razão de direito. Alegação de falta de liquidez da duplicata de prestação de serviços. Necessidade de concessão de oportunidade para a devedora provar sua defesa, a fim de que o juiz decida expressamente sobre a matéria suscitada pela devedora. Decreto de nulidade da sentença. Apelação provida para reabertura da instrução e decisão sobre a defesa (AC nº 401.927-4/9-00, Câmara Especial de Falências e Recuperações Judiciais/TJSP, Rel. Des. Pereira Calças, j. 31.08.2005, v.u.).

Do corpo do acórdão:

O pedido de falência foi formulado após a vigência do Código Civil de 2002, que, como é de trivial sabença, na senda do Código Civil italiano, adotou a teoria da empresa e revogou expressamente a parte primeira do Código Comercial que vinculava o conceito de sociedade comercial à prática da mercancia. Agora as sociedades são classificadas em sociedades "simples" e "empresárias", sendo aquelas as prestadoras de serviços intelectuais e estas as que têm como atividade

DAS DISPOSIÇÕES FINAIS E TRANSITÓRIAS (Art. 2.031)

a produção ou a circulação de bens ou prestação de serviços não intelectuais, conforme decorre da interpretação conjunta do artigo 966, caput *e parágrafo único, e artigo 982 do Código Civil.*

É importante ressaltar que as antigas sociedades civis, a partir da vigência do atual Código Civil, terão a natureza de sociedade simples ou de empresária, dependendo do objeto social. Bem por isso, as antigas sociedades civis que tenham como objeto social a prestação de serviços não intelectuais passam a ser consideradas sociedades empresárias e, por isso, devem se registrar na Junta Comercial e estão sujeitas à falência.

Cumpre anotar que o reconhecimento de que a apelante, sociedade que exerce atividade econômica organizada e presta serviços na área de vigilância e segurança, a partir da vigência do Código Civil de 2002 passe a ser classificada como sociedade empresária não configura aplicação retroativa do Código Reale, haja vista que a relação societária é de trato continuado, mercê do que a incidência do atual Código Civil é imediata na disciplina do tema em questão, conforme estabelece o artigo 6º, caput, *da Lei de Introdução ao Código Civil. O fato de a sociedade apelante ter sido constituída sob a égide do Código Civil de 1916 e do Código Comercial de 1850 também não significa que ela continue a ostentar a qualidade de sociedade civil, cumprindo observar que tal categoria de sociedade não mais subsiste no Direito brasileiro. Bem por isso, o artigo 2.031 concede prazo, ainda não esgotado em virtude de sua prorrogação, para que as sociedades constituídas na forma das leis anteriores se adaptem ao novo Código Civil.*

Não se há de falar, portanto, em aplicação retroativa do Código Civil, nem de afronta ao ato jurídico perfeito, inocorrendo mau trato ao artigo 6º, § 1º, da Lei de Introdução ao Código Civil, nem ao artigo 5º, inciso XXXVI, da Carta da República, pelo fato de se reconhecer a imediata aplicação do Código Reale para se reconhecer que a apelante é sociedade empresária e, portanto, sujeita à falência, nos termos do artigo 1º do, hoje revogado, Decreto-Lei nº 7.661/45.

Plano de saúde. Obesidade mórbida. Cirurgia de redução de estômago. Aplicação do Código de Defesa do Consumidor. Necessidade da cirurgia para manutenção da vida do apelante. Reembolso devido. Inversão do ônus da sucumbência. Recurso provido (AC nº 367.334-4/6, 9ª Câmara de Direito Privado/TJSP, Rel. Des. José Luiz Gavião de Almeida, j. 08.11.2005, v.u.).

Do corpo do acórdão:

No caso dos autos, a cláusula que determina não estarem cobertas pelo plano as cirurgias para emagrecimento não atingem a situação do apelante, principalmente depois de editada a Lei dos Planos de Saúde que tipificou a obesidade mórbida como doença.

Tal lei se aplica ao associado independentemente de adesão. Não se verifica a figura do ato jurídico perfeito. *A relação entre o fornecedor de serviços e o consumidor é continuada, prorrogando-se no tempo por prazo indeterminado, e sujeitando os contratos antigos às novas regras.*

"Isto quer dizer que os contratos sociais celebrados sob o regime das leis anteriores são atingidos pela nova lei: os efeitos passados não podem ser alterados pelo novo Código Civil (irretroatividade da lei), mas os efeitos presentes e futuros dos contratos dessas sociedades são atingidas pela lei nova (eficácia imediata da lei). Não se pode alegar ato jurídico perfeito, *para opor-se à adaptação exigida pelo CC 2.031.O ato jurídico perfeito não é o contrato em si, mas os efeitos produzidos por ele sob a égide da lei antiga. O contrato não está acobertado pela imunidade da irretroatividade da lei; só os efeitos pretéritos é que estão. O contrato, porque está sendo executado (trato sucessivo, execução continuada ou diferida), será inexoravelmente atingido pela* eficácia *imediata da lei nova.*

(...) Considera-se perfeito o ato ou negócio jurídico quando já se aperfeiçoou, isto é, quando todos os seus elementos constitutivos já se verificaram. É ato consumado, que não depende mais de nada para ter plena eficácia. O ato jurídico perfeito, a que se refere a CF, art. 5º,

XXXVI, diz respeito ao ato que se aperfeiçoou no período anterior a uma lei que, para não ser retroativa, não pode alcançá-lo. Caso falte algum elemento, alguma causa, o ato jurídico é 'inconcluído' e, portanto, imperfeito. O ato imperfeito não é acobertado pela garantia constitucional" (NELSON NERY JÚNIOR, Parecer sobre "Planos de Saúde e Contrato de Prestação de Serviços Médico-hospitalares: Sul-América e Hospital Aliança", Revista de Direito Privado, *21, p. 301).*

Plano de saúde. Ação de ressarcimento. Danos materiais e morais. Transplante de córnea. Cirurgia de urgência. Alegação de não haver previsão de cobertura do procedimento no contrato. Relação de consumo caracterizada. Cláusula que contraria a boa-fé. Necessidade da intervenção, sob pena de perda da visão. Pretensão de indenização por danos morais afastada. Sucumbência recíproca. Verba honorária reduzida para 10% sobre o valor da causa. Recurso parcialmente provido (AC nº 361.820.4/0, 9ª Câmara de Direito Privado/TJSP, Rel. Des. José Luiz Gavião de Almeida, j. 22.11.2005, v.u.).

Recurso de apelação interposto pelos réus. Réus pessoas físicas postulam tão somente majoração de honorários advocatícios. Desprovimento. Valor arbitrado reputado adequado, observadas natureza e complexidade das ações principal e cautelar. Ré pessoa jurídica postula improcedência das ações. Preliminar de cerceamento de defesa afastada. Inexistência de previsão no contrato social para exclusão extrajudicial de sócios, a qual é exigida pelo artigo 1.085 do Código Civil. Existência de prazo para adaptação do contrato social ao novo regramento civil quando da ocorrência dos fatos, nos termos do artigo 2.031 do Código Civil. Vigência de prazo de adequação do contrato que não suspende a vigência da norma prevista no artigo 1.085 do Código Civil, o qual exige previsão contratual para exclusão extrajudicial de sócio (Apelação Cível nº 9095356-25.2007.8.26.0000, 5ª Câmara de Direito Privado, Rel.ª Des.ª Christine Santini, j. 26.10.2011).

Ato jurídico. Associação. Anulação de norma estatutária em descompasso com o art. 59, do CC. Norma do art. 2.031, do CC, que apenas concedeu prazo de um ano para as associações, sociedade e fundações se adaptarem ao Código Civil de 2002, não constituindo "vacantia legis". Enquadramento do autor na condição de sócio veterano do clube. Questão relativa a outra alteração estatutária que importa incabível inovação recursal. Ação procedente. Ratificação dos fundamentos da sentença (art. 252, do RITJSP/2009). Recurso conhecido e desprovido (Apelação Cível nº 9067168-56.2006.8.26.0000, 1ª Câmara de Direito Privado/TJSP, Rel. Des. Luiz Antonio de Godoy, j. 10.01.2012).

Art. 2.032. As fundações, instituídas segundo a legislação anterior, inclusive as de fins diversos dos previstos no parágrafo único do artigo 62, subordinam-se, quanto ao seu funcionamento, ao disposto neste Código.

COMENTÁRIOS

O legislador tornou claro que as fundações, também dotadas de especificidade que as distingue das demais entidades coletivas, têm o seu funcionamento sob a incidência do Código Civil de 2002 e não podem invocar direito adquirido à normatividade anterior.

A fundação é a dotação especial de bens livres destinada por seu instituidor – por escritura pública ou testamento – para finalidades religiosas, morais, culturais ou de assistência.[37]

Todas as fundações instituídas consoante o Código Civil de 1916, ainda que não tenham fins religiosos, morais, culturais ou assistenciais, encontram-se hoje sob a égide dos artigos 44, inciso III, 45 e 62 a 69 do Código Civil de 2002.

---

37   Artigo 62 e parágrafo único do Código Civil de 2002.

DAS DISPOSIÇÕES FINAIS E TRANSITÓRIAS (Art. 2.033)

Distinga-se entre o *funcionamento*, hoje subordinado à disciplina do Código Civil em vigor, e o *objeto* das fundações. Elas podem ser instituídas para fins religiosos, culturais ou de assistência. Antes disso, o objeto poderia ser outro. À luz do princípio da irretroatividade e do respeito ao direito adquirido e à coisa julgada, as fundações anteriormente criadas poderão conservar seu objeto, ainda que diverso da normatividade vigente.

Art. 2.033. Salvo o disposto em lei especial, as modificações dos atos constitutivos das pessoas jurídicas referidas no art. 44, bem como a sua transformação, incorporação, cisão ou fusão, regem-se desde logo por este Código.

COMENTÁRIOS

As pessoas jurídicas referidas no artigo 44 são as associações, sociedades e fundações. Todas as vicissitudes por que vierem a passar, a partir de 12.01.2003, deverão se submeter ao regramento do Código Civil de 2002. Norma de superfetação, introduzida exclusivamente com o intuito de tornar claro que o *tempus regit actum* não permitiria às pessoas jurídicas enunciadas a submissão à lei antiga, vigente à data de sua constituição ou criação.

A ficção da *pessoa jurídica* estabelece um paralelismo com o seu modelo original: a *pessoa física*. Assim como as pessoas nascem, se desenvolvem, crescem, produzem e morrem, os grupos criados para melhor consecução dos objetivos individuais se submetem a inúmeras ocorrências durante sua vida civil.

De forma análoga às averbações ao assento de nascimento da pessoa física, as transformações por que passa a pessoa jurídica serão anotadas nos seus atos constitutivos. As modificações dependerão de escritura pública ou instrumento particular e serão averbadas à margem do registro da sociedade no Registro apropriado.

Jurisprudência

TRIBUNAL DE JUSTIÇA

Sociedade Limitada. Término da *affectio societatis*. Cautelar para afastar sócio administrador. Mantido despacho que indefere o pedido. A simples alegação de término da *affectio societatis* e o afastamento voluntário do sócio não são elementos suficientes para comprovar a existência do "fundado receio de lesão grave e de difícil reparação", de que fala o artigo 798 do CPC. Recurso improvido (AI nº 381.058-4/9, 9ª Câmara de Direito Privado/TJSP, Rel. Des. Manoel Justino Bezerra Filho, j. 22.02.2005, v.u.).

Do corpo do Acórdão:

O artigo 2.045 do Código Civil revogou expressamente apenas a Lei nº 3.071/16 (Código Civil de 1916) e a primeira parte da Lei nº 556/50 (Código Comercial de 1850); no entanto, por força dos artigos 2.033 e 2.034, está revogado também o Decreto nº 3.708, de 10.01.1919, aplicando-se ao caso a nova.

Art. 2.034. A dissolução e a liquidação das pessoas jurídicas referidas no artigo antecedente, quando iniciadas antes da vigência deste Código, obedecerão ao disposto nas leis anteriores.

COMENTÁRIOS

As entidades intermediárias, assim como as pessoas físicas, nascem, crescem, se desenvolvem, se modificam e se extinguem. A extinção das pessoas jurídicas pode ocorrer pela dissolução, acordada pelos próprios integrantes ou decretada por decisão judicial ou por liquidação, modalidade heterônoma reservada a entidades de enfatizado interesse público.

Se o processo de dissolução e de liquidação já tivera sido iniciado antes de 12.01.2003, será a lei então vigente e não o Código Civil de 2002 o diploma regedor a que estarão submetidas até sua extinção.

Cuidou o legislador de explicitar que normas expressamente revogadas pelo Código Civil de 2002 – v.g. artigos 344 a 353 e artigos 655 a 674 do CPC de 1939 – têm sobrevida por força do artigo 2.034, norma de direito transitório. Encerradas a dissolução e a liquidação das pessoas jurídicas iniciadas antes de 11 de janeiro de 2003, terão incidência plena os artigos 1.033 a 1.038, 1.102 a 1.112 do Código Civil de 2002.

Jurisprudência

TRIBUNAL DE JUSTIÇA

Ação de dissolução parcial de sociedade. Ação distribuída após a vigência do novo Código Civil, com fundamento em dispositivos do Código Comercial, expressamente revogados. Data da constituição da sociedade ou do início dos fatos que ensejaram a dissolução não constituem marco inicial para impedir a aplicação da lei nova. Inaplicabilidade do art. 2.034 do novo CC. Ato jurídico perfeito e direito adquirido não afrontados. Impossibilidade jurídica do pedido reconhecida. Preliminar acolhida. Inversão dos ônus sucumbenciais. Recurso provido (AC nº 322.194-4/7, 4ª Câmara de Direito Privado/TJSP, Rel. Des. Carlos Stroppa, j. 11.12.2003).

Do corpo do acórdão:

A r. decisão atacada reconheceu, in casu, *a aplicabilidade do princípio* tempus regit actum, *porque "todos os fatos postos deram-se antes do advento do Código Civil/02, e o fato de a ação vir sob a sua égide não desfaz a situação, mesmo porque do "novo" Código Civil, para este caso, aplica-se apenas o artigo 2.034, não as disposições do artigo 2.033. Não se cuida, então, de falta de vigência do Código Comercial, pois a situação tratada entre as partes remonta ao tempo em que era vigente o Código Civil/16. Não se aplica, pois, o Código Civil vigente".*

...

A ação foi distribuída em 22 de janeiro de 2003, ou seja, já sob a égide do novo Código Civil, que revogou expressamente a Parte Primeira do Código Comercial (art. 2.045), em que estavam inseridas todas as disposições relativas às sociedades mercantis.

Não há que se falar, por isso, em afronta a direito adquirido ou a ato jurídico perfeito, porque à dissolução da sociedade deve ser aplicada a regra vigente no momento do ajuizamento da ação. Pouco importa, por isso, que a sociedade tenha sido constituída antes do advento do novo Código Civil ou mesmo a antecedência dos fatos que deram origem à ação de dissolução, porque os artigos que serviram de fundamento para a ação não mais pertenciam ao mundo jurídico quando de sua propositura.

Locação de imóveis. Dissolução da sociedade locadora, com rateio ente os acionistas do imóvel dado em locação. Ilegitimidade ativa e falta de capacidade postulatória da pessoa jurídica. Acionante. Despejo. Extinção do processo, sem julgamento do mérito. Recurso desprovido. Dissolvida a sociedade, aprovadas as contas do liquidante, e realizado o rateio entre os acionistas do imóvel objeto da presente ação de despejo, nos termos dos arts. 1399, do Código Civil de 1916, em vigor à época (CC/02, art. 2034) a pessoa jurídica é considerada extinta (CC/16, art. 21 e 23) não detendo, desta forma, legitimidade ativa e tampouco capacidade (CPC, art. 7º) para postular o despejo do inquilino. Hipótese que não se enquadra como falta de personalidade jurídica (sociedade de fato ou irregular), cuja representação tem previsão legal (CPC, art. 12, VII) e sim de inexistência da sociedade, cuja extinção foi objeto de deliberação societária e se tornou pública com o registro na Junta Comercial, com regular liquidação e rateio de bens (Apelação Cível nº 0210556-59.2009.8.26.0100, 35ª Câmara de Direito Privado/TJSP, Rel. Des. Clóvis Castelo, j. 06.08.2012).

Art. 2.035. A validade dos negócios e demais atos jurídicos constituídos antes da entrada em vigor deste Código obedece ao disposto nas leis anteriores, referidas no art. 2.045, mas os seus efeitos, produzidos após a vigência deste Código, aos preceitos dele se subordinam, salvo se houver sido prevista pelas partes determinada forma de execução.

Parágrafo único. Nenhuma convenção prevalecerá se contrariar preceitos de ordem pública, tais como os estabelecidos por este Código para assegurar a função social da propriedade e dos contratos.

COMENTÁRIOS

A redação conferida ao artigo não é das melhores. Cria uma ambiguidade e gerará inúmeras discussões. Pretendeu o legislador preservar a validade dos negócios e demais atos jurídicos anteriores à vigência do Código, mas excepcionou a disciplina jurídica dos efeitos.

Em regra, os efeitos jurídicos produzidos a partir de 12.01.2003 seguem a normativa do Código Civil de 2002. Todavia, abre-se a possibilidade de subordinação à lei anterior, desde que assim o queiram as partes.

Não parece conforme com a presunção de aperfeiçoamento normativo contida na necessidade de um novo Código permitir que os particulares se subtraiam à sua incidência. Ou era necessário um novo Código Civil, para substituir a alegada superação da normatividade de 1916 e então ele tem a vocação de disciplinar todos os fatos a partir de sua vigência, ou ele não era necessário. A qualidade da regulamentação anterior, reconhecida pelos interessados, protrairá – indefinidamente – a efetividade do novo Código.

Para o juiz ANTONIO JEOVÁ SANTOS, a primeira parte do *caput* do artigo 2.035 contém o óbvio e a segunda parte, *"que tentou solver problema grave e sério de Direito intertemporal, não alcançou o fim desejado. Ao pretender que os efeitos dos negócios jurídicos ocorridos depois da vigência do novel Código a ele se subordinem, vulnerou o legislador o artigo 5º, XXXVI, da Constituição da República".*[38]

O autor sustenta seu entendimento na lição de Paul Roubier, defensor da aplicação imediata e geral da lei nova, com exceção dos contratos de execução continuada. Quanto a estes, a lei a incidir é a da época em que o contrato foi celebrado.

A orientação do STF não seria outra: *"Se a lei alcançar os efeitos futuros de contratos celebrados anteriormente a ela, será essa lei retroativa (retroatividade mínima) porque vai interferir na causa, que é um ato ou fato ocorrido no passado. O disposto no art. 5º, XXXVI, da CF, se aplica a toda e qualquer lei infraconstitucional, sem qualquer distinção entre lei de Direito público e lei de Direito privado, ou entre lei de ordem pública e lei dispositiva. Precedente do STF. Ocorrência, no caso, de violação de direito adquirido".*[39]

Com a clareza própria a seus eruditos votos, o Ministro CELSO DE MELLO teve oportunidade de assinalar: *"Não constitui demasia enfatizar que, no sistema de Direito Constitucional positivo brasileiro, a eficácia retroativa das leis (a) é excepcional, (b) não se presume, (c) deve emanar de texto expresso de lei e – circunstância que se reveste de essencialidade inquestionável – (d) não deve e nem pode gerar lesão ao ato jurídico perfeito, ao direito adquirido e à coisa julgada".*[40]

À luz desse entendimento, a segunda parte do artigo 2.035 do Código Civil é incompatível com a ordem constitucional, quando dispõe que os efeitos de negócios jurídicos a ele anteriores se subordinam a seus preceitos.

---

38 ANTONIO JEOVÁ SANTOS, *Direito Intertemporal e o novo Código Civil – Aplicações da Lei nº 10.406/2002*, 2ª ed, São Paulo, RT, 2004, p. 74.
39 ADIn nº 493-0-DF, Rel.Min. MOREIRA ALVES, *JSTF – LEX* 168/70.
40 RE nº 201.176-2-RS, Rel. Min. CELSO DE MELLO, *RTJ* 106/314. No mesmo sentido, *RT* 218/447 e 299/478, *RF* 102/72, 144/166 e 153/695, *RTJ* 89/634, 90/296,107/394 e 112/759.

Já a dicção do parágrafo único veda a observância de qualquer convenção das partes que contrarie preceitos de ordem pública. Em enunciação meramente exemplificativa, menciona a função social da propriedade e dos contratos.

Para NELSON e ROSA NERY, são de *ordem pública* as *cláusulas gerais*, principalmente as da função social do contrato,[41] função social da empresa,[42] boa-fé objetiva,[43] bons costumes[44] e função social da propriedade.[45] Isso impõe seu conhecimento e aplicação *ex officio* pelo juiz, ainda que não haja expresso requerimento da parte ou do interessado, a qualquer tempo e em qualquer grau ordinário de jurisdição,[46] insuscetíveis de preclusão.

Assim como afirmou a incompatibilidade do *caput* do artigo 2.035 com o ordenamento fundante, ANTONIO JEOVÁ DOS SANTOS sustenta a inconstitucionalidade do parágrafo único. O sistema consagrador da irretroatividade de leis no Brasil tem assento constitucional e o fundamento de que se está a editar lei *de ordem pública* não legitima o legislador a conferir-lhe vocação retroativa.

Invoca novamente o STF: *"A possibilidade de intervenção do Estado no domínio econômico não exonera o Poder Público do dever jurídico de respeitar os postulados que emergem do ordenamento constitucional brasileiro. Razões de Estado – que muitas vezes configuram fundamentos políticos destinados a justificar, pragmaticamente, ex parte principis, a inaceitável adoção de medidas de caráter normativo – não podem ser invocadas para viabilizar o descumprimento da própria Constituição. As normas de ordem pública – que também se sujeitam à cláusula inscrita no art. 5º, XXXVI, da Carta Política (RTJ*

---

41 Código Civil, artigo 421.
42 Constituição da República, artigo 170, e Código Civil, artigo 421.
43 Código Civil, artigo 422.
44 Código Civil, artigo 187.
45 Constituição da República, artigo 5º, inciso XXIII, e 170, inciso II, Código Civil, artigo 1.228, § 1º.
46 NELSON NERY JÚNIOR e ROSA MARIA ANDRADE NERY, op. cit., *idem*, p. 899, a citarem também o artigo 303, inciso III, do Código de Processo Civil.

143/724) – não podem frustrar a plena eficácia da ordem constitucional, comprometendo-a em sua integridade e desrespeitando-a em sua autoridade".[47]

Para MARIA HELENA DINIZ, *"o novo Código Civil apenas poderá incidir sobre situações jurídicas iniciadas após a data de sua vigência (situações jurídicas futuras); logo, não atingirá as consolidadas em épocas passadas (situações jurídicas pretéritas)".*[48] Já MÁRIO LUIZ DELGADO pondera: *"Apesar de discutível a constitucionalidade do art. 2.035 do NCC, devemos considerar os interesses sociais que o dispositivo pretende fazer prevalecer, com superação relativa do dogma da irretroatividade, sempre lembrando, com MARIA HELENA DINIZ, que o problema da irretroatividade é irrelevante na seara jurisprudencial e consuetudinária, uma vez que o Judiciário resolve as questões de direito intertemporal caso por caso, fundado às vezes sobre o interesse geral, a ordem pública e as exigências fático-axiológicas do sistema jurídico".*[49]

Os atos e negócios jurídicos em curso de formação quando do início de vigência do Código Civil de 2002, este incidirá na fase pré-contratual. Cumpre distinguir, como o faz MARIA HELENA DINIZ, calcada em lição de CARLOS MAXIMILIANO, entre contratos em curso e contratos em curso de constituição.[50] Uma coisa é o contrato celebrado à luz da lei antiga, apto a produzir seus efeitos consoante os preceitos da legislação em que produzido. Aplicação singela do princípio *tempus regit actum.* Outra é a avença em vias de celebração, ainda não ultimado. Sobre esta incidirá em plenitude a lei nova.

---

47   *JSTF-LEX* 223/249.
48   MARIA HELENA DINIZ, *Comentários ao Código Civil*, Parte Especial – Livro Complementar – Das Disposições Finais e Transitórias (arts. 2.028 a 2.046), volume 22 da coleção coordenada pelo Prof. ANTONIO JUNQUEIRA DE AZEVEDO, Saraiva, 2003, São Paulo, p. 173.
49   MÁRIO LUIZ DELGADO, *Problemas de Direito Intertemporal...* cit., *idem*, p. 509.
50   MARIA HELENA DINIZ, op. cit., *idem*, p. 175.

DAS DISPOSIÇÕES FINAIS E TRANSITÓRIAS (Art. 2.035)

O parágrafo único oferece uma série de desafios. Primeiro, o de precisar o conceito de *ordem pública*. Não existe exação terminológica na fixação dos contornos da *ordem pública*. Ao contrário, sua noção *"é ambígua, imprecisa e variável no tempo e no espaço"*.[51] Somente a concretização operada pelo julgador permitirá, na prática, a delimitação conceitual para fazer valer a norma do parágrafo único do artigo 2.035 do Código Civil. Qual o limite, imposto pelo interesse coletivo, além do qual a vontade individual não pode prevalecer?

Enfatize-se que a menção do legislador à função social da propriedade e do contrato é meramente enunciativa. Não significa a exclusão de outros preceitos de ordem pública. O autor do Código Civil apenas quis explicitar que ditames pertinentes à ordem social, à segurança jurídica da sociedade, são insuscetíveis de sacrifício decorrente da vontade particular. Para exemplificar, mencionou a função social da propriedade e a função social do contrato.

Foi-se o tempo em que a vontade individual reinava absoluta e se impunha soberana na esfera contratual, até com desprezo à normatividade genérica. A liberdade de contratar, se não foi subtraída à instância da individualidade, foi ao menos debilitada. Subordina-se à função social. Reconhecimento explícito de que contratar é uma das formas de se servir à coletividade. Não é a satisfação do egoísmo senão estratégia de atender a aspirações comunitárias.

Previsão tal, numa sociedade materialista, consumista e egoísta, pareceria destinada a soçobrar. Por isso é que a transformação da mentalidade do operador jurídico se mostra essencial. Sem ela, não haverá condições de fazer valer a vontade legislativa do novo Código. Vontade legislativa muito explícita ao impor limites à vontade individual. Pois *"o princípio da autonomia da vontade está atrelado ao da socialidade, pois, pelo art. 421 do Código Civil, declarada está a limitação da liberdade de contratar pela função social do contrato. Esse dispositivo é mero corolário do princípio constitucional da função social da proprie-*

---

51 MARIA HELENA DINIZ, op. cit., *idem*, p. 180.

dade (CF, arts. 5º, XXIII, 186, 182, § 2º, e 170, III), que visa impedir o exercício do direito de propriedade prejudicial ao bem-estar da sociedade e o do da justiça, norteadores da ordem econômica".[52]

Art. 2.036. A locação do prédio urbano, que esteja sujeita à lei especial, por esta continua a ser regida.

COMENTÁRIOS

Pode parecer dispensável a preocupação do legislador em ressalvar o trato específico da questão locatícia e explicitar sua exclusão da incidência do Código Civil. A intenção foi espancar qualquer dúvida a respeito de um tema bastante sensível a um país emergente, submetido a uma aparente insolúvel carência de moradias. Há milhões de brasileiros desprovidos de habitação. Outros milhões dependem dos proprietários para morar e subordinam-se às regras do contrato de locação.

A *lei especial* do artigo 2.036 é a Lei Federal nº 8.245, de 18.10.1991. Ela disciplina a locação de imóvel urbano, contrato pelo qual o locador, mediante remuneração paga pelo locatário, se compromete a fornecer-lhe uso e fruição de imóvel destinado à moradia permanente ou temporária ou ao exercício de qualquer atividade.

O conceito de *imóvel urbano* se desvincula da localização e deriva da sua *destinação*. Se um imóvel, ainda que situado em zona rural, é destinado à habitação ou a sediar empresa, é considerado urbano. Sob a mesma ótica, um prédio situado em região urbana ou suburbana, mas utilizado como reserva florestal, não será incluído na categoria *imóvel urbano*, mas sobre ele incidirá a limitação de uso prevista no Código Florestal.

---

52   MARIA HELENA DINIZ, op. cit., *idem*, p. 183.

DAS DISPOSIÇÕES FINAIS E TRANSITÓRIAS (Art. 2.036)

MARIA HELENA DINIZ[53] elenca as locações excluídas do regime da Lei nº 8.245/91 e que são aquelas cujo objeto é:

a) imóvel de propriedade da União, dos Estados e dos Municípios, de suas autarquias e fundações públicas;[54]

b) Vaga autônoma de garagem ou de espaço para estacionamento de veículos;

c) Espaço destinado à publicidade;

d) *Flat-service* ou dependências em apart-hotéis, hotéis-residência ou equiparados;

e) Arrendamento mercantil como *leasing* financeiro, *leasing* imobiliário, arrendamento residencial, *leasing* operacional, *lease-back* e *dummy corporation;*

f) Prédio rural destinado à exploração agrícola, pecuária, agropecuária ou agroindustrial.[55]

Jurisprudência

SUPERIOR TRIBUNAL DE JUSTIÇA

Locação. Violação aos artigos 79 da Lei nº 8.245/91 e 2.036 do Código Civil. Prequestionamento implícito. Ocorrência. Multa. Código de Defesa do Consumidor. Inaplicabilidade. Inexistência de relação de consumo. Recurso especial conhecido e provido.

1. O Tribunal a quo emitiu pronunciamento sobre as questões suscitadas pelo recurso especial, embora não tenha feito referência expressa aos dispositivos legais, caracterizando assim seu prequestionamento implícito.

---

53 MARIA HELENA DINIZ, op. cit., *idem,* p. 187.

54 A locação de imóveis rurais ou urbanos da União estão sob a disciplina do Decreto-Lei nº 9.760/46. A locação de imóveis estaduais em São Paulo submete-se ao Decreto-Lei nº 11.800/40, e quando a administração centralizada ou autárquica for locatária incidem os Decretos nºs 22.578/84, 24.167/85, 30.453/89 e 33.703/91.

55 Modalidade submetida à legislação do Estatuto da Terra: Leis nºs 4.504/64 e 4.947/66 e Decreto nº 59.566/66.

2. É pacífica e remansosa a jurisprudência, nesta Corte, no sentido de que o Código de Defesa do Consumidor não é aplicável aos contratos locatícios, que são regulados por legislação própria.
3. Restam ausentes às relações locatícias as características delineadoras da relação de consumo apontadas na Lei nº 8.078/90.
4. Recurso especial conhecido e provido (Recurso Especial nº 689.266-SC, Rel. Min. Arnaldo Esteves Lima, j. 06.10.2005, v.u.).

Agravo de Instrumento contra inadmissão de Recurso Especial. Alegada vulneração do artigo 535, II, do CPC, vez que o julgado deixou de apreciar as questões suscitadas no recurso. Apreciação implícita. Não se ajusta com o espírito da Lei de Locação a tese de extinção pura e simples de fiança pelo vencimento do prazo inicial contratado para a locação. O Código Civil brasileiro de 1916 só se aplica subsidiariamente às locações, quando a chamada lei do inquilinato não regulamentar a matéria. Não é o caso da fiança. Incontestável que o v. acórdão negou vigência ao parágrafo único do artigo 56 da Lei nº 8.245, de 18.10.1991, vez que a locação contratada foi prorrogada por tempo indeterminado. Além da divergência jurisprudencial, a violação dos artigos 1º, parágrafo único, "a", 37, 39, 56, parágrafo único, e 79, todos da Lei nº 8.245/91, 1.483 do CC de 1916, 2.036 do Código Civil, 535, II, do CPC, e 2º, § 1º, da Lei de Introdução ao Código Civil. Tudo visto e examinado decido. Preenchidos os requisitos legais, dou provimento ao agravo de instrumento, determinando a subida dos autos principais, para melhor exame da questão federal, que se oferece relevante na espécie (Agravo de Instrumento nº 723.535-PR, Decisão Monocrática, Rel. Min. Hamilton Carvalhido, j. 30.11.2005). No mesmo sentido: REsp nº 837.572-PR, Decisão Monocrática, Rel. Min. Hamilton Carvalhido, j. 27.09.2006).

Agravo de instrumento contra decisão que inadmitiu Recurso Especial, fundado na alínea "a" do permissivo constitucional. Alegação de contrariedade dos artigos 39 e 56 da Lei nº 8.245/91 e artigo 2.036 da Lei nº 10.406/2002. Decisão monocrática (Agravo de Instrumento nº 736.119-RJ, Rel. Min. Gilson Dipp, j. 15.02.2006).

DAS DISPOSIÇÕES FINAIS E TRANSITÓRIAS (Art. 2.036)

Do corpo da decisão:

Em relação à alegada violação ao art. 2.036 da Lei nº 10.406/2002, cumpre esclarecer que na hipótese dos autos não há que se falar na sua incidência, tendo em vista que se trata de norma material, não se podendo aplicar às relações constituídas antes de sua vigência.

No mesmo sentido: Decisão monocrática em Agravo de Instrumento nº 733.705-RJ, Rel. Min. Paulo Gallotti, j. 03.04.2006.

Direito civil. Processual civil. Recurso especial. Locação. Fiança. Prorrogação automática por prazo indeterminado. Cláusula prevendo a responsabilidade do fiador até a efetiva devolução das chaves do imóvel. Exoneração automática da fiança. Não ocorrência. Precedente do STJ. Retorno dos autos à primeira instância para prosseguimento do feito. Recurso conhecido e provido.

1. Para a abertura da via especial, requer-se o prequestionamento, ainda que implícito, da matéria infraconstitucional. A exigência tem como desiderato principal impedir a condução ao Superior Tribunal de Justiça de questões federais não debatidas no Tribunal de origem.

2. A Lei 8.245/91 aplica-se aos contratos de locação vigentes, ainda que inicialmente celebrados sob a égide da Lei 6.649/79.

3. É firme a jurisprudência do Superior Tribunal e Justiça no sentido de que, "havendo cláusula expressa no contrato de locação, no sentido de que a responsabilidade dos fiadores perdura até a efetiva entrega das chaves, não há que se falar em exoneração da garantia, ainda que haja prorrogação por prazo indeterminado" (EREsp nº 612.752/RJ, Rel. Min. Jane Silva, Des. Conv. do TJMG, Terceira Seção, DJe 26.05.2008).

4. Recurso especial conhecido e provido para reconhecer a legitimidade passiva *ad causam* da recorrida, fiadora em contrato de locação, bem como determinar o retorno dos autos à primeira instância para prosseguimento do feito (REsp nº 1.036.128/MG, Rel. Min. Arnaldo Esteves Lima (1128), j. 18.02.2010).

TRIBUNAL DE JUSTIÇA

Ação de exoneração de fiança. Locação de bem imóvel. Sem embargo do entendimento da locadora de que deve prevalecer o disposto no artigo 39 da Lei nº 8.245/91, no sentido de que as garantias da locação se estendem até a efetiva devolução do imóvel, e do art. 2.036 do Código Civil, que ratifica a vigência da lei inquilinária, ocorre que tanto o Código Civil revogado como o ora em vigor incluíram disposição expressa no sentido de que o fiador poderia requerer a exoneração da fiança quando prestada sem limitação de tempo, numa clara demonstração de que a garantia não tinha significado eterno. Ademais, o CC não faz distinção entre fiança prestada em contratos de locação ou quaisquer outros. *Termo final da obrigação.* Segundo o art. 836, se obriga o fiador pelos efeitos da fiança durante sessenta dias após a notificação do credor, que no caso ocorreu em 26.05.2003. Apelação desprovida e recurso adesivo provido (AC nº 70008881781, 16ª Câmara Cível/TJRS, Rel. Des. Paulo Augusto Monte Lopes, j. 18.08.2004, v.u.).

Do corpo do acórdão:

Sem embargo do entendimento do apelante no sentido de que o novo Código Civil em momento algum declara expressamente a revogação da legislação especial das locações, mas, ao contrário, em seu art. 2.036 ratifica a vigência da lei inquilinária, afirmando que "a locação de prédio urbano que esteja sujeita a lei especial por esta continua a ser regida", invocando, em consequência, o disposto no art. 39 da Lei nº 8.245/91, que dispõe que as garantias se estendem até a efetiva devolução do imóvel se não houver disposição contratual em contrário, não lhe assiste razão.

Ocorre que tanto o Código Civil revogado como o ora em vigor incluíram disposição expressa no sentido de que o fiador poderia requerer a exoneração da fiança quando prestada sem limitação de tempo, numa clara demonstração de que a garantia não tinha significado eterno. Do mesmo modo, digna de nulidade a cláusula contratual que obriga o fiador a renunciar o direito de ver-se livre da garantia, mormente no caso dos autos quando o vínculo da confiança que mantinha com a parte a quem prestou a garantia deixou de existir pelo desfazimento da sociedade comercial.

Art. 2.037. Salvo disposição em contrário, aplicam-se aos empresários e sociedades empresárias as disposições de lei não revogadas por este Código, referentes a comerciantes, ou a sociedades comerciais, bem como a atividades mercantis.

COMENTÁRIOS

O conceito de empresário é fornecido pelo próprio Código Civil, artigo 966: *Considera-se empresário quem exerce profissionalmente atividade econômica organizada para a produção ou a circulação de bens ou de serviços.* O parágrafo único delimita a abrangência do *caput*: *Não se considera empresário quem exerce profissão intelectual, de natureza científica, literária ou artística, ainda com o concurso de auxiliares ou colaboradores, salvo se o exercício da profissão constituir elemento de empresa.*

O legislador também cuidou de conceituar sociedade empresária: aquela *que tem por objeto o exercício de atividade própria de empresário sujeito a registro (art. 967).*[56] São consideradas *simples* as demais sociedades. Para tornar bem clara a caracterização, o Código considera empresária a sociedade por ações, independentemente de seu objeto.[57]

ROSA e NELSON NERY advertem a necessidade de se distinguir *"entre os conceitos de empresário em sentido econômico e em sentido jurídico. Aquele economicamente identificável como empresário nem sempre se enquadra no conceito adotado pelo direito".*[58]

---

56   Artigo 982, *caput*, do Código Civil.
57   Parágrafo único do artigo 982 do Código Civil.
58   NELSON NERY JÚNIOR e ROSA MARIA DE ANDRADE NERY, *Código Civil Comentado e Legislação Extravagante*, 3ª edição, RT, 2005, p.1.137, remetendo ao *Tratado de Direito Empresarial*, 4ª ed., São Paulo, Atlas, 2000, p. 256, de Waldírio Bulgarelli.

Também é de se atentar a que uma série de profissionais está excluída de figurar sob a categoria empresarial. Não só aquele que exerce profissão intelectual, de natureza científica, literária ou artística,[59] mas ainda o pequeno empresário, devotado à artesania, o exercente de atividade econômica rural mas não inscrito no Registro Público de Empresas Mercantis[60] e as sociedades simples, inclusive cooperativas.[61]

De igual maneira, não são empresários os *sócios* da sociedade empresária. Como poderia parecer óbvio, *empresária é a sociedade*, não o sócio. Pois *"quando pessoas (naturais) unem seus esforços para, em sociedade, ganhar dinheiro com a exploração empresarial de uma atividade econômica, elas não se tornam empresárias. A sociedade por elas constituída, uma pessoa jurídica com personalidade autônoma, sujeito de direito independente, é que será empresária, para todos os efeitos legais. Os sócios da sociedade empresária são empreendedores ou investidores, de acordo com a colaboração dada à sociedade".*[62]

A empresa é uma das instituições mais relevantes na contemporaneidade. Representa a concepção de que, para atingir seus objetivos, o ser humano cada vez mais necessita de uma rede de colaboradores e de que a consecução deles não é tarefa para uma só pessoa. A globalização evidenciou a importância dos negócios e acelerou a formação de grandes conglomerados empresariais. No início do século XXI, dentre as maiores entidades econômicas do mundo, 51 eram empresas e apenas 49 eram países.[63]

No mundo tangido pela *lex mercatoria*, o espaço ocupado pelos empresários e pelas empresas é cada vez maior. O Código Civil, reconhecidamente *a Constituição do homem comum*, não poderia acom-

---

59 Parágrafo único do artigo 966 do Código Civil.
60 Artigo 971 do Código Civil.
61 Artigo 982 e parágrafo único e artigos 1.093 a 1.096 do Código Civil.
62 FÁBIO ULHOA COELHO, *Comentários à Nova Lei de Falências e de Recuperação de Empresas*, São Paulo, Saraiva, 2005, p. 19.
63 Fonte: *Top 2000: The Rise of Corporate Power,* Institute for Policy Studies, 2000, *in* DAVID GRAYSON e ADRIAN HODGES, *Compromisso Social e Gestão Empresarial*, São Paulo, Publifolha, 2002, p. 29.

panhar as urgências e necessidades do mundo empresarial, regido por normatividade própria e por especificidades cada vez mais peculiares.

Nada obstante, o preceito do artigo 2.037 ressalva a aplicabilidade das disposições legais não revogadas pelo Código aos empresários e sociedades empresárias. Quais seriam essas disposições?

O artigo 2.045 explicita a Lei nº 3.071, de 01.01.1916, o Código Civil anterior e a Parte Primeira do Código Comercial, Lei nº 556, de 25.06.1850. Teria atendido, ao menos formalmente, ao preceito que determina a enumeração expressa das leis ou disposições legais revogadas.[64] Perdura certa margem de incerteza. A interpretação judicial é que aferirá o que desapareceu e o que substituiu em termos normativos. Pois tudo o mais – à exceção do Código Civil de 1916 e a Parte Primeira do Código Comercial – teria sido preservado, desde que compatível com a Constituição e não colidente com os preceitos do Código Civil de 2002.

Não é tarefa singela prospectar, na selva normativa brasileira, as leis que ainda incidem sobre o empresário e a sociedade empresária. MARIA HELENA DINIZ se propõe a arrolar – em caráter enunciativo – algumas das normas que continuam a viger. Cita o Código Comercial, artigos 457 a 796, a Lei nº 6.404/76, com alterações das Leis nos 9.457/97 e 10.303/2001, Lei nº 8.864/94, Lei nº 8.934/94 e Decreto nº 1.800/96, que a regulamenta, Lei nº 8.955/94, Lei nº 9.279/96, Lei nº 9.841/99, regulamentada pelo Decreto nº 3.474/2000, Lei nº 9.317/96, Lei nº 5.764/71, com alteração da Lei nº 7.231/84, Decreto-Lei nº 486/69, Decreto nº 64.567/69.[65] Acrescente-se a Lei nº 11.101, de 09.02.2005, que regula a recuperação judicial, a extrajudicial e a falência do empresário e da sociedade empresária, que revogou o Decreto-Lei nº 7.661, de 21.06.1945.

---

64 Artigo 9º da Lei Complementar nº 95, de 26.02.1998, com a redação que lhe conferiu a Lei Complementar nº 107, de 26.04.2001.
65 MARIA HELENA DINIZ, op. cit., *idem*, p. 276. Observe-se que a Lei nº 8.864/1994 foi revogada pela Lei nº 9.841/1999 e esta pela Lei Complementar nº 123/2006, que também revogou a Lei nº 9.317/1996.

Oportuno mencionar que a prolífica normatividade nem sempre atua no sentido de favorecer o desenvolvimento de ideias que precisam ser fortalecidas neste século e pertinentes à responsabilidade social da empresa. O excessivo formalismo inibe a criatividade, impõe ritualismo ao funcionamento de estruturas que necessitam de agilidade e desenvoltura e vai desaguar na busca de informalidade, quando não na opção pela clandestinidade.

É por esse motivo que os grandes conglomerados preferem atuar ao largo da legislação, a qual não pode prever as vicissitudes enfrentadas pela atividade empresarial. Quando surgem controvérsias, têm preferido os executivos o socorro das alternativas à justiça convencional. Fenômeno que explica – ao menos em parte – o fortalecimento de soluções mediadas, arbitradas, frutos de negociação e de diálogo com vistas a um entendimento nem sempre propiciado pelo Judiciário. A opção pelo ritualismo implica *institucionalização de conflitos* em lugar da sua eliminação mediante incidência concreta da lei na hipótese submetida à apreciação do Estado-juiz.

O desafio está entregue ao discernimento da comunidade dos operadores do direito. Pois se o novo Código procurou unificar as obrigações civis e comerciais, de molde a banir a legislação a partir daí incompatível, *"prevalecem vigentes, no entanto, como prescreve o art. 2.037, as disposições legais não revogadas, expressa ou implicitamente, referentes a comerciantes, sociedades comerciais ou atividades mercantis, que se aplicam aos empresários e às sociedades empresárias"*.[66]

Jurisprudência

TRIBUNAL DE JUSTIÇA

1. O novo Código Civil é aplicável a Lei de Falências. Art. 2037 *CC*. 2. Decreta-se a falência de sociedade empresária prestadora de

---

66 JORGE FRANKLIN ALVES FELIPE e GERALDO MAGELA ALVES, op. cit., *idem*, p. 398.

serviços que, sem relevante razão de direito, deixa de pagar duplicata vencida, protestada, acompanhada de comprovante de entrega das mercadorias (Apelação com Revisão 0084706-77.2004.8.26.0000n, 9ª Câmara de Direito Privado/TJSP, Rel. Antonio Vilenilso, 13.06.2006).

> **Art. 2.038. Fica proibida a constituição de enfiteuses e subenfiteuses, subordinando-se as existentes, até sua extinção, às disposições do Código Civil anterior, Lei nº 3.071, de 1º de janeiro de 1916, e leis posteriores.**
>
> **§ 1º Nos aforamentos a que se refere este artigo é defeso:**
>
> **I – cobrar laudêmio ou prestação análoga nas transmissões de bem aforado, sobre o valor das construções ou plantações;**
>
> **II – constituir subenfiteuse.**
>
> **§ 2º A enfiteuse dos terrenos de marinha e acrescidos regula-se por lei especial.**

COMENTÁRIOS

Optou o legislador civil pela extinção gradual da enfiteuse, instituto pré-medieval e obsoleto. Não desconsiderou as situações estabelecidas, pois ressalva as já existentes e as subordina à disciplina do Código Civil revogado. Todavia, desestimula até mesmo estas, ao vedar a cobrança de laudêmio ou substitutivo nas transmissões e à constituição de subenfiteuse.

A enfiteuse foi herança direta do Direito Romano e helênico oriental. Sua origem está na possessão romana do *ager publicus*. Era o território dos povos vencidos, repartido e dado em propriedade aos particulares, vendido ou concedido à livre ocupação dos cidadãos, mediante paga de uma parte das rendas. Para PIETRO BONFANTE, a verdadeira instituição romana anterior à enfiteuse é a *locatio* dos *agri vectigales*, ou *"os terrenos do Estado não assinados ou vendidos nem abandona-*

dos à ocupação, mas dados em arrendamento por um período de cem anos ou perpetuamente e os terrenos dos Municípios e dos colégios sacerdotais, dados também em arrendamento por um prazo longo ou em caráter perpétuo ".[67]

Sempre se questionou a verdadeira natureza jurídica da enfiteuse: se venda ou arrendamento. Em face do pagamento anual do cânon, assemelhava-se a um arrendamento. A entrega da coisa ao arrendatário em caráter perpétuo adquiria características de venda. A controvérsia foi pacificada pelo Imperador Zénon, ao declarar a enfiteuse um negócio constitutivo de um contrato *sui generis*, nem venda, nem arrendamento. Conferiu-se-lhe a categoria de um direito real distinto, aperfeiçoado por Justiniano ao implementar a fusão dos textos do *ager vectigalis* romano e da *enfiteusis* grega, além do acréscimo de normas impeditivas do seu abuso. Ou seja: notificação do proprietário à alienação do fundo, do *ius protimiseos* ou *praelationis*, do laudêmio e da caducidade por falta de cumprimento com as obrigações ou por falta de pagamento do cânon durante três anos.[68]

Com essas características fundamentais a enfiteuse ingressou no Direito brasileiro. O Código Civil revogado a conceituou: *"Dá-se a enfiteuse, aforamento ou aprazamento quando, por ato entre vivos, ou de última vontade, o proprietário atribui a outrem o domínio útil do imóvel, pagando a pessoa, que o adquire, e assim se constitui enfiteuta, ao senhorio direto uma pensão, ou foro anual, certo e invariável".*[69] O caráter de perpetuidade é o que caracteriza a enfiteuse. Enfiteuse temporária não existe: é arrendamento.[70]

Pese embora sua previsão no Código Civil, ela sempre mereceu críticas, pois a opinião da maioria dos doutrinadores era a *"de que a enfiteuse, por não se amoldar à moderna noção jurídica de propriedade,*

---

67 PIETRO BONFANTE, *Instituciones de Derecho Romano*, 3ª ed., Madrid, Instituto Editorial Réus, 1965, p. 350.
68 PIETRO BONFANTE, op. cit., *idem*, pp. 352/353.
69 Artigo 678 do Código Civil de 1916.
70 Artigo 679 do Código Civil de 1916: *o contrato de enfiteuse é perpétuo. A enfiteuse por tempo limitado considera-se arrendamento, e como tal se rege.*

por sua nítida feição medieval, constituindo reminiscência do feudalismo, em razão da sua dupla face do domínio ",[71] deveria ser eliminada.

Optou o legislador civil pela eliminação paulatina da enfiteuse. A par de vedar as novas constituições, proíbe a subenfiteuse nos aforamentos já existentes e a cobrança de laudêmio ou de prestação análoga na transmissão do bem aforado, sobre o valor da construção ou plantação.

O laudêmio é o direito do senhorio direto de receber 2,5% sobre o preço da alienação ou sobre o valor do imóvel, se outro índice não fosse estabelecido no título de aforamento.[72] O pagamento do laudêmio deveria ocorrer também nas hipóteses de penhora, dação em pagamento, incorporação à sociedade anônima, desde que não fosse exercido o direito de prelação. A exceção seria a do artigo 1º e parágrafo único do Decreto-Lei nº 1.850/81, artigo 2º do Decreto-Lei nº 1.876/81 e Decreto Legislativo nº 35/81, ou seja, hipóteses de expropriação por utilidade pública e transferência do domínio útil de terrenos de marinha destinados à construção de conjuntos habitacionais de interesse social.

Também estava o foreiro dispensado de pagar laudêmio nas cessões não onerosas, como doação, constituição de dote, troca por coisa não fungível e transmissão hereditária. A satisfação do laudêmio deveria ser prévia à transferência do bem enfitêutico, pois inviável a lavratura de escritura pública de venda e compra sem a prova de seu recolhimento. O descumprimento a essa obrigação do foreiro o sujeitava à execução forçada, liberado o adquirente, salvo explícita assunção da obrigação pelo pagamento do laudêmio.[73]

Vedada a cobrança de laudêmio ou de prestação análoga quando da transmissão do bem aforado sobre o valor da construção ou da plantação, desestimular-se-á a continuidade da enfiteuse. O senhorio direto não terá interesse em preservar a situação que já lhe não garantirá essa

---

71   MARIA HELENA DINIZ, op. cit., *idem*, p. 279.
72   Artigo 686 do Código Civil de 1916.
73   Artigo 585, inciso IV, do Código de Processo Civil.

participação sobre trabalho e investimento alheio. A perspectiva é de gradual resgate dos bens onerados.

Essa vocação extintiva também se acentuará com a proibição da subenfiteuse, a transferência que o foreiro podia fazer de seu direito a terceiro, sem desvincular-se da relação jurídica mantida com o senhorio direto.

A proposta já constara do anteprojeto de Reforma do Código Civil e fora adequadamente justificada por ORLANDO GOMES, para quem a restrição dos direitos do foreiro estimularia *"seu interesse de exercer o direito de resgate. Daí a proibição da constituição de subenfiteuse, que evitará tire excessivo proveito de sua situação, como se verifica com o loteamento de terrenos de foreiros"*.[74]

Para as enfiteuses existentes, respeitou o legislador o preceito constitucional do direito adquirido e do ato jurídico perfeito. Incidem sobre elas os artigos de 678 a 694 do Código Civil revogado e a normatividade posterior.[75]

Nenhuma perplexidade há de causar a alteração legislativa tendente a eliminar um instituto tradicional no Direito brasileiro, herança direta do Direito romano. Ao abordar os conflitos das normas jurídicas no tempo, VICENTE RÁO já observara que *"motivos de ordem social podem... determinar a cessação de um direito real validamente adquirido sob o domínio de lei anterior, dispondo a lei sob o modo de se efetuar a extinção e sobre as compensações ou faculdades a serem atribuídas aos titulares dos direitos extintos"*.[76] Perplexidade causa é a tentativa de conferir sobrevivência às enfiteuses públicas, de acordo com a crítica de JOEL DIAS FIGUEIRA JÚNIOR às propostas *de lege ferenda* em trâmite.[77]

---

74 ORLANDO GOMES, "Memória justificativa do Anteprojeto de Reforma do Código Civil" (1963), *in Código Civil – Anteprojetos*, Brasília, Senado Federal, 1989, v. 2, p. 199.

75 *Vide* Decretos-Leis nos 2.490/40, 4.120/42 e 9.760/46, Decreto-Lei nº 1.876/81, regulamentado pelo Decreto nº 1.466/95 e Leis nºs 9.099/95 e 9.636/98.

76 VICENTE RÁO, *O Direito e a Vida dos Direitos*, 6ª ed., atualizada por OVIDIO ROCHA BARROS SANDOVAL, São Paulo, RT, 2005, p. 418. A nota de rodapé 209, aposta a esse texto, menciona exatamente a subsistência do artigo 693 do Código Civil de 1916, mercê da dicção do § 2º do artigo 2.038 do Código Civil de 2002.

77 JOEL DIAS FIGUEIRA JÚNIOR, *Novo Código Civil Comentado*, cit., *idem*, p. 1.890.

Por sinal que, para o magistrado e mestre catarinense, *"as críticas seriam inúmeras e ultrapassariam as breves notas destinadas para esta obra. Todavia, afigura-se um desacerto jurídico a manutenção do § 2º do art. 2.038 do NCC, tendo-se em conta que o regime enfitêutico haveria de ter sido extinto por completo do nosso sistema jurídico, reservando-se para a União, por meio de leis especiais, a definição de determinadas faixas de terra de marinha, para a identificação de pontos estratégicos para a defesa nacional e não manter tais imóveis em sua titularidade, na qualidade de "senhorio direto", o que representa uma evidente e inadmissível disfunção da propriedade nos dias atuais. Trata-se, na verdade, da manutenção de um vetusto modelo jurídico que se destina, no caso, lamentavelmente, nos termos dos diplomas legais mencionados, de maneira descomedida, a enriquecer os cofres públicos da União, num sistema semelhante àquele encontrado no Brasil colonial"*.[78]

O entendimento do comentador é o de que a extinção do regime enfitêutico dos terrenos de marinha e acrescidos seria extremamente vantajosa ao Erário. O recadastramento e a cobrança de foro aos inadimplentes ou em mora permitiria a retomada integral do imóvel para o patrimônio da União, se houvesse descumprimento às obrigações. Para o titular do domínio útil, ele viria a titularizar domínio pleno, se houvesse alteração do preceito constitucional do inciso VII do artigo 20 da Carta Republicana.[79] Enquanto não se procede à emenda constitucional – tão utilizada para tantas outras questões – prevalece o regime enfitêutico dos terrenos de marinha.

A enfiteuse dos terrenos de marinha

Os terrenos de marinha e seus acrescidos são propriedade da União.[80] O conceito de *terreno de marinha* é fornecido por lei: *"São terrenos de marinha, em uma profundidade de 33 (trinta e três) metros,*

---

78 JOEL DIAS FIGUEIRA JÚNIOR, op. cit., *idem*, p. 1.892.
79 Artigo 20, VII, da Constituição da República: São bens da União os terrenos de marinha.
80 Artigo 20, inciso VII, da Constituição da República.

medidos horizontalmente, para a parte da terra, da posição da linha do preamar médio de 1831: a) os situados no continente, na costa marítima e nas margens dos rios e lagoas, até onde se faça sentir a influência das marés; b) os que contornam as ilhas situadas em zona onde se faça sentir a influência das marés".[81]

Até mesmo a conceituação de *influência das marés* foi objeto de previsão normativa: *"Para os efeitos deste artigo a influência das marés é caracterizada pela oscilação periódica de 5 (cinco) centímetros pelo menos, do nível das águas, que ocorra em qualquer época do ano"*.[82] Cuidou ainda o legislador de delimitar o conteúdo da expressão *"acrescidos"*: *"São terrenos acrescidos de marinha os que se tiverem formado, natural ou artificialmente, para o lado do mar ou dos rios e lagoas, em seguimento aos terrenos de marinha"*.[83]

PINTO FERREIRA classifica os terrenos de marinha conforme sua localização em *continentais, costeiros e insulares,* e, de acordo com as águas que os banham, classificados em *marítimos, fluviais e lacustres.*[84] Na condição de titular dominial desses terrenos, é a União a única entidade concedente de seu aforamento. Ela é a destinatária do *cânon,* pago antecipadamente e estabelecido na proporção do valor do domínio pleno. Entende MARIA HELENA DINIZ que a partir da vigência do Código Civil de 2002 já não pode a União cobrar laudêmio.[85] Da leitura da exceção aberta pelo § 2º ao artigo 2.038, poder-se-ia concluir que a enfiteuse dos terrenos de marinha continuariam regidos pelas leis próprias, preservada a cobrança do laudêmio, inclusive mediante utilização da execução fiscal.

A ressalva legal foi estabelecida em favor dos carentes, assim entendidos os enfiteutas cuja renda familiar for igual ou inferior a três

---

81 Artigo 2º do Decreto-Lei nº 9.760, de 05.09.1946, publicado no *Diário Oficial da União* de 06.09.1946.
82 Parágrafo único do artigo 1º do Decreto-Lei nº 9.760, de 05.09.1946.
83 Artigo 3º do Decreto-Lei nº 9.760, de 05.09.1946.
84 PINTO FERREIRA, *Comentários à Constituição Brasileira*, São Paulo, Saraiva, 1989, 1º vol., p. 483.
85 MARIA HELENA DINIZ, op. cit., *idem,* p. 309.

DAS DISPOSIÇÕES FINAIS E TRANSITÓRIAS (Art. 2.038)

salários mínimos, acrescido da importância equivalente a um quinto do salário mínimo por dependente que com eles comprovadamente resida, até o máximo de cinco dependentes.[86]

Se o intuito do legislador foi a eliminação desse direito real sobre coisa alheia de tão remota formulação, o ideal teria sido a vedação integral da enfiteuse em favor da União. Justificar-se-ia a reserva de algumas faixas de terra de marinha consideradas nevrálgicas ou estratégicas para a defesa nacional, mas não a imensidão dos oito quilômetros de costa, mais as áreas interiores e acrescidas. Esse privilégio não mais se justifica. De qualquer forma, vetusta e superada é a própria concepção de *terrenos de marinha*, de conteúdo alicerçado em critério aferível em 1831, há quase duzentos anos.

Aquilo que o homem não tem coragem de modificar a natureza o fará. O aquecimento global, constatação atribuível ao efeito estufa, implicará elevação do nível do mar em pelo menos 58 centímetros nas próximas décadas. Então, estará totalmente desautorizada a conceituação ainda vigente e a criatividade do universo jurídico encontrará outras fórmulas para reconceituar os chamados *terrenos de marinha*.

Jurisprudência

TRIBUNAL DE JUSTIÇA

Adjudicação compulsória. Polo passivo insuficiente. Litisconsórcio necessário. Enfiteuse. Impossibilidade jurídica de transferência da propriedade.

1. Fundando-se a pretensão adjudicatória de imóvel em pré-contrato que obriga tão somente a sucessão, titular de direitos na proporção de 50% do bem, impõe-se o litisconsórcio passivo necessário dos demais herdeiros, na forma do art. 47, parágrafo único, do CPC.

---

86   Decreto-Lei nº 1.876/81, regulamentado pelo Decreto nº 1.466/95.

2. Impossibilidade jurídica, porém, de obtenção da adjudicação com a transferência da propriedade plena, quando a viúva meeira e os demais herdeiros são apenas enfiteutas, detendo o domínio útil, reservando-se o município, na condição de senhorio direto, o domínio direto.

3. Incidência, outrossim, do disposto no art. 2.038 do CCB/2002.

4. Sentença declarada, para afastar a sucumbência atribuída ao polo passivo.

Apelação desprovida (AC nº 70014608038, 17ª Câmara Cível/ TJRS, Relª. Desª. Elaine Harzheim Macedo, j. 13.04.2006, v.u.).

Usucapião extraordinário. Imóvel público. Declaração de domínio útil de imóvel foreiro. Enfiteuse. Ausência de prova da origem do gravame. Impossibilidade de reconhecimento do domínio útil. Sentença reformada em reexame (AC nº 1.0056.03.051446-9/001, 5ª Câmara Cível/TJMG, Rel. Des. José Francisco Bueno, j. 27.07.2006, v.u.).

Processual civil. Enfiteuse. Ilegitimidade ativa. Descaracterização. Adquirente do domínio útil que, na inércia do enfiteuta, pode cumprir a obrigação de pagar o laudêmio em seu lugar, perante o senhorio direto, com vistas à obtenção do registro da escritura pública. Falta de interesse de agir. Não configuração. Apelado que demonstrou, na qualidade de adquirente, a necessidade de obter a tutela jurisdicional almejada, para obter o registro da escritura, mediante o pagamento do laudêmio, pelo valor que entende devido e que se encontra controverso. Ausência de oportunidade para o exercício da prelação. Comprovação de ter havido interpelação do senhorio direto para exercer seu direito de preferência na alienação do domínio útil do imóvel aprazado que se vislumbra desnecessária, por inócua, porquanto, em nenhum momento, nos autos, a apelante manifesta, de forma clara e efetiva, a sua intenção de exercer referido direito. Possibilidade, ademais, de recorrer à via processual cabível para obter a rescisão do negócio realizado entre o foreiro e o apelado. Preliminares rejeitadas. Consignação em pagamento. Enfiteuse. Decisão de primeiro grau que considerou correto o depósito efetuado pelo adquirente, correspondente a 2,5% sobre o valor do terreno do

DAS DISPOSIÇÕES FINAIS E TRANSITÓRIAS (Art. 2.039)

imóvel, declarando extinta a obrigação. Admissibilidade. Alienação do domínio útil que ocorreu quando já em vigor o Novo Código Civil. Valor do laudêmio corretamente calculado, nos termos do art. 2038, § 1º, Inc. I, do NCC c.c art. 686 do Código Civil de 1916, apenas no tocante ao percentual, que não restou previsto na nova lei. Ausência de violação de ato jurídico perfeito e de direito adquirido, eis que se trata de fato gerador ocorrido sob a égide da nova Lei. Ausência de registro da enfiteuse, no mais, que poderia importar a dispensa de comprovação do pagamento do laudêmio. Sentença mantida. Apelo improvido (Apelação com Revisão/Pagamento em Consignação 9084753-19.2009.8.26.0000, 6ª Câmara de Direito Privado/TJSP, Rel. Percival Nogueira, 20.08.2009).

Repetição de indébito. Pagamento de laudêmio. Incidência do inciso I, do § 1º, do artigo 2038, do Código Civil, que veda a cobrança de laudêmio sobre o valor das construções e plantações. Restrições que devem ser respeitadas por se tratar de direito intertemporal. Quantia paga a maior, posto que calculada sobre o valor da alienação. Devolução da quantia indevidamente paga que se impõe. Sentença reformada. Recurso provido (Apelação/Promessa de Compra e Venda 9191212-79.2008.8.26.0000, 6ª Câmara de Direito Privado/Jaboticabal, Rel. Percival Nogueira, j. 24.06.2010).

Art. 2.039. O regime de bens nos casamentos celebrados na vigência do Código Civil anterior, Lei nº 3.071, de 1º de janeiro de 1916, é o por ele estabelecido.

COMENTÁRIOS

O casamento é uma instituição complexa. Juridicamente, representa a origem da família. Guarda, porém, conteúdo sociológico, psicológico, filosófico, histórico e também econômico.

A feição econômico-contratual do matrimônio nunca foi desconsiderada. Ao contrário, foi bastante enfatizada e preponderante em certa época da civilização e ainda hoje é um fator de concreta inspiração das famílias e dos cônjuges na celebração desse pacto.

Comunhão de vida e de interesses, não há dúvida de que interfere na economia de cada consorte. Daí o interesse do legislador em oferecer uma disciplina para as consequências patrimoniais do consórcio.

Regime matrimonial de bens *"é o conjunto de normas disciplinadoras das relações e interesses econômicos resultantes do casamento"*.[87] O estatuto patrimonial do casamento foi objeto de profundas alterações na lei vigente. Compreensível que uma codificação típica ao período histórico individualista, patrimonialista, ruralista e machista, reflexo de uma concepção familiar do século XVIII,[88] não pudesse sobreviver numa disciplina prevista para incidir sobre a família do século XXI.

A própria noção de família evoluiu – ou involuiu? – no decorrer do século XX. O casamento fora indissolúvel no Brasil até 1977. A Constituição de 1988 contemplou a *união estável* entre homem e mulher como entidade análoga à família. Não avançou conforme a pretensão minoritária de se reconhecer também as parelhas homossexuais, mas tudo indica ser esse um tema recorrente daqui para o porvir.

A família-tipo – pai trabalhador e supridor, mãe de prendas domésticas, um casal de filhos – foi substituída no Brasil por uma série crescente de novas configurações. Pessoas a viverem solitárias. Uniões intermitentes. Grupos de convivência. A *produção independente* de seres que pretendem exercer a maternidade/paternidade, mas não querem se submeter à disciplina matrimonial. A instituição *família tradicional* já não ostenta numericamente o seu predomínio e tende a representar minoria nas próximas décadas.

---

87   MARIA HELENA DINIZ, op. cit., *idem*, p. 311.
88   Código Civil de 1916 foi extremamente influenciado pelo Código Napoleônico de início do século XIX, portanto, fruto de elaboração normativa do século XVIII.

O Código Civil foi fruto de lenta maturação e, promulgado quase trinta anos depois de seu anteprojeto, não refletiu todas as transformações do núcleo familiar. Por isso é que alguns críticos já o consideravam antiquado, antes mesmo do início de sua vigência.

Não poderia ignorar as mais evidentes mutações do casamento, base da família, e contemplou o regime patrimonial sem desconhecê-las. Todavia, sem ignorar que ainda se casa por interesse e o patrimônio é relevante estímulo para alguns casais. Havia propostas bem avançadas, que não foram aproveitadas pelos integrantes da Comissão Revisora.

De qualquer forma, ao disciplinar o regime de bens entre os cônjuges, acolheu o legislador algumas das alterações pretendidas. Dentre elas, aboliu o dote. A estipulação de um bem pela família de um dos cônjuges em favor do casal já não existe no direito pátrio. É salutar essa exclusão, pois o casamento precisa se amparar primordialmente no afeto, na intenção de se construir nova família, não em interesses materiais. O dote poderia estimular uniões desvinculadas do amor e favorecer, com isso, a formação de casamentos artificiais, subordinados a vínculos tangíveis, bem longínquos do ideal conjugal.

Dentre os regimes de bens pelos quais o casal pode optar, criou-se o da participação final nos aquestos. Assim, os cônjuges podem escolher entre a comunhão parcial, a comunhão universal, a separação de bens e a participação final no fruto presumido do trabalho de ambos, durante o matrimônio.

Subordina-se a eficácia do pacto antenupcial à aprovação de representante legal do nubente menor de idade. A exceção é o regime obrigatório de separação de bens.[89]

Em lugar da dicção anterior do Código Civil, que considerava não escritas as cláusulas do pacto antenupcial que contrariem disposição legal absoluta e sejam prejudiciais aos direitos conjugais, maternos ou paternos, o novo Código Civil as considera nulas.[90]

---

89 Artigo 1.654 do Código Civil.
90 Artigo 1.655 do Código Civil.

Talvez a mais importante modificação no regime de bens seja a possibilidade de sua mudança, desde que judicialmente autorizada, após justificado pedido de ambos os cônjuges e ressalvados os direitos de terceiros.[91] Essa alteração é radical, eis que o Código Civil de 1916 consagrava a imutabilidade do regime de bens.[92]

A inovação é salutar. O legislador do século passado, ainda inspirado pela noção de estabilidade social, presumia a má-fé do casal que pretendesse modificar o seu regime de bens. Erigiu a imutabilidade como barreira protetiva de terceiros, que seriam lesados pela alteração pretendida. Ocorre que nada é imutável no mundo, muito menos na efêmera aventura humana pelo planeta. O próprio casamento foi considerado solúvel, a partir de 1977. Por que engessar o casal numa situação granítica, se o intuito a ser obtido pela mudança de regime poderia ser atingido obliquamente, mediante dissolução do casamento? A possibilidade justificada de alteração, portanto, atua em favor da instituição familiar. Já não é necessária a separação judicial ou divórcio para resolver questões financeiras ou econômicas. Basta esclarecer o discernimento judicial e obter deferimento ao pleito de mudança de regime.

Desapareceu também a previsão dos *bens reservados* da mulher. Ao reconhecer no casamento uma união profunda de afeto e patrimônio, o legislador também preservou a autonomia de cada cônjuge. O fruto do trabalho de cada consorte poderá ter o destino que bem quiser quem o produziu. Assim, os bens adquiridos com o produto do trabalho de cada qual são incomunicáveis, qualquer seja o regime. O titular dominial exerce sobre eles a integralidade dos direitos de gestão, fruição e disposição. A única ressalva se põe em relação aos bens imóveis. Continua imprescindível a outorga uxória ou marital se o regime de casamento não for o da separação de bens. Já neste regime – o da separação

---

91   Artigo 1.639, § 2º, do Código Civil.
92   Artigo 230 do Código Civil de 1916.

de bens – o legislador civil dispensou a outorga uxória ou marital para sua alienação ou assunção de gravame de ônus real.[93]

A lenta, mas progressiva, revolução feminina, extraiu ao marido a condição de *chefe do casal*, antes mesmo do advento da Constituição de 1988. O Estatuto da Mulher Casada já assegurara a ela a parceria no exercício dos direitos e deveres matrimoniais. Agora, um Código Civil fundado na absoluta igualdade entre homem e mulher, tão enfatizada na ordem constitucional, incumbe qualquer deles da administração dos bens comuns.

Além disso, o Código Civil reduziu as hipóteses de obrigatoriedade da separação de bens, hoje restritas a quem celebrar casamento com vulneração das causas suspensivas, ao maior de 60 anos e àqueles que dependerem, para se casar, de suprimento judicial.[94]

Desapareceu a possibilidade da doação antenupcial *mortis causa*, expressamente prevista no Código Civil revogado.[95]

Efeitos do artigo 2.039 do Código Civil

A rigor, a dicção do artigo 2.039 do Código Civil de 2002 seria dispensável. Reafirma o preceito *tempus regit actum*, ou seja, o estatuto patrimonial do casal atende à normatividade vigente ao tempo em que o casamento se celebrou.

No dizer de MARIA HELENA DINIZ, *"o Código Civil de 1916 continuará, apesar de estar revogado, a produzir efeitos jurídicos, tendo eficácia, sem, contudo, ter vigência".*[96] É o fenômeno da *eficácia residual* da norma revogada. Inviável a convivência de simultânea eficácia do Código revogado e do Código revogador, este vê neutralizada parte de sua eficácia, para sobrevivência daquela residual da lei extinta. Nem poderia ser de outra forma, eis que a ordem fundante determina o respeito ao ato jurídico perfeito, ao direito adquirido e à coisa julgada.[97]

---

93   Artigo 1.647 do Código Civil.
94   Artigo 1.641 do Código Civil.
95   Artigo 314 do Código Civil de 1916.
96   MARIA HELENA DINIZ, op. cit., *idem*, p. 360.
97   Artigo 5°, inciso XXXVI, da Constituição da República.

É aquilo que VICENTE RÁO analisa sob a epígrafe de exclusão das relações e respectivos efeitos já consumados sob o domínio da lei anterior: *"Nenhuma dúvida existe, nem pode existir, sobre as relações anteriormente e totalmente consumadas, isto é, as que se extinguiram durante a vigência da norma anterior, produzindo todos os efeitos que lhes eram próprios: a nova norma jurídica jamais poderia alcançar, para alterá-los ou destruí-los, os fatos, os atos, os direitos deles resultantes e seus efeitos praticados e esgotados sob o império da norma antiga e nem mesmo as controvérsias que deles advierem e resolvidas foram por arbitramento, transação ou sentença passada em julgado, porque o que foi feito feito está para sempre e por não ter feito não pode ser havido".*[98]

Possibilidade de alteração do regime

A sobrevivência dos artigos 256 a 314 do Código Civil de 1916, por força do artigo 2.039 do Código Civil de 2002, não elimina a dúvida sobre a possibilidade de alteração do regime de bens por casais que celebraram casamento anterior à vigência do novo estatuto patrimonial.

Para MARIA HELENA DINIZ parece clara a inviabilidade: *"O novo Código Civil apenas deverá incidir sobre o regime matrimonial de bens de casamento ocorrido durante sua vigência, pois não haverá como compreender que possa atingir efeitos já produzidos por relações jurídicas resultantes de núpcias anteriores à sua entrada em vigor. Apesar de ter, com sua entrada em vigor, eficácia imediata, o novo Código Civil só poderá alcançar situações patrimoniais entre cônjuges futuras, não podendo abarcar as que se consolidaram em época pretérita. Deveras, a aplicação imediata de uma norma recém-promulgada a relações jurídicas constituídas não levará a bons resultados".*[99]

O raciocínio é lógico e, como tudo o que oferece à nacionalidade a notável Mestra, muito claro. Todavia, parece que a tese contrária – ao menos para a possibilidade de mudança de regime – mereça alguma reflexão.

---

98 VICENTE RÁO, op. cit., *idem*, p. 389.
99 MARIA HELENA DINIZ, op. cit., *idem*, p. 362.

Na visão de VICENTE RÁO, *"os direitos pessoais relativos, ou patrimoniais, ligados aos direitos de família ou dele decorrentes, comportam, por sua vez, uma distinção: ou são direitos cuja constituição a lei anterior deixava à livre vontade das partes, por predominarem, neles, os interesses individuais, ou são direitos que se definem e caracterizam por sua natureza social, pelo interesse geral que envolvem. Os primeiros continuam submetidos à lei sob a qual nasceram, ao passo que os últimos são atingidos, em seus efeitos, pela lei nova, desde o momento em que esta entra em vigor".*[100]

A escolha do regime patrimonial do casamento era atribuído à autonomia da vontade das partes. Por isso, deveriam permanecer submetidos à lei sob a qual nasceram. Todavia, uma vez adotado, tornava-se imutável, diante do interesse geral a cuja proteção se preordenava. Sob esse ângulo, deveria incidir a lei nova.

Ora, a possibilidade de modificação do regime de bens – qualquer seja a data de celebração do casamento – tem a ampará-la as justificativas às quais aquiesceu o legislador. Nada no mundo é imutável. Se o próprio casamento pode ser dissolvido, com razão maior o acerto patrimonial entre os cônjuges. Sem necessidade de desfazimento do matrimônio para se atingir esse objetivo, o que poderia ocorrer – e de fato ocorria – antes da superveniência do novo Código.

Admitem a possibilidade de alteração de regime para casamento realizado na vigência do Código Civil de 1916 NELSON NERY e ROSA MARIA DE ANDRADE NERY: *"É possível a alteração do regime de bens do casamento celebrado na vigência do CC/1916. A regra do CC 2.039 não impede essa pretensão, pois seu escopo é* garantir *aos cônjuges a irretroatividade do sistema de regime de bens do CC aos casamentos celebrados sob a égide do CC/1916. Desde que concorram os requisitos mencionados ... é admissível a alteração do regime de bens dos casamentos anteriores a 12.1.2003".*[101] Em abono a essa orientação, mencionam

---

100   VICENTE RÁO, op. cit., *idem*, p. 416.
101   NELSON NERY e ROSA MARIA DE ANDRADE NERY, op. cit., *idem*, p. 776.

jurisprudência do Rio Grande do Sul e Minas Gerais: *"É possível alterar o regime de bens de casamentos anteriores à vigência do Código Civil de 2002"*[102] e, no segundo julgado, invocação ao princípio da isonomia.[103]

Por sinal que essa a posição resultante da Jornada III STJ – 260: *"A alteração do regime de bens prevista no § 2º do artigo 1.639 do Código Civil também é permitida nos casamentos realizados na vigência da legislação anterior".*

Idêntica a trilha de SILVIO RODRIGUES: *"As pessoas casadas sob a égide da lei anterior podem beneficiar-se da mutabilidade do regime de bens instituída pelo § 2º do art. 1.639 do novo Código Civil".*[104]

Forçoso é reconhecer que o preceito do artigo 230 do Código Civil de 1916 não foi provido de eficácia residual em relação aos casamentos celebrados ao tempo de sua vigência, por força da permissão contida no § 2º do artigo 1639 do Código Civil de 2002.

Jurisprudência

SUPERIOR TRIBUNAL DE JUSTIÇA

Civil. Regime matrimonial de bens. Alteração judicial. Casamento ocorrido sob a égide do CC/1916 (Lei nº 3.071). Possibilidade. Art. 2.039 do CC/2002 (Lei nº 10.406). Correntes doutrinárias. Art. 1.639, § 2º, c/c art. 2.035 do CC/2002. Norma geral de aplicação imediata.

1. Apresenta-se razoável, in casu, não considerar o art. 2.039 do CC/2002 como óbice à aplicação de norma geral, constante do art. 1.639, § 2º, do CC/2002, concernente à alteração incidental de regime

---

102 TJRS, 7ª Câmara Civil, Ap. nº 70006423891-Farroupilha, Rel. Des. SÉRGIO FERNANDO DE VASCONCELLOS CHAVES, j.13.08.2003, v.u.

103 Casamento realizado na vigência do CC/1916. Admissibilidade da alteração do regime de bens. Preservação do princípio da igualdade. TJMG, 4ª Câmara Civil, Ap. nº 2051803038304-7/001, Rel. Des. MOREIRA DINIZ, j. 20.05.2004, v.u., *in* CAHALI, *Família e Sucessões*, pp. 119/124.

104 SILVIO RODRIGUES, *Direito Civil – Direito de Família*, 28ª ed., revista e atualizada por F. CAHALI, São Paulo, Saraiva, 2004, vol. 6, pp. 152/153.

de bens nos casamentos ocorridos sob a égide do CC/1916, desde que ressalvados os direitos de terceiros e apuradas as razões invocadas pelos cônjuges para tal pedido, não havendo que se falar em retroatividade legal, vedada nos termos do art. 5º, XXXVI, da CF/88, mas, ao revés, nos termos do art. 2.035 do CC/2002, em aplicação de norma geral com efeitos imediatos.

2. Recurso conhecido e provido pela alínea "a" para, admitindo-se a possibilidade de alteração do regime de bens adotado por ocasião de matrimônio realizado sob o pálio do CC/1916, determinar o retorno dos autos às instâncias ordinárias a fim de que procedam à análise do pedido, nos termos do art. 1.639, § 2º, do CC/2002 (Recurso Especial nº 730.546-MG, Rel. Min. Jorge Scartezzini, j. 23.08.2005, v.u.).

Direito Civil. Família. Casamento celebrado sob a égide do CC/16. Alteração do regime de bens. Possibilidade.

– A interpretação conjugada dos arts. 1.639, § 2º, 2.035 e 2.039 do CC/02 admite a alteração do regime de bens adotado por ocasião do matrimônio, desde que ressalvados os direitos de terceiros e apuradas as razões invocadas pelos cônjuges para tal pedido.

– Assim, se o Tribunal Estadual analisou os requisitos autorizadores da alteração do regime de bens e concluiu pela sua viabilidade, tendo os cônjuges invocado como razões de mudança a cessação da incapacidade civil interligada à causa suspensiva da celebração do casamento a exigir a adoção do regime de separação obrigatória, além da necessária ressalva quanto a direitos de terceiros, a alteração para o regime de comunhão parcial é permitida.

– Por elementar questão de razoabilidade e justiça, o desaparecimento da causa suspensiva durante o casamento e a ausência de qualquer prejuízo ao cônjuge ou a terceiro permite a alteração do regime de bens, antes obrigatório, para o eleito pelo casal, notadamente porque cessada a causa que exigia regime específico.

– Os fatos anteriores e os efeitos pretéritos do regime anterior permanecem sob a regência da lei antiga. Os fatos posteriores, todavia,

serão regulados pelo CC/02, isto é, a partir da alteração do regime de bens passa o CC/02 a reger a nova relação do casal.

– Por isso, não há se falar em retroatividade da lei, vedada pelo art. 5º, inc. XXXVI, da CF/88, e sim em aplicação de norma geral com efeitos imediatos.

Recurso especial não conhecido (Recurso Especial nº 821.807-PR, Rel.ª Min. Nancy Andrighi, j. 19.10.2006, v.u.).

No mesmo sentido: Decisão monocrática no REsp nº 679.290-MT, Rel. Min. César Asfor Rocha, 04.05.2006; Decisão monocrática no REsp nº 835.097-RJ, Rel.ª Min. Nancy Andrighi, 20.10.2006.

Recurso Especial. Direito civil. Direito de família. Regime matrimonial de bens. Modificação. Casamento celebrado na vigência do Código Civil de 1916. Disposições transitórias do Código Civil de 2002. Conjugação do art. 1.639, § 2º, com o art. 2.039, ambos do novel diploma. Cabimento em tese da alteração de regime de bens. Inadmissibilidade que já restou afastada. Precedente jurisprudencial. Alteração subordinada à presença dos demais requisitos constantes do art. 1.639, § 2º, do CC/2002. Necessidade de remessa dos autos às instâncias ordinárias. Apreciação do pedido. Recurso especial conhecido a que se dá parcial provimento para, admitida a mudança de regime, com a remessa dos autos à instância de origem (REsp nº 868.404/SC (Recurso Especial 2006/0154685-6), Rel. Min. Hélio Quaglia Barbosa, 4ª Turma, j. 12.06.2007).

TRIBUNAIS DE JUSTIÇA

Casamento. Alteração de regime de bens. Possibilidade. A pretensão deduzida pelos recorrentes que pretendem adotar o regime da comunhão universal de bens é possível juridicamente, consoante estabelece o art. 1.639, § 2º, do novo Código Civil, e as razões postas pelas partes são bastante ponderáveis, constituindo o pedido motivado de que trata a lei e que foi formulado pelo casal. Assim, cabe ao julgador *a quo* apreciar o mérito do pedido e, sendo deferida a alteração do regime, desnecessário será lavrar escritura pública, sendo bastante a expedição do competente

DAS DISPOSIÇÕES FINAIS E TRANSITÓRIAS (Art. 2.039)

mandado judicial. O pacto antenupcial é ato notarial, a alteração do regime matrimonial é ato judicial. A alteração do regime de bens pode ser promovida a qualquer tempo, de regra com efeito *ex tunc*, ressalvados direitos de terceiros. Inteligência do artigo 2.039 do NCCB. É possível alterar regime de bens de casamentos anteriores à vigência do Código Civil de 2002. Recurso provido (AC nº 70006423891-TJRS, Rel. Des. Sérgio Fernando de Vasconcellos Chaves, j. 13.08.2003, v.u.).

Regime de bens. Pedido de alteração formulado na vigência do novo Código Civil, relativamente a casamento celebrado anteriormente. Indeferimento pelo juiz, sob o fundamento de que a alteração do regime de bens somente pode ocorrer em relação aos casamentos celebrados a partir da data da entrada em vigor do novo Código Civil. Princípio da imutabilidade que já não era absoluto, mesmo na vigência do Código Civil de 1916. Irrevogabilidade que caracterizava os efeitos patrimoniais do casamento e não o modelo do regime de bens. Possibilidade de alteração no regime de bens dos casamentos realizados sob a égide da Lei anterior reconhecida. Exegese do art. 1639, § 2º, do novo Código Civil. Recurso provido em parte (AC nº 334.074.4/2, 1ª Câmara de Direito Privado/TJSP, Rel. Des. Elliot Akel, j. 20.04.2004, v.u.).

No mesmo sentido: AC nº 333.370.4/6, 1ª Câmara de Direito Privado/TJSP, Rel. Des. Elliot Akel, j. 20.04.2004, v.u.

Regime de bens. Alteração. Peticionários casados pelo regime da separação de bens, por contrato antenupcial e anteriormente ao vigente Código Civil. Incidência da norma do art. 1639, § 2º, da lei civil, porque bilateral a avença revoganda. Aplicação, neste caso, imediata, deste texto legal, conforme art. 2.044 da lei civil. Inexistência de óbice ou ressalva expressa. A ancianidade da união é motivação suficiente para o deferimento. Recurso provido (AC nº 303.962.4/3, 3ª Câmara de Direito Privado/TJSP, Rel. Des. Alfredo Migliore, j. 23.03.2004, v.u.).

Casamento. Alteração do regime de bens. Da comunhão universal de bens para o da separação. Admissibilidade. Admissível é a alteração do regime de bens do casamento celebrado na regência do Código Civil de 1916, não obstante o disposto no artigo 2.039 do Código Civil de 2002, desde que atendidas as exigências estipuladas no artigo 1.639, § 2º, e não se evidenciar nos autos prejuízo a qualquer das partes e a terceiro. Ação improcedente. Decisão que não se mantém. Recurso provido (AC nº 332.192.4/6, 7ª Câmara de Direito Privado/TJSP, Rel. Des. Oswaldo Breviglieri, j. 28.04.2004, v.u.).

Casamento. Regime de bens. Alteração. Possibilidade de sua alteração, mesmo para casamentos realizados sob a égide da legislação anterior. Interpretação ampliativa e sistemática da norma do art. 2.039 do Código Civil que não leva à conclusão de vedação do regime matrimonial nos casamentos anteriores à sua vigência. Apelação provida (AC nº 320.566.4/0, 10ª Câmara de Direito Privado/TJSP, Rel. Des. Marcondes Machado, j. 08.06.2004, v.u.).

Direito de Família. Direito patrimonial. Regime de bens entre os cônjuges. Alterabilidade (art. 1.639, § 2º). Aplicação, como regra, aos casamentos realizados sob a vigência do Código Civil anterior. Inteligência do art. 2.039 do atual diploma. Casamento realizado sob o regime obrigatório da separação de bens (CC/1916, art. 258, parágrafo único, nº IV). Possibilidade, no caso em exame, de mutação do regime. Recurso provido para afastar o indeferimento da petição inicial da ação em que os cônjuges pleiteiam a mudança do regime de bens. *O princípio da mutabilidade do regime de bens no casamento (CC, art. 1.639, § 2º) é aplicável aos matrimônios celebrados anteriormente à sua vigência, salvo quando a causa da adoção do regime da separação obrigatória de bens ainda persista* (AC nº 317.906.4/6, 2ª Câmara de Direito Privado/TJSP, Rel. Des. Boris Kauffmann, j. 28.09.2004, v.u.).

Casamento. Alteração do regime de bens. Pedido indeferido liminarmente por se tratar de matrimônio contraído sob a égide do Código Civil de 1916, havendo vedação no artigo 2.039 do novo Código Civil de 2.002. Interpretação incorreta. Trata-se de disposição transitória que apenas preserva a sistemática legal anterior relativa à regra geral

DAS DISPOSIÇÕES FINAIS E TRANSITÓRIAS (Art. 2.039)

de regime de bens mas não impede a aplicação do artigo 1.639, § 2º, aos casamentos anteriores ao novo código. Apelo provido para afastar o indeferimento liminar, prosseguindo o feito no juízo de origem para apreciação dos requisitos objetivos e subjetivos do pedido (AC nº 338.623.4/8, 10ª Câmara de Direito Privado/TJSP, Rel. Des. Ivan Marques, j. 19.10.2004, v.u.).

Registro civil. Regime de bens. Alteração. Requisitos. Casamento celebrado sob a égide do Código Civil de 1916. Possibilidade. O art. 2.039, constante das disposições finais e transitórias do Código Civil em vigor, não impede a mudança do regime de bens para casamentos celebrados na vigência do Código Civil de 1916. Ao dispor que o regime de bens nos casamentos celebrados na vigência do Código Civil anterior (...) é o por ele estabelecido, claramente visa a norma resguardar o direito adquirido e o ato jurídico perfeito. Isso porque ocorreram diversas modificações nas regras próprias de cada um dos regimes de bens normatizados no Código de 2002 em relação aos mesmos regimes no Código de 1916, e, assim, a alteração decorrente de lei posterior viria a malferir esses cânones constitucionais. Negaram provimento (AC nº 70010230324, 7ª Câmara Cível/TJRS, Rel. Des. Luiz Felipe Brasil Santos, j. 22.12.2004, v.u.).

Casamento. Regime de bens. Alteração. Casamento realizado na vigência do Código Civil de 1916. Pedido de alteração formulado pelos cônjuges. Interesse processual e possibilidade jurídica configurados. Indeferimento da petição inicial com apoio no art. 2.039 do Novo Código Civil. Disposição que se limita a assegurar que o regime de bens celebrados sob a vigência do código anterior é o por ele estabelecido, não impedindo a alteração (art. 1.639, § 2º, do novo Código). Decisão reformada, para que o feito prossiga (AC nº 323.993.4/0, 10ª Câmara de Direito Privado/TJSP, Rel. Des. João Carlos Saletti, j. 22.02.2005, v.u.).

Casamento. Regime de bens. Alteração. Separação total de bens, em vez de comunhão parcial. Casamento celebrado na vigência do Código Civil de 1916. Admissibilidade. Exegese do art. 1639, § 2º, do Código Civil de 2002. Flexibilização, ademais, da regra contida no art. 2.039 do Código Civil para permitir a alteração do regime de bens de casamento celebrado na vigência do Código Civil de 1916. Improcedência afastada. Recurso provido (AC nº 367.394.4/9, 5ª Câmara de Direito Privado/TJSP, Rel. Des. Silvério Ribeiro, j. 01.06.2005, v.u.).

Alteração de regime de bens. Casamento contraído sob a égide do Código Civil de 1916. Possibilidade de alteração. Inteligência do art. 1639, § 2º, do Código Civil. Recurso provido para deferir o pedido (AC nº 318.321.4/3, 5ª Câmara de Direito Privado/TJSP, Rel. Des. A.C. Mathias Coltro, j. 27.07.2005, v.u.).

Alteração de regime de bens de casamento celebrado na vigência do anterior Código Civil. Possibilidade jurídica do pedido.

1. A alteração do regime de bens está autorizada pelo art. 1.639, § 2º, do atual CCB.

2. A alteração do regime de bens pode ser promovida a qualquer tempo, inexistindo obstáculo nos casos de casamentos anteriores à vigência do Código Civil de 2002.

3. Inteligência do artigo 2.039 do CCB e do Enunciado nº 260 da I Jornada de Direito Civil, promovida pelo Centro de Estudos Judiciários do Conselho da Justiça Federal.

Recurso provido (AC nº 70012446126, 7ª Câmara Cível/TJRS – Decisão monocrática, Rel. Des. Luiz Felipe Brasil Santos, j. 31.08.2005).

Regime de bens. Partilha. Pedido de alteração do regime para o de separação absoluta de bens. Casamento realizado durante a vigência do Código Civil revogado. Submissão dos efeitos dos atos jurídicos ao estatuto civil vigente. Inadmissibilidade de violação da isonomia. Não obstante, pedido indeferido. Conciliábulo das partes para prejudicar terceiro, autor de ação de investigação de paternidade em face do varão. Objetivo de afastar o risco de perda ou diminuição patrimonial, contrário à isonomia dos filhos. Recurso não provido (AC nº 331.321.4/9,

9ª Câmara de Direito Privado/TJSP, Rel. Des. João Carlos Garcia, j. 04.10.2005, v.u.).

Registro de Imóveis. Escritura pública de Compra e Venda. Regime da separação convencional. Ausência de *outorga uxória*. Exigência do disposto no art. 235 do CC/1916 combinado com o art. 2.039 do CC/2002. Desnecessidade. Formalidade legal que não afeta ou modifica o regime de bens. Regra não específica do regime adotado. Incomunicabilidade expressa dos aquestos. Incidência da regra prevista no artigo 1.647, I, do Código Civil atual. Recurso improvido (AC nº 389.6/6, Conselho Superior da Magistratura de São Paulo, Rel. Des. José Mario Antonio Cardinale, j. 06.10.2005, v.u.).

Casamento. Regime de bens. Alteração. Norma do parágrafo segundo do art. 1.639 do CC. Possibilidade de sua alteração mesmo para casamentos realizados sob a égide da legislação anterior. Interpretação ampliativa e sistemática da norma do art. 2.039 do Código Civil, que não leva à conclusão da vedação da alteração do regime matrimonial nos casamentos anteriores à sua vigência. Exegese do art. 2.035 do Código Civil. Ensinamentos doutrinários e precedentes jurisprudenciais, inclusive do STJ. Pedido, porém, que deve ser ratificado pessoalmente pelos requerentes na presença do magistrado. Sentença anulada. Recurso parcialmente provido (AC nº 343.657.4/4, 6ª Câmara de Direito Privado/TJSP, Rel. Des. Percival Nogueira, j. 15.12.2005, m.v.).

Retificação do regime de bens do casamento. Possibilidade e conveniência. Correção de erro no registro.

1 A alteração do regime de bens é possível juridicamente, consoante estabelece o art. 1.639, § 2º, do CCB, e as razões postas pelas partes evidenciam a conveniência para eles, constituindo o pedido motivado de que trata a lei.

2. A alteração do regime de bens pode ser promovida a qualquer tempo, ficando sempre ressalvados direitos de terceiros. Inteligência do artigo 2.039 do CCB.

3. No caso, trata-se de retificação que se mostra necessária para corrigir erro evidente, já que foi estabelecido o regime de separação obrigatória, quando inexistente motivação legal.
Recurso provido (AC nº 70013230024, 7ª Câmara Cível/TJRS, Rel. Des. Sérgio Fernando de Vasconcellos Chaves, j. 25.01.2006, v.u.).

Casamento. Alteração do regime de bens. Casamento celebrado na vigência do Código Civil de 1916. Extinção sem julgamento do mérito. Pedido juridicamente impossível. Inconformismo. Acolhimento parcial. Possibilidade de alteração do regime, diante da inexistência de vedação expressa. Extinção afastada para enfrentamento do mérito. Juízo *a quo* que deverá ouvir os apelantes em audiência a ser designada, quando deverão confirmar, por termo, seu propósito de alteração do regime de casamento de separação de bens para comunhão universal, cientes das consequências. Sentença reformada. Recurso parcialmente provido (AC nº 411.835.4/7, 9ª Câmara de Direito Privado/TJSP, Rel. Des. Grava Brazil, j. 25.07.2006, v.u.).

Casamento. Regime de bens. Alteração. Casamento realizado sob a égide do Código Civil de 1916. Regime da comunhão parcial. Quebra do combalido princípio da imutabilidade. Possibilidade. Inversão do julgamento. Procedência. Recurso provido (AC nº 451.986-4/8, 2ª Câmara de Direito Privado/TJSP, Rel. Des. Ariovaldo Santini Teodoro, j. 15.08.2006, v.u.).

Família. Alteração do regime de bens do casamento. Matrimônio contraído sob o regime da comunhão parcial de bens. Transformação para o de separação total. Modificação condicionada à procedência das razões justificando o pedido (CC, art. 1.639, § 2º). Constituição de sociedade e o recebimento de futura herança que não justificam o pleito (CC, arts. 977 e 1.659). Inalterabilidade recomendada, motivação injustificada. Casamento realizado sob a égide do CC/16 (art. 230), prevendo a irrevogabilidade do regime estabelecido. Inteligência do art. 2.039 do CC/02. Apelação do Ministério Público provida, prejudicada a dos

DAS DISPOSIÇÕES FINAIS E TRANSITÓRIAS (Art. 2.039)

autores (AC nº 70015902125, 8ª Câmara Cível/TJRS, Rel. Des. Luiz Ari Azambuja Ramos, j. 14.9.2006, v.u.).

Apelação. Regime de bens. Alteração. Viabilidade. Viável a alteração do regime de bens dos casamentos celebrados na vigência do Código Civil de 1916. Precedentes jurisprudenciais. Preenchidas as condições para, no caso concreto, permitir aos apelantes que alterem o regime de bens pelo qual casaram. Deram provimento (AC nº 70012999900, 8ª Câmara Cível/TJRS, Rel. Des. Rui Portanova, j. 05.10.2006, v.u.).

Apelação. Alteração de regime de casamento. Retroação. Resguardados os direitos de terceiro, viável a retroação de alteração do regime de bens à data da celebração do casamento. Precedentes jurisprudenciais. Apelo provido em monocrática (RP nº 70016807075, 8ª Câmara Cível/TJRS – Decisão Monocrática, Rel. Des. Rui Portanova, j. 01.11.2006).

Casamento. Alteração do regime de bens. Artigo 1639, § 2º, do Código Civil. Possibilidade, mesmo para os atos realizados na vigência do estatuto civil anterior. Interpretação do artigo 2.039 do atual Código Civil, que não veda referida modificação. Jurisprudência pacífica nesse sentido, inclusive do Superior Tribunal de Justiça. Sentença reformada. Recurso provido (Apelação/Regime de Bens entre os Cônjuges 0005353-66.2010.8.26.0100, Rel. Paulo Alcides, São Paulo, 6ª Câmara de Direito Privado, j. 11.11.2010).

Embargos de terceiro. Execução apoiada em contratos bancários. Pretensão da mulher de liberação da penhora que recaiu sobre a metade de dois imóveis. Adoção do regime da comunhão parcial de bens do CC anterior. aplicação do art. 2.039 do CC/02. 50% dos bens foram transmitidos por herança à esposa do devedor. Não comunicação do patrimônio (art. 269, I, do CC/16). Outros 50% foram adquiridos na constância do casamento, integrando o patrimônio comum do casal e respondendo pelo débito a meação do varão garantidor (art. 271, I, do CC/16). Dívida contraída pelo marido que não era sócio da empresa avalizada/garantida. Banco credor não logrou êxito em comprovar que o crédito concedido ao devedor solidário trouxe benefícios à entidade familiar. Meação da mulher casada preservada. Demanda parcialmente procedente. Recursos improvidos (Apelação 0260-33.2006.8.26.0000, 16ª Câmara de Direito Privado, Rel. Jovino de Sylos, Franca, j. 16.08.2011).

> **Art. 2.040. A hipoteca legal dos bens do tutor ou curador, inscrita em conformidade com o inciso IV do artigo 827 do Código Civil anterior, Lei nº 3.071, de 1º de janeiro de 1916, poderá ser cancelada, obedecido o disposto no parágrafo único do art. 1.745 deste Código.**

COMENTÁRIOS

O Código Civil revogado previa a obrigação do tutor de especializar, em hipoteca legal, os imóveis de sua propriedade como cautela em relação aos bens do menor.[105] O tutor passaria a administrar o patrimônio do tutelado e, como garantia de sua preservação, deveria oferecer bens imóveis seus, especializando-os em hipoteca legal. Para a publicidade da garantia, a hipoteca teria acesso à proteção registária dominial.

A previsão era também aplicável aos curadores e vinha renovada na disciplina da hipoteca legal.[106] O Código Civil ora vigente eliminou essa hipótese de hipoteca legal. Manteve-a apenas em cinco casos: a) para as pessoas de direito público interno, em relação aos imóveis pertencentes aos encarregados da cobrança, guarda ou administração dos respectivos fundos e rendas;[107] b) para os filhos, sobre os imóveis do pai

---

105 Artigo 418 do Código Civil de 1916.
106 Artigo 827, inciso IV, do Código Civil de 1916.
107 Artigo 1.489, inciso I, do Código Civil.

ou da mãe que passar a outras núpcias, antes de fazer o inventário do casal anterior;[108] c) em favor do ofendido, ou aos seus herdeiros, sobre os imóveis do delinquente, para satisfação do dano causado pelo delito e pagamento das despesas judiciais;[109] d) ao coerdeiro, para garantia de seu quinhão ou torna da partilha, sobre o imóvel adjudicado ao herdeiro reponente;[110] e e) ao credor sobre o imóvel arrematado, para garantia do pagamento do restante do preço da arrematação.[111]

Extinta a hipoteca legal obrigatória ao tutor e ao curador, cuidou o legislador civil de inserir fórmula para o seu cancelamento. Indicou a regra do parágrafo único do artigo 1.745 do Código: *Se o patrimônio do menor for de valor considerável, poderá o juiz condicionar o exercício da tutela à prestação de caução bastante, podendo dispensá-la se o tutor for de reconhecida idoneidade.*

A partir da vigência do Código Civil de 2002, já não existe obrigação de tutor e curador oferecerem bens imóveis para hipoteca legal. Aquelas que tiveram acesso ao Registro Imobiliário podem ser canceladas se o juiz deferir a pretensão do interessado e considerá-lo de reconhecida idoneidade, para eliminar a necessidade de caução.

Dessa decisão, antecedida por manifestação do Ministério Público e decorrido o prazo para interposição de recurso, extrair-se-á mandado a ser cumprido pelo delegado da concessão pública do Registro de Imóveis. O cancelamento da hipoteca legal não é senão o ato averbatório da determinação judicial, pois a finalidade dos registros públicos é espelhar toda a existência jurídica dos imóveis. Em termos de Registros Públicos, a informatização não poderá *deletar* dados, mas apenas *acrescentar* à cadeia de atos praticados à luz da normatividade incidente as ocorrências compulsoriamente levadas ao registro.

---

108   Artigo 1.489, inciso II, do Código Civil.
109   Artigo 1.489, inciso III, do Código Civil.
110   Artigo 1.489, inciso IV, do Código Civil.
111   Artigo 1.489, inciso V, do Código Civil.

COMENTÁRIOS AO NOVO CÓDIGO CIVIL

Art. 2.041. As disposições deste Código relativas à ordem da vocação hereditária (arts. 1.829 a 1.844) não se aplicam à sucessão aberta antes de sua vigência, prevalecendo o disposto na lei anterior (Lei nº 3.071, de 1º de janeiro de 1916).

COMENTÁRIOS

Mais uma explicitação decorrente da cautela do legislador sobre o regramento a incidir concretamente a uma situação. Neste caso, a sucessão hereditária de quem faleceu antes da vigência do Código Civil que entrou em vigor em 12 de janeiro de 2003.

Abre-se a sucessão com a morte do sucedido. É a partir daí que os herdeiros – sucedentes – o sucedem e fazem jus à herança. Não persiste dúvida de que a lei vigente no momento da sucessão é que vai incidir sobre o destino dos bens. O Código Civil de 1916 dispunha que *"a capacidade para suceder é a do tempo da abertura da sucessão, que se regulará conforme a lei então em vigor".*[112] O Código Civil em vigor é mais sucinto e objetivo: *"Regula a sucessão e a legitimação para suceder a lei vigente ao tempo da abertura daquela".*[113]

O herdeiro tem direito adquirido à herança, a partir da morte do *de cujus*. Como não existe direito à herança de pessoa viva, antes da morte, a situação é de mera expectativa de direito. Bastaria a previsão do artigo 1.787 do Código Civil para a certeza da inafastabilidade da ordem de vocação hereditária vigente ao tempo do falecimento. Por isso é que MARIA HELENA DINIZ considera *supérfluo* o caráter do artigo 2.041 do Código Civil.[114]

A linha de preferência sucessória foi alterada pelo legislador de 2002, ao estabelecer trato diferenciado ao cônjuge sobrevivente, hoje a

---

112 Artigo 1.577 do Código Civil de 1916.
113 Artigo 1.787 do Código Civil.
114 MARIA HELENA DINIZ, op. cit., *idem*, p. 454.

concorrer com os descendentes – salvo se o regime for o da comunhão universal – e também com os ascendentes.[115] Sob a vigência do Código de 1916, descendentes e ascendentes – nessa ordem – excluíam o cônjuge supérstite, que só aparecia em terceiro lugar na vocação e herdaria se não existissem as duas primeiras categorias de sucessores.

Jurisprudência

SUPERIOR TRIBUNAL DE JUSTIÇA

Direito das sucessões. Recurso especial. Pacto antenupcial. Separação de bens. Morte do varão. Vigência do novo Código Civil. Ato jurídico perfeito. Cônjuge sobrevivente. Herdeiro necessário. Interpretação sistemática.

1. O pacto antenupcial firmado sob a égide do Código de 1916 constitui ato jurídico perfeito, devendo ser respeitados os atos que o sucedem, sob pena de maltrato aos princípios da autonomia da vontade e da boa-fé objetiva.

2. Por outro lado, ainda que afastada a discussão acerca de direito intertemporal e submetida a questão à regulamentação do novo Código Civil, prevalece a vontade do testador. Com efeito, a interpretação sistemática do Codex autoriza conclusão no sentido de que o cônjuge sobrevivente, nas hipóteses de separação convencional de bens, não pode ser admitido como herdeiro necessário.

3. Recurso conhecido e provido (REsp nº 1.111.095/RJ (Recurso Especial 2009/0029556-0), Rel. Min. Carlos Fernando Mathias (Juiz Federal convocado do TRF 1ª Região), Rel. p/ Acórdão Min. Fernando Gonçalves (1107), 4ª Turma, j. 01.10.2009).

Direito das sucessões. Recurso especial. Sucessão aberta na vigência do Código Civil de 1916. Cônjuge sobrevivente. Direito de usufruto

---

115   Artigo 1.829 do Código Civil.

parcial. Art. 1.611, § 1º. Direito real de habitação. Art. 1.831 do Código Civil de 2002. Inaplicabilidade. Vedação expressa do art. 2.041 do novo Diploma. Aluguéis devidos pela viúva à herdeira relativamente a 3/4 do imóvel.

1. Em sucessões abertas na vigência do Código Civil de 1916, a viúva que fora casada no regime de separação de bens com o *de cujus*, tem direito ao usufruto da quarta parte dos bens deixados, em havendo filhos (art. 1.611, § 1º, do CC/16). O direito real de habitação conferido pelo Código Civil de 2002 à viúva sobrevivente, qualquer que seja o regime de bens do casamento (art. 1.831 do CC/02), não alcança as sucessões abertas na vigência da legislação revogada (art. 2.041 do CC/02).

2. No caso, não sendo extensível à viúva o direito real de habitação previsto no art. 1.831 do atual Código Civil, os aluguéis fixados pela sentença até 10 de janeiro de 2003 – data em que entrou em vigor o Estatuto Civil –, devem ser ampliados a período posterior.

3. Recurso especial provido (REsp nº 1.204.347/DF (Recurso Especial 2010/0141637-8), Rel. Min. Luis Felipe Salomão, 4ª Turma, j. 12.04.2012).

TRIBUNAIS DE JUSTIÇA

Inventário. Regência da sucessão pela lei vigente ao tempo do decesso. Espécie em que a abertura se deu na vigência do Código Civil de 1916, propiciando, na situação retratada, o usufruto da quarta parte dos bens deixados, em favor do cônjuge supérstite. Art. 1.611, § 1º, do diploma revogado. Desimportância de adotado, no casamento, o regime da separação, porquanto aquele preceito tem fastígio, precisamente, quando o regime de bens não seja o da comunhão universal. Leitura preconizada do art. 2041 do novo Código Civil, que não prevalece sobre a regra geral, com força de princípio, no sentido de que a sucessão se regula pela lei vigente ao tempo de sua abertura (art. 1.787 do Código Civil de 2002). Agravo não provido (AI nº 299.970-4/8, 10ª Câmara de Direito Privado/TJSP, Rel. Des. Quaglia Barbosa, j. 07.10.2003, v.u.).

Do corpo do acórdão:

Desenganadamente aberta a sucessão, na vigência do Código Civil de 1916, por este deve ser disciplinada aquela; ao revés do que parece aos agravantes, o art. 2.041 do novo Código Civil não lhes abona a posição discrepante da que assumiu o ato impugnado, pouco importando a particularização albergada, dizente com a ordem de vocação hereditária, não excludente do princípio fundamental, em direito sucessório, de que toda sucessão se rege pela lei em vigor na data da morte do de cujus, princípio que não deixou de vir expresso no diploma atual, com todas as letras (art. 1.787), até porque comando legal divergente faria por afrontar garantia constitucional (art. 5º, XXXVI).

Direito das sucessões. Pedido de alvará judicial. Ordem de vocação hereditária. Aplicação do Código Civil de 1916. Recurso improvido (AI nº 1.0024.03.967760-4/01, 2ª Câmara Cível/TJMG, Rel. Des. Nilson Reis, j. 27.09.2005, v.u.).

Do corpo do acórdão:

Conforme bem salientou o Parecer Ministerial, o artigo 1.787 do Código Civil determina que a sucessão é regulada pela lei vigente ao tempo de sua abertura. Note-se, também, que o artigo 2.041 do atual Código Civil determina não ser aplicável à sucessão aberta antes de sua vigência a ordem de vocação hereditária disposta nos artigos 1.829 a 1.844, que prevê a concorrência de descendentes e de cônjuge sobrevivente. Apesar do agravante não ter juntado aos autos instrumentais certidão de óbito, os documentos de fls. informam que a morte do de cujus ocorreu em 12.12.2002. Como o atual Código Civil somente entrou em vigor em 11.01.2003 (artigo 2.044 do CC/2002), não resta dúvida da aplicação das normas contidas no Código Civil de 1916 à sucessão que ora se discute.

Ação reivindicatória c/c imissão de posse. Cônjuge sobrevivente. Usufruto vidual. Art. 1.611, § 1º, do Código Civil de 1916. Requisitos. Sentença mantida. *O direito do cônjuge sobrevivente ao usufruto vidual previsto no art. 1.611, § 1º, do Código Civil, aplica-se imediatamente, ex vi lege, no momento da abertura da sucessão, pelo que, preenchidos os pressupostos exigidos em lei, não se exige a implementação de qualquer outra condição* (AC nº 1.0702.04.140163-0/001, 17ª Câmara Cível/TJMG, Rel. Des. Irmar Ferreira Campos, j. 01.06.2006, v.u.).

Do corpo do acórdão:

Segundo se extrai do art. 2.041, das disposições finais e transitórias do Código Civil de 2.002: ... Observada a referida norma de transição e tendo em vista que a sucessão do de cujus *foi aberta em 23.10.2002, na vigência do Código Civil de 1916, não há dúvidas de que se aplicam à espécie as disposições nele contidas.*

Direito das sucessões. Ordem de vocação hereditária. Cônjuge supérstite. Recurso não provido. O cônjuge supérstite é chamado a recolher a totalidade da herança, independentemente do regime de bens adotado no casamento, à falta de descendentes e ascendentes, por força dos artigos 1829 c/c 1838 do Código Civil (AC nº 1.0349.05.008351-9/001, 5ª Câmara Cível/TJMG, Rel.ª Des.ª Maria Elza, j. 20.7.2006, v.u.).

Do corpo do acórdão:

Para se saber qual diploma legal deverá reger a vocação hereditária, é de fundamental importância o disposto no art.2.041 do Código Civil: ... Da mesma forma, não se pode olvidar do art. 1.787 do mesmo diploma legal: ... Via de consequência tem-se que a lei vigente na data do óbito determina de quem é o direito à herança do falecido.

Art. 2.042. Aplica-se o disposto no *caput* do art. 1.848, quando aberta a sucessão no prazo de 1 (um) ano após a entrada em vigor deste Código, ainda que o testamento tenha sido feito na vigência do anterior, Lei nº 3.071, de 1º de janeiro de 1916; se, no prazo, o testador não aditar o testamento para declarar a justa causa de cláusula aposta à legítima, não subsistirá a restrição.

COMENTÁRIOS

O apego aos bens materiais leva muitos possuidores a tentar regê--los mesmo após à própria morte. Desatentos à efêmera e frágil passagem sobre o planeta, pretendem fazer perdurar os efeitos de sua vontade, para vigorar mesmo após o único encontro certo e definitivo com que todo ser humano pode contar.

Ressalvada a intenção de obviar aos sucessores as vicissitudes de uma desastrosa administração patrimonial, ou a nobreza de legar os bens a instituições que lhe possam conferir saudável proveito, muita vez é o egoísmo o intuito conducente do titular patrimonial a estabelecer sua destinação por testamento.

A longeva tradição do testamento é consequência do direito fundamental à propriedade. Direito tão entranhado na consciência humana, que já foi absoluto e garantiu ao seu titular não somente gerir e fruir do bem, mas dispor dele até à sua destruição. Hoje, felizmente, relativizado por uma espécie de *hipoteca social*, que é a *função social* da propriedade.[116]

À falta de herdeiros necessários, o titular dominial poderá dispor da totalidade de seus bens, como disposição de última vontade. Quando houver herdeiros previstos na ordem preferencial sucessória, ele poderá dispor de parte de seu patrimônio e estabelecer a sua destinação para quando já não pertencer a este mundo. Ainda lhe é propiciado, em qualquer caso, onerar os bens com cláusulas restritivas e substituir favorecidos.

O testamento procura conciliar o princípio da autonomia da vontade do *de cujus* com o da supremacia da ordem pública. Esta defende o interesse dos herdeiros necessários, que é também o da sociedade, no sentido de que haja a livre transmissão dos bens. A dinâmica da economia também depende da disponibilidade dos titulares em fazer circular

---

116 Artigo 5º, inciso XXIII, da Constituição da República: *a propriedade atenderá a sua função social.*

seus bens. Mantê-los imobilizados, insuscetíveis de transmissão, inibe o fluxo vital das finanças.

Assim, se o *de cujus* possui herdeiros necessários, ele só poderá dispor da metade de seus bens. É-lhe vedado preterir os herdeiros titulares da legítima, que titularizam direito próprio, derivado da vontade da lei e desvinculado da intenção do *de cujus*.

São herdeiros necessários o descendente, ascendente ou cônjuge do falecido. Só perderão o direito à herança se forem deserdados ou por indignidade. Mas o testador poderá clausular com inalienabilidade, impenhorabilidade e incomunicabilidade os bens da legítima, desde que exista justa causa e seja esta inserta em testamento.[117]

Presente aquilo que o legislador denomina *justa causa* – e que é uma expressão aberta ao subjetivismo, apreciável consoante a formação jurídica, filosófica, sociológica, ideológica, religiosa ou até mesmo influenciada pela idiossincrasia do julgador – a legítima poderá ser clausulada pelo testador.

Desde que o justifique em testamento, poderá ele: a) converter os bens da legítima em outras espécies, sub-rogando-os nos ônus dos primeiros, antes da partilha, por autorização judicial; b) tornar incomunicáveis ao cônjuge do herdeiro necessário os bens da legítima; c) entregar os bens da legítima à administração da herdeira casada, se o marido for o administrador pelo pacto antenupcial; d) clausular a legítima de inalienabilidade temporária ou vitalícia; e) clausular com a impenhorabilidade os bens da legítima.[118]

Tudo isso podia ser feito pelo testador, sob a vigência do Código Civil de 1916, sem justificativa alguma. A contar de 12 de janeiro de 2003, imprescindível a *justa causa*. O testador deverá esclarecer os motivos que o levam a impor restrições ao seu patrimônio, restringindo aos herdeiros o exercício pleno do seu direito dominial.

---

117 Artigo 1.848, *caput*, do Código Civil.
118 MARIA HELENA DINIZ, op. cit., *idem*, p. 488.

DAS DISPOSIÇÕES FINAIS E TRANSITÓRIAS (Art. 2.042)

Quanta vez o testador tem receio da dilapidação do patrimônio, seja por ter um filho – ou um genro – pródigo ou incompetente em gestão patrimonial. Ou prefere clausular de incomunicabilidade os seus bens, porque os filhos não fizeram o casamento que todo pai espera, sempre com vistas ao melhor para os seus descendentes.

A regra do artigo 2.042 do Código Civil teve o objetivo de conferir ao testador prazo razoável para justificar a restrição da legítima, se o testamento fora elaborado antes de sua vigência. Aberta a sucessão no prazo de um ano após a entrada em vigor do Código Civil – ou seja, até 12 de janeiro de 2004 – já incide a regra do seu artigo 1.848. Só subsistirão as restrições se, nesse prazo, o testador tiver aditado o testamento para motivar a justa causa para a aposição de cláusulas.

O testamento que clausulou desmotivadamente a legítima é um *ato jurídico imperfeito*. Pois *"enquanto não ocorrer o evento morte o negócio jurídico testamentário ainda não se considera perfeito. Falta a* causa*, isto é, o* fato *da morte. Trata-se de ato jurídico imperfeito e a lei nova pode modificar as regras relativas a testamento feito anteriormente à entrada em vigor do CC"*.[119] A norma insere-se naquelas denominadas de direito intertemporal. Serviu apenas para aquele ano imediatamente subsequente à vigência do novo Código Civil. Cessada sua eficácia, para as disposições testamentárias anteriores, quer dizer, feitas sob a égide do Código Civil de 1916, caberá ao testador – se quiser clausular seu patrimônio – fazer outro testamento.

Essa a análise da doutrina sobre a conjugação dos dois preceitos: *"O art. 1.848,* caput*, do novo Código Civil estabelece que o testador só poderá clausular os bens da legítima com as cláusulas restritivas de inalienabilidade, incomunicabilidade e impenhorabilidade quando houver justa causa declarada no testamento. A nova regra se aplica, inclusive, aos testamentos feitos antes da entrada em vigor do CC/2002. Para esses casos, trouxe o legislador regra de transição (art. 2.042), concedendo o prazo de um ano para que o testador venha*

---

119 NELSON NERY e ROSA MARIA ANDRADE NERY, op. cit., *idem*, p. 901.

a aditar o testamento, declarando a justa causa da cláusula aposta à legítima. Para as sucessões que tenham sido abertas no interstício desse prazo, valem as restrições, independentemente de justificação no testamento. Ocorrendo a abertura da sucessão após expirado o prazo de um ano, as cláusulas restritivas não justificadas serão tidas como não escritas, sem qualquer comprometimento da validade do testamento ".[120]

Jurisprudência

SUPERIOR TRIBUNAL DE JUSTIÇA

Direito civil e processual civil. Sucessões. Recurso especial. Arrolamento de bens. Testamento feito sob a vigência do CC/16. Cláusulas restritivas apostas à legítima. Inalienabilidade, impenhorabilidade e incomunicabilidade. Prazo de um ano após a entrada em vigor do CC/02 para declarar a justa causa da restrição imposta. Abertura da sucessão antes de findo o prazo. Subsistência do gravame. Questão processual. Fundamento do acórdão não impugnado.

– Conforme dicção do art. 2.042 c/c o *caput* do art. 1.848 do CC/02, deve o testador declarar no testamento a justa causa da cláusula restritiva aposta à legítima, no prazo de um ano após a entrada em vigor do CC/02; na hipótese de o testamento ter sido feito sob a vigência do CC/16 e aberta a sucessão no referido prazo, e não tendo até então o testador justificado, não subsistirá a restrição.

– Ao testador são asseguradas medidas conservativas para salvaguardar a legítima dos herdeiros necessários, sendo que na interpretação das cláusulas testamentárias deve-se preferir a inteligência que faz valer o ato, àquela que o reduz à insubsistência; por isso, deve-se interpretar o testamento, de preferência, em toda a sua plenitude, desvendando a

---

120 MÁRIO LUIZ DELGADO, *Problemas de Direito Intertemporal no Código Civil*, São Paulo, Saraiva, 2004, p. 164.

DAS DISPOSIÇÕES FINAIS E TRANSITÓRIAS (Art. 2.042)

vontade do testador, libertando-o da prisão das palavras, para atender sempre a sua real intenção.

– Contudo, a presente lide não cobra juízo interpretativo para desvendar a intenção da testadora; o julgamento é objetivo, seja concernente à época em que dispôs da sua herança, seja relativo ao momento em que deveria aditar o testamento, isto porque veio à óbito ainda dentro do prazo legal para cumprir a determinação legal do art. 2.042 do CC/02, o que não ocorreu, e, por isso, não há como esquadrinhar a sua intenção nos 3 meses que remanesciam para cumprir a dicção legal.

– Não houve descompasso, tampouco descumprimento, por parte da testadora, com o art. 2.042 do CC/02, conjugado com o art. 1.848 do mesmo Código, isto porque foi colhida por fato jurídico – morte – que lhe impediu de cumprir imposição legal, que só a ela cabia, em prazo que ainda não se findara.

– O testamento é a expressão da liberdade no direito civil, cuja força é o testemunho mais solene e mais grave da vontade íntima do ser humano.

– A existência de fundamento do acórdão recorrido não impugnado, quando suficiente para a manutenção de suas conclusões em questão processual, impede a apreciação do recurso especial no particular. Recurso especial provido (REsp nº 1.049.354/SP (Recurso Especial 2008/0083708-6), Rel. Min. Nancy Andrighi (1118), 3ª Turma, j. 18.08.2009).

TRIBUNAIS DE JUSTIÇA

Arrolamento. Gravames testamentários. O estabelecimento de cláusula de inalienabilidade, incomunicabilidade e impenhorabilidade sobre bem testado, ainda que pertencente à legítima, não sofria restrições ou condicionamentos no Código Civil de 1916. Embora o atual Código Civil condicione o estabelecimento de gravames mediante justa causa declarada expressamente no testamento, conforme *caput* do art. 1.848, tal disposição não se aplica ao caso concreto, por força do art. 2.042, que dispõe acerca de regra de transição para o dispositivo. Abertura de sucessão sob a égide do Código de 1916. Gravame a incidir sobre a integralidade do bem testado, em respeito à declaração de última vontade, porquanto em conformidade com a lei à época, antes do transcurso do período de transição, e sem que tenha havido contrariedade alguma do beneficiário. Deram provimento (AC nº 70006803019, 8ª Câmara Cível/TJRS, Rel.ª Des.ª Catarina Rita Krieger Martins, j. 09.10.2003, v.u.).

Agravo de Instrumento. Sucessão testamentária. Cláusulas de incomunicabilidade, inalienabilidade e impenhorabilidade dos bens, sem que apontada a justa causa. Invalidade. Testamento elaborado em 30.10.2002. Falecimento ocorrido em 22.09.2003. Aplicação dos artigos 1.848 c/c 2.042, ambos do Código Civil. Intenção em não aditar que se delineia ante o decurso de quase 9 meses do prazo. Restrição que não prevalece. Recurso provido (AI nº 361.729.4/5-0, 5ª Câmara de Direito Privado/TJSP, Rel. Des. Marcus Andrade, j. 20.04.2005, m.v.).

Do corpo do acórdão:

Da leitura do testamento, elaborado em 30 de outubro de 2002, a testadora dispôs expressamente que, por ocasião de sua morte, todos os direitos hereditários cabentes a seu filho, Antonio Ângelo Castro da Fonseca, ficassem gravados com as cláusulas de incomunicabilidade, impenhorabilidade e inalienabilidade, extensivas aos respectivos frutos e rendimentos. O óbito ocorreu em 22 de setembro de 2003, ainda no prazo de um ano, no qual poderia aditar o testamento para declarar a justa causa. Como não o fez, o melhor entendimento é o de que essa era sua intenção. Frise-se que a abertura da sucessão deverá se dar, para efeitos do artigo 2.042, no prazo de um ano contado da entrada em vigor do Código Civil de 2002, porém, não depois de passado um ano. Assim, nada autoriza prever que, no prazo restante de três meses e alguns dias, providenciaria tal aditamento. O fato concreto é que a justa causa, no tempo em que a testadora viveu, não foi especificada e, em virtude disso, a restrição não pode prevalecer.

Do voto vencido do Des. SILVÉRIO RIBEIRO:

A testadora era viúva e deixou dois filhos, José Renato e Antonio Ângelo Castro da Fonseca. No entanto, só quanto ao último foram impostas cláusulas restritivas. Justo esse filho estava separado de fato, insistindo o cônjuge virago na ineficácia das cláusulas. Em suma, veio a testadora a falecer nove meses após entrar em vigor o atual Código Civil. O falecimento, antes de se completar o prazo de um ano, para que fosse aditado o testamento, justificando a imposição das cláusulas, não conduz à ineficácia ou à invalidação buscada no recurso. Não transcorrido o prazo assinalado, não há falar em condição de eficácia do preceito estabelecido no art.1.848 do Código Civil em combinação com o seu art. 2.042.

Abertura de testamento. Determinação de registro. Exclusão de cláusula obstada por lei. Possibilidade. Art. 1.126 do CPC. Sentença de mera constituição integrativa. Discussão sobre a validade da cláusula. Ação própria. Necessidade.

Ao juiz descabe, em regra, a apreciação de nulidade intrínseca do testamento, porque no procedimento especial da apresentação de testamento para abertura, registro e cumprimento, de procedimento de jurisdição voluntária, não intervêm, excepcionalmente, as partes interessadas, sem cuja audiência seria inadmissível qualquer decisão judicial que extrapole o âmbito do art.1.126 do CPC, que determina o cumprimento apenas ressalvando os casos de vício externo, que o torne suspeito de nulidade ou falsidade.

O processo moderno permite a exegese mais ampla de norma processual, de forma mais útil, que proporcione a efetividade da prestação jurisdicional adequada e correta, não se permitindo o registro de testamento que contenha cláusula proibida por lei, a qual deve ser extirpada pelo juiz nesse procedimento de integração formal da concessão se puder ela constituir, de forma indevida, direitos obstados pelo ordenamento jurídico que possam, inclusive, prejudicar eventuais direitos de terceiros.

A expressão "nulidades" do art. 1.126 do CPC deve ser entendida não só como aquelas decorrentes da forma como também as absolutas previstas no art. 166 do CC (correspondente ao art. 145 do Código Beviláqua) que sejam detectáveis de plano e que sejam de ordem pública, não dependendo de provocação de interessado.

Não ocorre prejuízo com a aplicação do art. 1.126 no decote de cláusula sem intervenção de todos os interessados, que têm a oportunidade de defender eventual direito e pugnar pela validade da cláusula através de ação própria (AC nº 1.0342.04.045696-0/001, 1ª Câmara Cível/TJMG, Rel.ª Des.ª Vanessa Verdolim Hudson Andrade, j. 29.11.2005, v.u.).

Observação do Autor: o juiz examinou o artigo 2.042 do CC em cotejo com o artigo 1.848. O testador não aditou o testamento e faleceu após o prazo previsto no artigo. A sucessão foi aberta em 17.04.04, mais de um ano após a vigência do novo Código. O pedido de consolidação das cláusulas restritivas e a alegação de inconstitucionalidade do art. 2.042 do Código Civil, reconhecido como disposição de natureza processual, somente em ação própria poderá ser decidida, com citação de todos os interessados.

Do corpo do acórdão:

A exclusão da cláusula nessa fase integrativa não obsta a que o testamenteiro, assim como os herdeiros ou demais interessados, com base no art. 1.137, II, do CPC, proponha ação de declaração de validade de cláusula contratual excluída, com alegação ou não de inconstitucionalidade do art. 2.042, pois incumbe ao testamenteiro também propugnar a validade do testamento.

Como a discussão a ser enfrentada envolve o direito dos legatários de manter ou não essa cláusula e eventuais terceiros interessados em não mantê-la, bem como a própria discussão sobre a constitucionalidade do art. 2.042, que retroage para atingir aparentemente ato jurídico perfeito – testamento feito de acordo com a lei então vigente

– e já que essa não é a via adequada para tais discussões, e também, portanto, para se decretar a nulidade de tal cláusula, já que vai envolver, inclusive, direito intertemporal – entendo que deve ser registrado nos termos determinados pelo eminente Juiz, ficando a validade da cláusula a ser discutida eventualmente pelos herdeiros ou por terceiros em ação adequada.

Sucessões. Testamento cerrado. Cláusula testamentária. Restrição vitalícia incidente sobre bens imóveis ou frações ideais de imóveis extensivas aos frutos e rendimentos. Pretensão anulatória. Inalienabilidade. Impenhorabilidade e incomunicabilidade. Hipótese em que a cláusula testamentária é destituída de causa, não sendo passível de ser invalidada ou dispensada por atos judiciais de qualquer espécie, ressalvados os casos expressamente previstos em lei. Exegese da regra do art. 1.676 do CCB/1916, vigente à época da abertura da sucessão, aplicável por força do conteúdo do art. 2.042 do CCB/2002. Prevalência da disposição de última vontade dos testadores. Precedentes jurisprudenciais. Ação procedente. Sentença reformada. Apelação provida (AC nº 70016564270, 8ª Câmara Cível/TJRS, Rel. Des. Luiz Ari Azambuja Ramos, j. 21.09.2006, v.u.).

Do corpo do acórdão:

Tenho que razão assiste ao Ministério Público. Com efeito, nada obstante a concordância expressa dos supostos beneficiários com relação à supressão pretendida, releva considerar que a disposição testamentária em apreço merece ser respeitada em face da aplicação, no caso, da regra preconizada no artigo 1.676 do Código Civil anterior (por força do artigo 2.042 do Código Civil/02), vigente à época.

Nessa senda, efetivamente não se ostenta possível relativizar a cláusula restritiva imposta, devendo prevalecer a disposição de última vontade dos testadores que se cingiu à nomeação do testamenteiro e à imposição do aludido gravame, para o qual fixado apenas um prazo de vigência, ausente qualquer motivo ou causa justificante.

Art. 2.043. Até que por outra forma se disciplinem, continuam em vigor as disposições de natureza processual, administrativa ou penal, constantes de leis cujos preceitos de natureza civil hajam sido incorporados a este Código.

COMENTÁRIOS

O Código Civil se propõe a disciplinar matéria afeta ao ramo do direito que o denomina. Não é um *vade mecum* legislativo com a pretensão de acolher – enciclopedicamente – todas as ramificações jurídicas.

Nem seria necessário dispor que disposições de natureza processual, administrativa ou penal, insertas em leis cujos ditames de natureza civil foram aproveitadas pelo Código, continuariam a vigorar conforme elaboradas. Afinal, são normas de direito público e, ainda pretendesse o legislador civil alterá-las ou revogá-las, e não poderia fazê-lo no corpo do Código.

Em enumeração meramente enunciativa, MARIA HELENA DINIZ menciona alguns dos preceitos que continuam a incidir em temas civis incorporados pela nova legislação. Assim, o Decreto-Lei nº 911/69, sobre a alienação fiduciária, a Lei nº 5.478/68, que disciplina a ação de alimentos, a Lei nº 6.515/77, que prevê os processos de dissolução da sociedade conjugal, a Lei nº 8.078/90, com a tutela do consumidor, Lei nº 1.521/51, dos crimes contra a economia popular, o Decreto-Lei nº 3.365/41, que ainda regula as expropriações por utilidade pública e a Lei nº 4.132/62, para as desapropriações por interesse social, a Lei Complementar nº 76/93, sobre o procedimento contraditório especial, de rito sumário, para a expropriação de imóvel rural por interesse social e para fins de reforma agrária, o Estatuto das Cidades – Lei nº 10.257/2001, notadamente em relação à usucapião de imóvel urbano, direito de superfície, de construir, estudo de impacto de vizinhança e outras.[121]

---

121 MARIA HELENA DINIZ, op. cit., p. 495.

COMENTÁRIOS

Art. 2.044. Este Código entrará em vigor 1 (um) ano após a sua publicação.

COMENTÁRIOS

Embora houvesse tentativa de prorrogar a *vacatio legis* do Código Civil para o dobro da previsão – 2 anos –, na verdade a lei nova entrou em vigor em 11 de janeiro de 2003.

Fora observada a pedagógica normatividade hoje imperante para a elaboração, a redação, a alteração e a consolidação das leis, editada para atender a preceito constitucional,[122] e a vigência teria início no dia imediato. Por esse preceito, a contagem do prazo para entrada em vigor das leis que estabeleçam período de vacância far-se-á com a inclusão da data da publicação e do último dia do prazo, com efetiva entrada em vigor no dia subsequente à sua consumação integral.[123]

Ocorre que o legislador falou em *um ano* e não em *número de dias*, conforme resultaria da aplicação do § 2º, artigo 8º, da Lei Complementar Federal nº 95/98, alterada pela Lei Complementar Federal nº 107/2001. Por isso, com razão MARIA HELENA DINIZ ao afirmar *"que o art. 2.044 estabeleceu o prazo de* vacatio legis *em 365 dias e não em um ano, contando-se tal prazo na forma do art. 8º, § 1º, da Lei Complementar Federal nº 95/98, incluindo a data da publicação e o último dia do prazo, entrando a lei em vigor no dia subsequente à sua consumação integral"*.[124] Essa, por sinal, a tranquila orientação de todos os tribunais, conforme se verifica pela integralidade dos julgados que enfrentaram o tema.

---

122 Lei Complementar nº 95, de 26.02.1998, editada em atenção ao parágrafo único do artigo 59 da Constituição da República.
123 Parágrafo 1º do artigo 8º da Lei Complementar nº 95, de 26.02.1998.
124 MARIA HELENA DINIZ, *Código Civil Anotado*, 11ª ed., São Paulo, Saraiva, 2005, p. 1.659.

Art. 2.045. Revogam-se a Lei nº 3.071, de 1º de janeiro de 1916 – Código Civil e a Parte Primeira do Código Comercial, Lei nº 556, de 25 de junho de 1850.

COMENTÁRIOS

Teria atendido o legislador civil ao comando normativo da Lei Complementar nº 95/98, no sentido de que a cláusula de revogação deve enumerar expressamente as leis revogadas?

O artigo 2.045 revogou integralmente o Código Civil anterior. Hipótese de ab-rogação. Revogou parcialmente o Código Comercial, pois derrogou os artigos de 1º a 456 da Lei nº 556, de 25.06.1850.

Ocorre que subsistirão inúmeros dispositivos de outras leis cuja compatibilidade ou não com o novo Código Civil dependerá de interpretação. Quando colidirem com o preceituado na Lei nº 10.406, de 10.01.2002, terão sido tacitamente revogadas.

O tema não deixou de ser pressentido pela comunidade jurídica. A Jornada de Direito Civil promovida no mês de setembro de 2002 pelo Centro de Estudos Judiciários do Conselho da Justiça Federal aprovou dois enunciados a respeito. O Enunciado nº 74 dispõe: *"Apesar da falta de menção expressa, como exigido pelas Leis Complementares Federais nºs 95/98 e 107/2001, estão revogadas as disposições de leis especiais que contiverem matéria regulada inteiramente no novo Código Civil, como, por exemplo, as disposições da Lei nº 6.404/76, referentes à sociedade comandita por ações e as da Lei nº 3.908/19, alusivas à sociedade de responsabilidade limitada"*. A dicção do Enunciado nº 75 é: *"A disciplina de matéria mercantil no novo Código Civil não afeta a autonomia do direito comercial"*.

Já está a comunidade dos operadores do direito a enfrentar ampla e complexa discussão a respeito do alcance do novo Código Civil. Os doutrinadores colocam à disposição dos estudiosos e dos profissionais que necessitam de instrumental para tanto, lições da teoria geral do direito que não podem ser dispensadas. MARIA HELENA DINIZ dedica especial atenção ao tema das antinomias jurídicas e aborda os critérios normativos para sua solução.[125] Também indispensável a releitura de VICENTE RÁO,[126] notadamente nos capítulos da obrigatoriedade da lei no tempo e dos conflitos das normas jurídicas no tempo.

Ao tratar dos princípios regedores, o comentarista tentará trazer algumas indicações aos profissionais encarregados de tornar o Código Civil de 2002 um diploma vivo e dinâmico, adequado às necessidades do século XXI.

Art. 2.046. Todas as remissões, em diplomas legislativos, aos Códigos referidos no artigo antecedente, consideram-se feitas às disposições correspondentes deste Código.

COMENTÁRIOS

A norma facilitadora se propõe a eliminar qualquer dúvida de que, ante a revogação expressa – artigo 2.045 – ou tácita de inúmeros preceitos civis, o aplicador da lei encontrará muita vez menção a dispositivos revogados. Tais remissões deverão merecer adequação. Considerar-se-ão feitas às disposições do novo Código que corresponderem ao tema tratado.

Regra de bom senso, o intuito é evitar discussões estéreis, sempre potencialmente presentes para as mentes mais conservadoras e menos preparadas para atingir o objetivo final da lei do que para reclamar a automática e inflexível incidência de sua literalidade.

---

125 MARIA HELENA DINIZ, op. cit., pp. 529/569.
126 VICENTE RÁO, op. cit., *idem*, pp. 347/372 e 374/387.

PRINCÍPIOS REGEDORES DO NOVO CÓDIGO CIVIL

1. Da onipotência do legislador ao *sapere aude*

Justifica-se, no século XXI, preservar a ideia de *onipotência do legislador*, como se a previsão abstrata de condutas ainda servisse para disciplinar a existência humana sob contínua e profunda mutação?

As grandes codificações registradas pela História entre o final do século XVIII e o início do século XIX significaram a concretização desse princípio de que *o legislador pode tudo*. Na concepção de NORBERTO BOBBIO, *"as codificações representam o resultado de uma longa batalha conduzida, na segunda metade do século XVIII, por um movimento político-cultural francamente iluminista, que realizou aquilo que podemos chamar de "a positivação do direito natural". Segundo este movimento, o direito é expressão ao mesmo tempo da autoridade e da razão. É expressão da autoridade visto que não é eficaz, não vale se não for posto e feito valer pelo Estado (e precisamente nisto pode-se identificar no movimento pela codificação uma raiz do positivismo jurídico); mas o direito posto pelo Estado não é fruto de mera arbitrariedade, ao contrário, é a expressão da própria razão (da razão do príncipe e da razão dos "filósofos", isto é, dos doutos que o legislador deve consultar)"*.[1]

Codificar seria, a um tempo, desprezar a regra consuctudinária, considerada pesada e danosa herança da malquerida Idade Média e substituí-la por um conjunto sistemático de normas jurídicas deduzidas da razão. Ponto culminante do racionalismo, tão caro ao despotismo esclarecido.

A pretensão do codificador seria incorporar todos os ditames da razão e exteriorizá-los em normas postas, garantia de civilizada convivência entre os homens. Tanto assim, que o artigo I, suprimido na

---

1   NORBERTO BOBBIO, *O Positivismo Jurídico – Lições de Filosofia do Direito*, São Paulo, Ícone Editora, 1995, p. 54.

redação definitiva, do projeto preliminar para o Código Civil francês, dispunha: *"Existe um direito universal e imutável, fonte de todas as leis positivas: não é outro senão a razão natural, visto esta governar todos os homens"*.

O Código Napoleônico era considerado revolucionário ao consagrar a igualdade entre os homens. Ao seu advento, a codificação prussiana de 1797 ainda distinguia a população em três castas: nobreza, burguesia e campesinato. A pregação por um Código Civil alemão alimentava a veleidade de produzir um corpo de normas que atendesse – simultaneamente – a dois requisitos fundamentais: a *perfeição formal* e a *perfeição substancial*. Pois *"a legislação deve ser perfeita formalmente, isto é, deve enunciar as normas jurídicas de modo claro e preciso; e deve ser perfeita substancialmente, isto é, deve conter normas que regulem todas as relações sociais"*.[2]

Àquela altura, nenhuma legislação atendia a tais pretensões. O direito de origem germânica era insuficiente, obscuro e primitivo. O direito canônico era inculto e difícil de ser interpretado. O direito comum romano apresentava-se complicado e incerto.

Thibaut propugnava uma legislação geral, ou seja, uma verdadeira codificação. Vantajosa para os juízes, para os estudiosos do direito e para os simples cidadãos. Com o acréscimo da vantagem política, pois daria decisivo influxo à unificação da Alemanha. Antevia, porém, as objeções ao seu projeto: *"A codificação é algo não natural, pois constituiria uma espécie de camada de chumbo imposta à vida do direito, que lhe secaria as fontes e lhe paralisaria o desenvolvimento"*.[3]

A inspiração iluminista de Thibaut fê-lo repudiar a excessiva reverência para com a tradição. Não é próprio ao homem subordinar-se à inflexibilidade do que já se decidiu, mas cumpre à sua vocação de perfectibilidade encontrar novos caminhos, superar e renovar a tradição.

---

2 NORBERTO BOBBIO, op. cit., *idem*, pp. 58/59.
3 NORBERTO BOBBIO, op. cit., *idem*, p. 59, lembrando que esta será a objeção levantada por SAVIGNY.

Invocou as palavras de Horácio – *sapere aude* – como incitação à ousadia intelectual e forma de se liberar das formas tradicionais do saber.

A redescoberta do mote de Horácio já fora feita por Kant, no texto "O que é o Iluminismo?", em que afirmou: *"O Iluminismo é a saída do homem do estado de minoridade que deve imputar a si mesmo. Minoridade é a incapacidade de se valer do próprio intelecto sem a orientação de um outro. Imputável a si mesma é essa minoridade, se a sua causa não depende da deficiência de inteligência, mas da falta de decisão e de coragem de fazer uso do próprio intelecto sem ser guiado por um outro. Sapere aude! Tenha a coragem para servir-te da tua própria inteligência! É este o mote do Iluminismo"*.[4]

Significativo constatar que Thibaut queria renovar a tradição mediante elaboração de um Código Civil. Savigny se opunha à ideia, sob argumento de que a Alemanha da sua época não se encontrava em condições culturais particularmente felizes. A ciência jurídica estava decadente. E *"numa época de declínio da cultura jurídica, enfim, a codificação é danosa, porque cristaliza e perpetua um direito já decadente; assim, a compilação justiniana transmitiu aos pósteros o direito romano não na sua pureza clássica, mas tal qual já vinha se corrompendo nos últimos séculos do Império"*.[5] Essa a concepção que opunha Savigny a Thibaut. Para Savigny, as fontes do direito são três: o direito popular, o científico e o legislativo. O primeiro, produzido pelas sociedades em sua formação. O segundo, fruto das sociedades mais maduras. O terceiro, das sociedades em decadência.

Não era essa a perspectiva do legislador francês do Código Napoleônico de 1804. Seu projeto partiu da convicção da existência de um *legislador universal* – capaz de ditar leis válidas para todos os tempos e para todos os lugares – e da exigência de se editar um direito *simples e unitário*. Na visão dos juristas racionalistas, *"sendo a natureza das coi-*

---

4   EMMANUEL KANT, *Escritos Políticos*, UTET, 1956, p. 141, *apud* NORBERTO BOBBIO, op. cit., p. 60.

5   NORBERTO BOBBIO, op. cit., *idem*, p. 61.

sas simples e unitária, também o direito devia ser como tal: insistiram sobretudo na simplicidade, até transformar esta exigência num mito propriamente dito. O mote deles é: poucas leis. *A multiplicidade das leis é fruto de corrupção".*[6]

Essa diretriz inspirou o codificador napoleônico. A Lei sobre o Ordenamento Judiciário, de 16 de agosto de 1790, dispunha: *"As leis civis serão revistas e reformadas pelos legisladores e será feito um código geral de leis simples, claras e adaptadas à Constituição".*[7]

A presente incursão aos prolegômenos da codificação napoleônica editada há mais de duzentos anos[8] guarda pertinência com os princípios regedores do Código Civil brasileiro de 2002.

2. Era necessário um novo Código?

Ainda está presente a discussão a respeito da necessidade ou não de um novo Código Civil. Debate que não elimina o confronto entre os adeptos da codificação e aqueles que a abominam. Mas não é apenas isso o que legitima esta reflexão. O Código Civil brasileiro de 2002 reintroduz tema ensejador de candentes duelos verbais travados à época de elaboração do Código Napoleônico.

Quanto à necessidade de novo Código Civil, posiciona-se a Comissão Elaboradora e Revisora no sentido de sua imprescindibilidade. É que, *"superado de vez o individualismo, que condicionara as fontes inspiradoras do Código vigente;*[9] *reconhecendo-se cada vez mais que o Direito é social em sua origem e em seu destino, impondo a correlação concreta e dinâmica dos valores coletivos com os individuais, para*

---

6   NORBERTO BOBBIO, op. cit., *idem*, p. 66. Extrai-se da obra de SAINT-JUST, *Fragmentos das Instituições Republicanas*, Edições Einaudi, p. 45: *"As longas leis são calamidades públicas. ... São necessárias poucas leis. Onde elas são muitas, o povo é escravo... Aquele que dá ao povo demasiadas leis é um tirano".*

7   Título II, artigo 19, *in* NORBERTO BOBBIO, op. cit., *idem*, p. 66.

8   Mais exatamente, 203 anos, considerada a publicação deste volume em 2007.

9   O Código vigente era o de 1916.

que a pessoa humana seja preservada sem privilégios e exclusivismos, numa ordem global de comum participação, não pode ser julgada temerária, mas antes urgente e indispensável a renovação dos códigos atuais, como uma das mais nobres e corajosas metas de governo".[10]

Após abordar a *crise da Justiça* e reconhecer que uma de suas causas advém do obsoletismo de muitas normas legais vigentes, enfrenta o notável jusfilósofo MIGUEL REALE a crítica recorrente à codificação: *"Nem se diga que nossa época é pouco propícia à obra codificadora, tantas e tamanhas são as forças que atuam neste mundo em contínua transformação, pois, a prevalecer tal entendimento, só restaria ao jurista o papel melancólico de acompanhar passivamente o processo histórico, limitando-se a interferir, intermitentemente, com leis esparsas e extravagantes".*[11] Atribui à codificação o caráter de *expressão máxima da cultura de um povo* e menciona como exemplo a justinianeia, elaborada no crepúsculo da civilização romana e a napoleônica, fruto de momento ascensional de um ciclo de cultura.

O arremate é eloquente: *"O que importa é ter olhos atentos ao futuro, sem o temor do futuro breve ou longo que possa ter a obra realizada. Códigos definitivos e intocáveis não os há, nem haveria vantagem em tê-los, pois a sua imobilidade significaria a perda do que há de mais profundo no ser do homem, que é o seu desejo perene de perfectibilidade. Um Código não é, em verdade, algo de estático ou cristalizado, destinado a embaraçar caminhos, a travar iniciativas, a provocar paradas ou retrocessos: põe-se antes como sistema de soluções alternativas e de modelos informadores da experiência vivida de uma Nação, a fim de que ela, graças à visão atualizada do conjunto, possa com segurança prosseguir em sua caminhada".*[12]

Concorde-se ou não com a opinião esposada pelo eminente Supervisor da Comissão Revisora, a justificativa é plausível. O arcaísmo do

---

10 Exposição de Motivos do Anteprojeto do Código Civil, apresentado pelo Prof. MIGUEL REALE em 16.01.1975, Diário do Congresso Nacional, Seção I, 13.06.1975.
11 Exposição de Motivos, cit., *idem, ibidem.*
12 Exposição de Motivos, cit., *idem, ibidem.*

Código Civil de 1916, típico a uma sociedade ruralista, individualista, machista e pré-moderna, desatendia às necessidades de uma coletividade urbana, tangida pelo ideal da socialidade, fruto da revolução feminista e pós-moderna. Nessa conotação, um novo Código Civil veio a atender às aspirações de uma sociedade desperta para uma concepção de direitos inaugurada – cronologicamente – pelo advento da Constituição Cidadã de 1988.

3. O papel do juiz na aplicação do novo Código

O Código Napoleônico[13] preservou um único artigo de caráter geral dentre os vários contidos no projeto. Foi o artigo 4º, cuja dicção se reproduz:

O juiz que se recusar a julgar sob o pretexto do silêncio, da obscuridade ou da insuficiência da lei, poderá ser processado como culpável de justiça denegada.[14]

Consagrou-se aí o princípio da proibição da denegação de justiça. A proposta do dispositivo é evidenciar que o juiz não pode pronunciar o *non liquet*. Perante uma controvérsia, é-lhe defeso abster-se de julgar, sob argumento de que a lei não contempla a hipótese, não é clara ou suficiente.

O legislador francês entendeu que três dificuldades poderiam ser postas ao juiz: *obscuridade* da lei, *insuficiência* da lei ou *silêncio* da lei. No primeiro caso, caberia ao juiz interpretar a norma, de maneira a sanar sua obscuridade. No segundo, deveria completar o comando

---

13 A Comissão encarregada de redigir o projeto do Código Civil francês o apresentou e defendeu perante o Conselho de Estado, onde foi discutido em sessões presididas pelo próprio então Primeiro-Cônsul, Napoleão Bonaparte, presente a 57 das 102 realizadas. Participou ativamente de todas as discussões e ofereceu as soluções que lhe pareceram mais adequadas. À medida que os vários títulos do projeto eram aprovados, foram promulgados como leis separadas: 34 no total. Foram coletadas em 1804 e publicadas com o nome *Code Civil des Français*. Somente na segunda edição, em 1807, tomou o nome com que ficou universalmente conhecido: *Code Napoléon*.

14 *"Lê juge qui refusera de juger, sous prétexte du silence, de l'obscurité ou de l'insuffisance de la loi, pourra être poursuivi comme coupable de déni de justice".*

normativo, sob a fórmula de *integração da lei*. No terceiro, incumbia-lhe colmatar a lacuna, de maneira a deduzir a regra hábil a solucionar a controvérsia.

Para as hipóteses de insuficiência – um *minus* – e de silêncio – um *plus* – a resposta precisaria ser encontrada no interior do sistema. O recurso à analogia e aos princípios gerais encontra-se na linha de alternativas oferecidas ao julgador. Mas a busca de soluções poderia também ocorrer no exterior do sistema, cometendo-se ao juiz autoridade para invocar parâmetros de uma normatividade moral ou de direito natural. O *decideur* teria condições de se servir de um juízo pessoal de equidade, com vistas a oferecer a resposta mais plausível para a demanda submetida à sua apreciação.

As duas trilhas são conhecidas da teoria geral do direito e se denominam *autointegração* e *hetero-integração*, conforme a busca ocorra endógena ou exogenamente ao sistema. Ao positivismo jurídico parecia claro que só a primeira delas deveria socorrer o juiz em suas dificuldades. O dogma da *onipotência do legislador* imperava e implicava a formulação consequente da *completitude* do ordenamento jurídico.

Essa expectativa seria compreensível para a França desconfiada do excessivo poder cometido aos juízes. A proposta era tornar o magistrado um servo obediente à letra da lei. A boca pronunciadora das palavras da lei.

Os redatores do artigo 4º do Código Napoleônico, porém, alimentaram a intenção antípoda. Era seu propósito estabelecer a possibilidade da livre criação do direito por parte do juiz. Intenção nitidamente expressa por Portalis[15] ao apresentar o projeto do Código diante do Conselho de Estado.

Portalis nutria a convicção de que um código não poderia prever todas as hipóteses: *"Seja lá o que se faça, as leis positivas não poderão*

---

15 JEAN ETIENNE MARIE PORTALIS (1746-1807), jurista e político liberal moderado. Por suas posições políticas foi feito prisioneiro por ROBESPIERRE, reabilitou-se e foi Senador e Ministro durante o Consulado e o Império. Escreveu *Do uso e do abuso do espírito filosófico durante o século XVIII*, obra publicada postumamente por seus filhos em 1820 e na qual contesta KANT.

nunca substituir inteiramente o uso da razão natural nos negócios da vida.[16] As leis permanecem estáticas e a realidade é dinâmica. Isso explica que *"uma grande quantidade de coisas são, portanto, abandonadas ao império do uso, à discussão dos homens cultos, ao arbítrio dos juízes"*.[17]

O juiz é a autoridade capacitada a decidir quanto a detalhes, imbuído pelo espírito geral das leis. *"Assim, em todas as nações civilizadas, junto ao santuário das leis, se forma um conjunto de máximas, de decisões e de doutrina que constitui um verdadeiro suplemento desse santuário de leis"*.[18]

Não existe outra possibilidade, diante da deficiência humana em prever, abstratamente, todas as ocorrências capazes de afetar a vida em sociedade. O juiz é o especialista em oferecer o remédio adequado a cada situação conflitiva: *"Na falta de um texto preciso sobre cada matéria, um uso antigo, constante e bem estabelecido, uma série não interrompida de decisões similares, uma opinião ou uma máxima adotada funcionam como lei. Quando não há relação nenhuma com aquilo que está estabelecido e é conhecido, quando se trata de um fato absolutamente novo, remonta-se aos princípios do direito natural. Pois, se a previdência dos legisladores é limitada, a natureza é infinita e se aplica a tudo que pode interessar aos homens"*.[19]

A *aequitas* dos romanos ainda representa a chave capaz de abrir as portas do justo concreto para quem necessitou recorrer ao Estado-juiz: *"Quando a lei é clara, é necessário segui-la; quando é obscura, é necessário aprofundar suas disposições. Na falta da lei, é necessário*

---

16 PORTALIS, "Discurso Preliminar do Primeiro Projeto de Código Civil apresentado no ano IX pelos Srs. Portalis, Tronchet, Bigot-Préameneau e Maleville", contido na *Coletânea completa dos discursos pronunciados por ocasião da apresentação do Código Civil pelos diversos oradores do Conselho de Estado e do Tribunato*, Paris, 1855, p. 3, *apud* NORBERTO BOBBIO, op. cit., *idem*, p. 75.

17 PORTALIS, op. cit., *idem, ibidem*.

18 NORBERTO BOBBIO, op. cit., *idem*, p. 75.

19 PORTALIS, op. cit., *idem, ibidem*, p. 4.

consultar o uso ou a equidade. A equidade é o retorno à lei natural, no silêncio, na oposição ou na obscuridade das leis positivas".[20]

Não há como se angustiar diante do aparente excessivo poder conferido ao juiz. Porque *"o arbítrio aparente da equidade é ainda melhor do que o tumulto das paixões".*[21]

A outorga à Nação brasileira de um Código Civil elaborado com a metodologia e o propósito explicitado pela Comissão Revisora, não somente na Exposição de Motivos, mas em inúmeras manifestações do Professor MIGUEL REALE, parece aviventar a visão de Portalis sobre o papel do juiz. O Código Civil de 2002 atribui responsabilidade imensa ao julgador, pois é prenhe de cláusulas gerais e de princípios inspiradores de sua adequada interpretação.

4. A função interpretativa da jurisprudência

Como já se disse neste livro, inviável, na contemporaneidade, aceitar-se a completude da lei e a permanência do brocardo *"in claris cessat interpretatio"*. Toda lei é suscetível de interpretação. E a lei contemporânea chegou ao paroxismo em sua incompletude e ambiguidade. Isso enfatiza o papel da jurisprudência ao atuar no segundo momento da atividade jurídica.

O primeiro momento é o *ativo* ou *criativo*, cuja manifestação típica é a legislação. O segundo momento, o *teórico* ou *cognoscitivo*, ocorre ao se fazer incidir a lei concretamente. Jurisprudência não é senão *"a atividade cognoscitiva do direito visando à sua aplicação".*[22]

Para o juspositivismo, a jurisprudência se resume à declaração ou reprodução estrita de um direito preexistente. Para o pós-positivismo, a natureza cognoscitiva significa a criação ou produção de um novo direito. Cada postura deriva de uma concepção filosófica distinta. Para o

---

20 PORTALIS, op. cit., *idem, ibidem*, p. 5.
21 PORTALIS, op. cit., *idem, ibidem*.
22 NORBERTO BOBBIO, op. cit., *idem*, p. 211.

positivista, aplicar o direito depende de uma gnoseologia realista e para o antipositivista ela deriva de uma gnoseologia idealista.

Na versão positivista, a jurisprudência não produz direito mas apenas o reproduz. Explicita, mediante utilização de instrumentos lógico-racionais, o conteúdo das normas jurídicas. Não há criação, mas interpretação no seu sentido mais contido.

Questão de ordem: assente que *interpretar* é decisivo. Como interpretar? Qual a disciplina da interpretação, no sentido de *quais as regras reclamadas à interpretação adequada?*

É aquilo que o Ministro EROS GRAU chama de *calcanhar de aquiles da interpretação: "Quando interpretamos, o fazemos sem que exista norma a respeito de como interpretar as normas. Quer dizer, não existem aquelas que seriam metanormas ou metarregras. Temos inúmeros métodos, ao gosto de cada um. Interpretar gramaticalmente? Analiticamente? Finalisticamente? Isso quer dizer pouco, pois as regras metodológicas de interpretação só teriam real significação se efetivamente definissem em que situações o intérprete deve usar este ou aquele cânone hermenêutico, este ou aquele outro método de interpretar. Mas acontece que essas normas nada dizem a respeito disso;* não existem essas regras".[23]

O que significa, entretanto, *interpretar?*

Impossível defini-la – e tinham razão os romanos quando afirmavam *omnia humana definitio periculosa est* – ou mesmo conceituá-la. VICENTE RÁO, depois de se deter na distinção entre hermenêutica, interpretação e aplicação da lei, chega a prelecionar: *"Interpretação é a operação lógica que, obedecendo aos princípios e leis científicos ditados pela Hermenêutica e visando a integrar o conteúdo orgânico do direito, apura o sentido e os fins das normas jurídicas, ou apura novos preceitos normativos, para o efeito de sua aplicação às situações*

---

23 EROS ROBERTO GRAU, "A jurisprudência dos interesses e a interpretação do Direito", *in* JOÃO MAURÍCIO ADEODATO, org., *Jhering e o Direito no Brasil*, Recife, Universitária, 1996, p. 79.

de fato incidentes na esfera do direito".[24] Lembra ele que não acordam os doutrinadores sobre o objetivo da interpretação. Ora se atribui a ela o intuito de investigar o sentido da lei, ora o significado das normas jurídicas, ou o conteúdo da norma jurídica, ou o pensamento que anima suas palavras até à busca da percepção clara e exata das normas. Tantos são os conceitos quantos os seus autores.[25]

Em síntese – e para todas as esferas semânticas que se servem do conceito –, *"interpretar significa remontar do signo* (signum) *à coisa significada* (designatum)*, isto é, compreender o significado do signo, individualizando a coisa por este indicada"*.[26] A comunicação humana é um complexo de signos. Como tal, imprescindível a interpretação, para que se possa aferir o conteúdo significativo da palavra.

A relação que se estabelece entre o signo e a coisa significada não é necessária, não deriva da natureza das coisas. Mas é produto de uma convenção. Convencionalismo que precisa ser decodificado para propiciar eficaz comunicação entre emissor e receptor.

Não existe ajuste perfeito e único entre a ideia e a palavra. A primeira é muito mais rica, complexa e articulada. A palavra é um veículo relativamente pobre para exprimir a potencialidade de ideias, sentimentos e expressões de vontade do articulador. Além disso, a própria convenção se exterioriza de inúmeras maneiras. Nem sempre os termos são unívocos. Muitos deles são plurívocos e também equívocos. A polissemia é fenômeno comum à linguagem natural e deriva de múltiplas causas. A cultura local, o uso de metáforas, metonímias, o empréstimo de vocábulos estrangeiros etc. A depender do contexto, a mesma palavra pode adquirir vários significados diferentes.

---

24 VICENTE RÁO, op. cit., *idem*, p. 494.
25 VICENTE RÁO menciona Coviello, Ahrens, Bierling, Pacifici-Mazzoni, Caldara, Crome, Windscheid, Dernburg, Savigny, Ferrini, Beviláqua, Fiore e Carlos Maximiliano, para quem, após reproduzir várias definições, indica, como transunto de todas elas, a que segue: *"A interpretação tem por objeto determinar o sentido e o alcance das expressões do direito"*, o que faz ultrapassar sua limitação apenas às normas jurídicas (op. cit., *idem*, pp. 493/494, nota 271).
26 NORBERTO BOBBIO, op. cit., *idem*, p. 212.

Se a constatação dessa realidade não é estranha a toda e qualquer interpretação, no universo jurídico ela já produziu doutrinas, configurou-se em escolas e não perdeu a sua atratividade como tema permanente.

O positivismo jurídico é acusado de se satisfazer com uma concepção *estática* da interpretação. Seria suficiente reconstruir pontualmente a vontade subjetiva do legislador, sem preocupação maior com a adaptação da norma às condições e exigências histórico-sociais posteriores. A corrente antipositivista sustenta a necessidade de uma interpretação *evolutiva*. Capaz de extrair da norma a vontade do legislador, mas amoldada à real situação circunstancial e histórica do momento em que ela vai incidir no caso concreto.

Antes de abordar a hermenêutica dita *positivista*, é relevante considerar que a interpretação passa a representar a questão mais sensível da Justiça contemporânea. Atentos a isso, autores como LENIO LUIZ STRECK elaboram estudos sobre o que chamam de *"giro linguístico-ontológico"*,[27] a propiciar nova dimensão ao tema interpretativo. A meta é superar o paradigma positivista, *"que pode ser compreendido no Brasil como produto de uma simbiose entre formalismo e positivismo, no modo como ambos são entendidos pela teoria crítica do direito. Na verdade, embora o positivismo possa ser compreendido no seu sentido positivo, como uma construção humana do direito enquanto contraponto ao jusnaturalismo, e tenha, portanto, representado um papel relevante em um dado contexto histórico, no decorrer da história acabou transformando-se – e no Brasil essa questão adquire foros de dramaticidade – em uma concepção matematizante do social, a partir de uma dogmática jurídica formalista, de nítido caráter retórico"*.[28] Ninguém

---

27 LENIO LUIZ STRECK, "Ontem, os Códigos; Hoje, as Constituições: O Papel da Hermenêutica na superação do Positivismo pelo Neoconstitucionalismo", *in Direito Constitucional Contemporâneo*, FERNANDO LUIZ XIMENES ROCHA e FILOMENO MORAES, organizadores e coautores, Belo Horizonte, Del Rey, 2005, p. 522.
28 LENIO LUIZ STRECK, op. cit., *idem*, pp. 522/523.

pode recusar a evidência de que o formalismo e o positivismo estigmatizaram o pensamento jurídico brasileiro. Mas é à luz dessa deformação que ainda se interpreta e se aplica o direito.

5. A hermenêutica positivista

A interpretação do positivismo jurídico é geralmente *textual*: atende à literalidade da lei. Sob certas circunstâncias, se houver necessidade de *integrar a lei*, poderá ser *extratextual*. Nunca, porém, será *antitextual*, ou seja, nunca poderá se posicionar contra a vontade que o legislador inseriu na lei.

6. A interpretação textual

As fórmulas da interpretação textual são conhecidas. Costumam ser denominadas de *gramatical, lógica, sistemática* e *histórica.*

A interpretação *gramatical*, que Bobbio entende ser mais apropriadamente a utilização do *meio léxico*, consiste em extrair da literalidade da lei a vontade legislativa. Resumir-se-ia na definição do significado dos vocábulos utilizados pelo legislador, mediante análise e comparação dos contextos linguísticos nos quais tais termos são empregados.

Por interpretação *lógica* – mais adequada à utilização do *meio teleológico*, na concepção bobbiana – compreende-se a busca de identificação da finalidade às quais a norma se preordena. Toda lei foi elaborada com um propósito. O conteúdo dela há de ser traduzido de maneira a compatibilizá-la com a *ratio legis* que a inspirou.

O *meio sistemático* procura interpretar a norma de maneira a inseri-la no sistema ou subsistema de que faz parte. Presume-se que a vontade legislativa seja unitária e coerente. O conteúdo de uma norma só resta clarificado se posto em cotejo com o de todas as demais, que formam um sistema coerente, integral, harmônico.

O método *histórico* vai mergulhar na pesquisa e análise dos antecedentes e da gênese da lei. A origem e a necessidade de uma norma, os primeiros estudos, os trabalhos preparatórios, as diversas etapas do processo legislativo. Dessas fases se chegará a conhecer o leque de intenções inspirador da confecção da lei e aquela que deve prevalecer quando o preceito vier a ser acionado.

7. A interpretação extratextual

Nem sempre é suficiente a interpretação textual para fazer a norma ajustar-se, de maneira humana a mais perfeita possível, à situação concreta posta à apreciação do intérprete. Por mais que se esforce o legislador, o resultado de seu trabalho pode ostentar falhas, omissões, imperfeições ou, simplesmente, lacunas.

Nem toda lacuna merece a preocupação do aplicador da lei. A vida humana precisa desenvolver-se com a espontaneidade natural. Excesso na legislação pressupõe comunidade indisciplinada. Aquela que só atua civilizadamente se houver sanções previstas na ordem jurídica. Ordem à qual não pode resistir e que já representa certa imposição de poder repressivo. Numa sociedade natural, em que imperasse a razão, a lei seria desnecessária.

Mas mesmo na sociedade imperfeita em que se vive, na qual a lei é necessária, o intérprete precisa verificar se na verdade existem *lacunas* na lei. O primeiro pressuposto é verificar se a falta de regulamentação é contrária ao plano ordenador do sistema jurídico. A ausência de previsão pode ter sido proposital. *"Não basta, pois, que a situação se possa considerar, em abstrato, suscetível de tratamento jurídico, mas é preciso que este seja exigido pelo ordenamento jurídico concreto. Bem pode acontecer, com efeito, que certo caso não encontre cobertura normativa no sistema, sem que isso frustre as intenções ordenadoras deste. Razões político-jurídicas ponderosas podem estar na base da abstenção do legislador. Esses* silêncios eloquentes da lei *não têm de ser supridos pelo juiz, ainda que este, porventura, em seu critério, entenda o contrário. Diz-se, por isso, que tais faltas de regulamentação constituem* lacunas impróprias (de lege ferenda, de iure constituendo, *político-jurídicas, crítica etc.), que eventualmente poderão vir a desaparecer em futuros desenvolvimentos do sistema, a cargo dos órgãos normativos competentes".*[29]

Todavia, lembra BIGOTTE CHORÃO, *"as lacunas são uma fatalidade".*[30] Elas desmentem o dogma da plenitude do ordenamento jurídico. Também contrariam a doutrina do espaço juridicamente vazio, conforme a qual toda atividade humana é disciplinada pelo direito ou cai no *"espaço jurídico vazio" – tertium non datur –*, que não deixaria lugar às lacunas.[31] Já a Escola do Direito Livre, ao condenar o monopólio estatal do direito, considera o ordenamento jurídico como um *sistema de lacunas*. Sistema a ser preenchido pelo juiz mediante a livre investigação do direito.

O positivista admite a existência de lacunas, como formulação incompleta da vontade do legislador. Para corrigi-las, aceita um passo além da interpretação estrita. A integração do direito por parte da jurisprudência. Não como atividade *qualitativamente* diversa da interpretação, pois não se cuida de *criação*. Mas como espécie particular do gênero interpretação. A chamada *interpretação integrativa*. Por que integrativa? Porque a integração só recorre ao próprio ordenamento. O próprio sistema oferece ao intérprete as regras para colmatar as lacunas. É o método da autointegração, propiciador de soluções oferecidas pelo próprio ordenamento para preservar a sua inteireza e coerência.

A controvérsia sobre o suprimento das lacunas é bem mais complexo do que possa parecer. BOBBIO exemplifica a dimensão das dificuldades oferecidas ao hermeneuta: *"... o problema das lacunas não é tão simples como pretende a teoria da norma geral exclusiva, segundo a qual são permitidos todos os comportamentos que não são obriga-*

---

29 MARIO BIGOTTE CHORÃO, *Temas Fundamentais de Direito*, Coimbra, Livraria Almedina, 1991, p. 225.
30 MÁRIO BIGOTTE CHORÃO, op. cit., *idem*, p. 232.
31 A doutrina do espaço juridicamente vazio – *rechstsleerer Raum; spazio giuridico vuotto* – foi introduzida pelo alemão K. Bergbohm, fanático positivista jurídico e mais tarde adotada na Itália por Santi Romano, segundo MÁRIO BIGOTTE CHORÃO, op. cit., *idem*, p. 234.

tórios (que não são, portanto, nem comandados, nem proibidos). Na verdade, a experiência histórica aqui demonstra que a norma geral que fecha o sistema normativo assim dispõe: 'São permitidos todos aqueles comportamentos que não são obrigatórios' – o que significa que temos aqui duas normas gerais de clausura: a norma geral exclusiva, *que qualifica como lícitos todos os comportamentos não expressamente regulados, e aquela que podemos chamar de* norma geral inclusiva, *que submete os casos não expressamente regulados, mas similares aos regulados, à disciplina destes últimos. Quando o intérprete funda o seu raciocínio em* argumentum a contrario, *está apelando para a norma geral exclusiva; quando, em lugar disto, o funda em* argumentum a simili, *está apelando para a norma geral inclusiva".*[32]

A forma típica de integração do direito é a *interpretação analógica* ou *analogia legis*. Analogia é a relação de semelhança entre coisas ou fatos. Na filosofia grega, de tendência matematizante, era a identidade de relação entre pares de conceitos dessemelhantes. O exemplo era a proposição platônica: "A inteligência está para a opinião, assim como a ciência está para a crença". Atravessou a filosofia medieval, na qual adquiriu conotações teístas e, modernamente, é conceituada como processo efetuado através da passagem de asserções facilmente verificáveis para outras de difícil constatação, realizando uma extensão ou generalização probabilística do conhecimento.

Para a interpretação das normas, consiste em detectar certa similitude de situações para fazer incidir, à circunstância que a lei não contemplou expressamente, a solução que adotou em hipótese semelhante. É uma ferramenta fundamental na jurisprudência e todos os ordenamentos a reconhecem, explícita ou implicitamente. Se não houver vedação expressa – *v.g.*, na lei penal – a analogia é plenamente aceita como valioso meio de autointegração do direito.

Método integrador dos mais importantes, funda-se no argumento *a simili* ou *a pari ratione,* segundo o qual, de idênticos antecedentes,

---

32 NORBERTO BOBBIO, op. cit., *idem*, p. 215.

inferem-se idênticos consequentes. O raciocínio por analogia foi desenvolvido pela lógica. A primeira utilização teórica de que se tem notícia pertence a Aristóteles, que o chamou de *paradigma*, vocábulo traduzido no latim medieval por *exemplum*. Sua estrutura é similar ao silogismo, com a distinção de que a premissa menor, em lugar de conter afirmação de identidade, é substituída por afirmação de semelhança. Por consequência, enquanto no silogismo a conclusão é sempre verdadeira, no raciocínio analógico ela nem sempre o é.[33]

A analogia serve como método de autointegração quando a semelhança entre as coisas ou fatos comparados for *relevante*. A semelhança relevante é aquela em que a identidade de algumas das características comparadas for *condição* ou *razão suficiente* para que se atribua ao objeto de comparação algum predicado.

O intérprete precisa ser provido de tirocínio para encontrar na analogia o método confiável de autointegração da lei. Perante o caso concreto que não foi objeto específico da norma invocada, ele aferirá se a *ratio legis* de uma lei que poderia ser aplicada por analogia se aplica à hipótese. Os romanos detectaram com clareza esse exercício do raciocínio, ao estratificar a síntese do que se procura: *"Ubi eadem ratio, ibi eadem júris dispositio"*.

Auxilia a pacificar as consciências positivistas mais escrupulosas a explicação de que a expansão lógica do ordenamento jurídico advém naturalmente da *ratio legis*. A razão que inspirou a produção de uma norma é suficiente para disciplinar, também e de maneira idêntica, outros casos semelhantes, além daqueles expressamente previstos.

Antes mesmo do positivismo a *analogia legis* era praticada sem traumas. O que o positivismo jurídico trouxe de novo foi legitimar o raciocínio analógico mediante inserção do conceito de *vontade presu-*

---

33 O exemplo de BOBBIO torna clara a questão: No raciocínio analógico: "Os homens são mortais. Os cavalos são semelhantes aos homens. Portanto, os cavalos são mortais", a conclusão é verdadeira. Já no raciocínio: "Seu automóvel vermelho corre a 300 km. por hora. O meu automóvel é semelhante ao seu, porque também é vermelho. Portanto, o meu carro também corre a 300 km. por hora". A conclusão pode ser falsa. A semelhança da cor é irrelevante.

mida do legislador. O intérprete, ao se servir da analogia, não está a ignorar a vontade do produtor da lei. Ao contrário: está a torná-la ainda mais poderosa e eficiente. Pois o legislador não previu a hipótese mas, se a tivesse previsto, teria legislado exatamente do modo resultante da aplicação analógica.

Além da *analogia legis*, a interpretação positivista não ignora a *interpretação extensiva* e a *analogia juris*.

A *interpretação extensiva* é forma atenuada de interpretação analógica. Se na *analogia legis* formula-se uma regra nova, semelhante à já existente, na *interpretação extensiva* amplia-se a hipótese estabelecida por uma norma, ou seja, aplica-se a norma a um caso por ela não previsto, mas similar àquele que ela regulou. Na verdade, não há um critério distintivo satisfatório para delimitar ambas as fórmulas.

A *analogia juris* é apenas o recurso aos princípios gerais de direito. Não se baseia na analogia, *"mas num procedimento duplo de abstração e de subsunção de uma* species *num* genus. *O processo de abstração consiste em extrair os* princípios gerais do ordenamento jurídico*: de um conjunto de regras que disciplinam uma certa matéria, o jurista abstrai indutivamente uma norma geral não formulada pelo legislador, mas da qual as normas singulares expressamente estabelecidas são apenas aplicações particulares: tal norma geral é precisamente aquilo que chamamos de um princípio do ordenamento jurídico"*.[34] Na segunda fase ocorre a subsunção: de uma espécie – casos não regulados pelas normas singulares – num gênero – a categoria dos casos aos quais se refere a norma geral.

A hermenêutica positivista admite as várias modalidades de interpretação e recomenda que se confira preferência ao sentido da norma que se ajuste à Constituição. É a denominada *interpretação conforme a Constituição*, fundada no princípio da supremacia das normas constitucionais e na presunção de constitucionalidade das leis e atos normativos.

---

34 NORBERTO BOBBIO, op. cit., *idem*, p. 220.

"Assim sendo, no caso de normas com várias significações possíveis, deverá ser encontrada a significação que apresente conformidade com as normas constitucionais, evitando sua declaração de inconstitucionalidade e consequente retirada do ordenamento jurídico".[35]

8. Os princípios gerais de direito

Se a interpretação textual e extratextual não forem suficientes para fornecer a regra aplicável, impõe-se procurar solução nos *princípios gerais de direito*. Solução ainda positivista, pois o artigo 4º da Lei de Introdução às Normas do Direito Brasileiro impõe ao juiz, se a lei for omissa, decidir conforme analogia, os costumes e os princípios gerais do direito.[36]

O que são *princípios gerais de direito?*

Toda e qualquer ciência pressupõe princípios, diz MIGUEL REALE: *"Uns universais ou omnivalentes (ou seja, comuns a todas as ciências); outros regionais ou plurivalentes (comuns a um grupo de ciências) e outros, ainda, monovalentes, por só servirem de fundamento a um único campo de enunciados".*[37] Os *princípios gerais de direito* são univalentes, pois sua aplicação se circunscreve à Ciência Jurídica. A explicação do jusfilósofo para elucidar o significado dos *princípios* é bastante clara: *"Um edifício tem sempre suas vigas mestras, suas colunas primeiras, que são o ponto de referência e, ao mesmo tempo, elementos que dão unidade ao todo. Uma ciência é como um grande edifício que possui também colunas mestras. A tais elementos básicos, que servem de apoio lógico ao edifício científico, é que chamamos de* princípios,

---

35 ALEXANDRE DE MORAES, *Direito Constitucional*, 19ª ed, São Paulo, Atlas, 2006, p. 11.

36 Artigo 4º da Lei de Introdução às Normas do Direito Brasileiro, Decreto-Lei nº 4.657, de 04.09.1942: *"Quando a lei for omissa, o juiz decidirá o caso de acordo com a analogia, os costumes e os princípios gerais de direito".* Preceito reproduzido no artigo 126 do Código de Processo Civil: *"O juiz não se exime de sentenciar ou despachar alegando lacuna ou obscuridade da lei. No julgamento da lide caber-lhe-á aplicar as normas legais; não as havendo, recorrerá à analogia, aos costumes e aos princípios gerais de direito".*

37 MIGUEL REALE, *Filosofia do Direito*, 19ª ed, 2ª tiragem, São Paulo, Saraiva, 2000, p. 60.

havendo entre eles diferenças de destinação e de índices, na estrutura geral do conhecimento humano".[38]

Para os NERY, *"são regras de conduta que norteiam o juiz na interpretação da norma, do ato ou negócio jurídico. Os princípios gerais de direito não se encontram positivados no sistema normativo. São regras estáticas que carecem de concreção".*[39] Ao lado das *cláusulas gerais* dos *conceitos legais indeterminados* e dos *conceitos determinados pela função*, os princípios gerais de direito servirão à mais adequada aplicação da lei civil e permitirão sua permanência e relativa estabilidade, nada obstante a tumultuada trajetória de uma sociedade aparentemente debilitada em seus valores.

Ainda que a Lei de Introdução às Normas do Direito Brasileiro não contivesse menção aos *princípios gerais de direito*, o juiz continuaria liberado para se socorrer deles, *"porque é uma verdade implícita e necessária. O jurista não precisaria estar autorizado pelo legislador a invocar princípios gerais, aos quais deve recorrer sempre, até mesmo quando encontra a lei própria ou adequada ao caso. Não há ciência sem princípios, que são verdades válidas para um determinado campo de saber, ou para um sistema de enunciados lógicos. Prive-se uma ciência de seus princípios, e tê-la-emos privado de sua substância lógica, pois o Direito não se funda sobre normas, mas sobre os princípios que as condicionam e as tornam significantes".*[40]

Coerente com a convicção jusfilosófica, o legislador REALE conferiu relevantíssima ênfase aos princípios inspiradores do Código Civil de 2002. É por esse motivo que se torna mais necessário deter-se sobre o instrumental conferido ao aplicador da lei civil com vistas a dela extrair concreção do que insistir na análise tópica de seus dispositivos. Impregnado de princípios, o Código Civil brasileiro é uma obra instigante, plástica e suscetível de manter atualidade, ajustar-se a novas demandas,

---

38 MIGUEL REALE, op. cit., *idem*, p. 61.
39 NELSON NERY JÚNIOR e ROSA MARIA DE ANDRADE NERY, *Código Civil Comentado e Legislação Extravagante*, 3ª ed., São Paulo, RT, 2005, p. 157.
40 MIGUEL REALE, op. cit., *idem*, p. 62.

em processo de contínuo desenvolvimento, desde que submetido a uma interpretação consequente.

Os princípios calibrarão a lei civil, ampliarão seus contornos, permitirão a sua incidência a hipóteses não explicitadas, mas somente vislumbradas. A potencialidade de leituras de um mesmo texto está condicionado à capacidade investigativa do seu intérprete e aplicador. Os princípios gerais de direito conferirão ao Código força nova, contornos inexplorados e perspectivas inesperadas para convertê-lo – efetivamente – na Constituição do homem comum. Novos Códigos encontram-se sob o casulo de uma única fôrma, à espera de que a metamorfose interpretativa os faça desabrochar, à luz do pluralismo de leituras possíveis.

A riqueza maior da nova codificação é não se encontrar encarcerada na masmorra da rigidez literal, mas pronta a emergir numa plasticidade da conceituação aberta e principiológica. A imersão em princípios assegura longevidade a um Código cuja operacionalidade se vincula à capacidade inovadora de seus aplicadores.

Os princípios gerais de direito estão a aguardar a clarividência da nova geração de operadores jurídicos. Não são meras recomendações, admoestações ou inspirações. Têm uma vocação de incidência plena e concreta.

Eles abrangem *"não apenas diretivas imanentes ao sistema positivo, mas também diretivas de caráter suprapositivo, verdadeiros princípios de direito natural"*.[41] Recorda VICENTE RÁO que ao intérprete incumbe realizar a restauração orgânica do direito e, nessa missão, *"deve percorrer os seguintes graus progressivos de investigação, até alcançar o princípio que procura, capaz de resolver o caso concreto: a) o primeiro grau de generalização há de recair sobre o sistema jurídico positivo da legislação de que se trate; b) o segundo abrangerá o exame das leis científicas do direito; e c) o terceiro e último penetrará na es-*

---

41   MÁRIO BIGOTTE CHORÃO, op. cit., *idem*, p. 244.

fera da filosofia do direito, que nos ensina os princípios fundamentais, os mais amplos, inspiradores de todos os ramos da ciência jurídica e constitutivos da unidade *do conhecimento do direito".*[42]

Não haveria necessidade de qualquer outro recurso, salvo a compreensão do significado, papel e alcance dos princípios, para que a legislação pudesse responder satisfatoriamente às pretensões humanas. Este o ponto nevrálgico do estudo da nova lei civil. Capaz de impregná-la de vitalidade, eficácia e longevidade. Ou suficiente para comprometer sua vocação e de reiniciar a já percorrida trilha dos reclamos por substituição de parcelas – cada vez mais crescentes – de seu teor.

9. A livre investigação científica

Também conhecida como *livre criação jurídica*, foi a contribuição de François Geny para um enfoque original no processo integrativo do direito. Na verdade, é uma variação do método analógico, igualmente destinada a suprir omissões e vazios das normas jurídicas.

Foi chamada *livre*, porque desvinculada de qualquer autoridade positiva e *científica*, pois trabalha com elementos objetivos, que só a ciência pode oferecer.

A ideia não é pioneira, pois já teria sido detectada no direito pretoriano e no direito anglo-saxão. Todavia, coube a Geny sistematizá-la em obra clássica,[43] em cuja segunda edição procurou sintetizar seu pensamento em dez postulados:

1. As leis não podem satisfazer plenamente a ordem jurídica e sempre restam aquém das necessidades. Pois as relações humanas são numerosas, complexas e variáveis demais.

---

42 VICENTE RÁO, op. cit., *idem*, p. 538.
43 O livro é *Méthode d'Interpretation et Sources em Droit Privé Positif – Essai Critique par FRANÇOIS GENY, Doyen Honoraire de La Faculte de Droit de Nancy, precede d'une Préface de* RAYMOND SALEILLES, 2ª ed., Librairie Générale de Droit & de Jurisprudence, F.Pichon et Durand-Auzias, Paris, 1954, adaptação do *Resume General et vues d'avenir*, pp. 404/408.

PRINCÍPIOS REGEDORES DO NOVO CÓDIGO CIVIL

2. Necessário, portanto, multiplicar os meios destinados à procura de soluções jurídicas, com abertura de espaço para a faculdade discricionária do intérprete. Só ela é capaz de adaptar, concretamente, o direito ao fato.

3. A lei é fonte formal obrigatória para o intérprete e não é mais do que um dos meios da técnica jurídica. Deve ser observada enquanto não revogada e segundo as condições essenciais de fato que correspondam à sua literalidade.

4. Se a lei é expressão da vontade humana, deve ser interpretada conforme a vontade inteligente que a produziu. A lei não é entidade independente, desvinculada do pensamento de seu autor.

5. A analogia, ao exceder a vontade do legislador por estender sua decisão a casos por ele não considerados, não faz parte da interpretação da lei propriamente dita. Só pode ser incluída entre os meios de uma investigação mais livre, com a latitude de recursos mais próprios a estes meios e com menor energia das soluções consequentes.

6. Na falta de lei escrita, o costume pode proporcionar ao intérprete uma solução prevista e indiscutível. Antecedeu historicamente à lei e corresponde aos instintos profundos da natureza humana. Se o uso de fato e a convicção de que ele se impõe persistem, ele é válido como subsidiário à lei.

7. Somente a lei e o costume são fontes formais do direito positivo. Não são fontes formais a *autoridade* e a *tradição*. A *autoridade,* jurisprudencial ou doutrinária, apenas poderá *iniciar* costumes, mas não se impor como critério válido ao intérprete.

8. Na falta de lei ou de costume aplicáveis ao caso em litígio, intervém a *livre apreciação do juiz,* como órgão central de todo o sistema de interpretação positiva. Não deve ser exercida arbitrariamente, mas em conformidade com um tipo de legislador ideal e segundo as diretrizes objetivas fornecidas pela ciência e pela técnica própria ao direito.

9. Entre os resultados dos diversos meios de interpretação, há uma hierarquia de valores que se traduz na contrasteação exercida pela ju-

risdição de cassação ou revisão. Esta jurisdição tem soberania decisória sobre o conjunto do domínio jurídico. Mas não pode impor solução fixa para as questões entregues à livre investigação do juiz.

10. Todas as diretrizes anteriores servem a qualquer país que esteja no nível da civilização contemporânea. Não precisam ser consagradas por lei, nem a lei pode atingi-las. Ao legislador falta poder para regular sua própria competência e a matéria é de ordem superior à lei positiva. Quando muito, a lei pode confirmar os preceitos resultantes da natureza das coisas, completando-os em seus detalhes.

Termina o mestre por afirmar que o problema das fontes e do método de interpretação do direito positivo não pode ser resolvido por meio de uma chave única e insuficientemente adaptada a essa finalidade. Na verdade, a questão comporta um conjunto indivisível de soluções, complexas e complementares umas às outras. Soluções praticadas de fato e pela força das coisas, tudo convergindo em torno a uma ideia quase intuitiva, de tão evidente. Ideia de que o direito é uma coisa infinitamente complexa, que não pode encontrar satisfação em uma fórmula simplista e que tem necessidade, para se desenvolver plenamente rumo à consecução de sua finalidade, de todos os recursos que comportam os diversos ramos da atividade humana.

Em síntese, Geny atribui ao intérprete a parcela de *discricionariedade* que os demais poderes do Estado possuem. Discricionariedade que não significa *arbitrariedade*. Não se confunde a *livre apreciação* ou a *livre investigação científica* da prova com a concepção do *juiz legislador*. Essa visão reconhece o papel ativo atribuído aos juízes na realização concreta do direito, de molde a permitir-lhes ampla margem de liberdade na investigação integradora.[44]

Afirma Geny que se fosse aprofundar o debate, poderia nele descobrir uma luta entre as pretensões do Estado, a reger toda a vida social

---

44 O Código Civil suíço consagrou a concepção de EUGEN HUBER de o "juiz-legislador" permitir que, à falta de lei, resolvesse o julgador a questão como se legislador fora e de acordo com a norma que editaria para aquela hipótese.

por suas prescrições imperativas e o esforço do indivíduo, na tentativa de manter, sob a tutela indispensável da autoridade pública, sua parte irredutível de autonomia.

Critica RÁO o fato de Geny haver ignorado os princípios gerais de direito.[45] Entretanto, sua mensagem ainda mantém interesse, notadamente porque os problemas interpretativos não decresceram. Ao contrário, diante de uma legislação cada vez mais ambígua e insuficiente para a complexidade contemporânea.

Tanto é verdade que o ordenamento jurídico brasileiro acolheu, explicitamente, a ideia de *livre apreciação da prova*, incluindo-a no estatuto processual civil.[46] Daí a pertinência extrema da visão de Geny, embora longeva, mas não datada, ou seja, insuscetível de servir apenas para a época em que elaborada.

10. A Escola do Direito Livre

Alguns doutrinadores consideram-na variante da *livre investigação científica*. Outros atribuem ao jurista alemão EHRLICH a criação dessa doutrina que prega a livre investigação das normas jurídicas. Essa a regra geral, excetuadas as poucas hipóteses em que o direito é tão claro e determinado, que dispensa a investigação.

O núcleo comum das teorias que reconhecem ao juiz o papel de criador da norma é a recusa à exclusividade do legislador na tarefa de criar o direito. Incapaz de antever toda a gama de ocorrências que pretende disciplinar com a norma, o legislador entrega sua obra imperfeita e inacabada a quem sabe completá-la. O juiz tem de ter liberdade para encontrar a solução que melhor se ajuste ao senso geral de justo.

Em que deve se inspirar o intérprete nesse angustiante mister de perscrutar o justo?

---

45 VICENTE RÁO, op. cit., *idem*, p. 549.
46 Artigo 131 do Código de Processo Civil: *"O juiz apreciará livremente a prova, atendendo aos fatos e circunstâncias constantes dos autos, ainda que não alegados pelas partes; mas deverá indicar, na sentença, os motivos que lhe formaram o convencimento".*

Para descobrir e formar livremente o direito, *"os autores que se preocuparam em fornecer critério filosófico para a orientação apresentaram o* direito justo *(Stammler), o* direito natural *(Jung), as* normas de cultura *(Neyer), não faltando quem, como Schlossmann e Sturm, aluda ao* sentimento jurídico *(Rechtsgefühl), ou à* equidade *(Schmolder, Brie e outros)"*.[47] Todas as teses salientam o significado do elemento *fático* e das exigências *éticas*, em contraste com o normativismo abstrato da jurisprudência conceitual.[48]

A autonomia conferida ao juiz não poderia deixar de provocar reações. Predomina, entre os doutrinadores, a sensação de que foi com essa visão, *"superadas desde logo as linhas de ponderação e prudência traçadas por François Gény, que se abriram perspectivas diversas, em um entrecruzar de doutrinas, umas apelando para* dados concretos de ordem social e econômica (a jurisprudência dos interesses de Max Rümelin e Philip Heck; o realismo jurídico de Leon Duguit; o sociologismo jurídico de Ehrlich, Kantorowicz, Pound e Horvath; a teoria do fato normativo de Petrasisky etc.), ou então reclamando atenção para o problema dos* valores *e dos* fins *(o chamado "Renascimento do Direito Natural"; o eticismo jurídico; a Axiologia Jurídica de Lask, Münch e Radbruch etc.) enquanto, obedecendo a renovados pressupostos, se afirmava a corrente do* normativismo *lógico de Hans Kelsen e de seus epígonos"*.[49]

A elaboração de uma doutrina do *direito livre* guarda certa sedução. GERMÁN KANTOROWICZ enfatiza que um fato singelo há de ser reconhecido: o povo conhece o *direito livre* e desconhece o *direito estatal*. A não ser que este coincida com aquele.[50] É uma ficção apre-

---

47 VICENTE RÁO, op. cit., *idem*, p. 550, invocando ESPÍNOLA, *"Comentários à Lei de Introdução ao Código Civil Brasileiro"*, vol. I, nº 76.
48 MIGUEL REALE, op. cit., *idem*, p. 430.
49 MIGUEL REALE, op. cit., *idem*, p. 432.
50 GERMÁN KANTOROWICZ, "La Lucha por la Ciencia del Derecho", do original alemão "Der Kampf um die Rechtswissenschaft", primeira edição alemã com o pseudônimo GNAEUS FLAVIUS 1906, *in La Ciencia Del Derecho*, Buenos Aires, Editorial Losada S/A, 1949, p. 335.

goar que todos conheçam o direito estatal. Ficção que está em nítida contradição com os fatos: *"Na realidade, ninguém conhece todo o Direito em sua imensa amplitude; muito poucos conhecem uma parte; a maioria o desconhece"*.[51]

Cidadãos exitosos em suas atividades não conhecem a sofisticação do direito, sem que isso os perturbe em suas atividades. O turista em país estrangeiro se familiariza com o idioma, história, artes e costumes do povo. Porém, nem por sonhos se lhe ocorre sequer abrir seus códigos. Entretanto, atuam espontaneamente, de acordo com o direito livre, distante da arbitrariedade ou da mera conveniência.

Assim é que o direito livre amplia seus círculos e vive com independência do direito estatal. Mas a recíproca não é verdadeira. O direito livre é o solo onde germina o direito estatal. Quase todos os pensamentos legislativos existiram com anterioridade como princípios do direito livre.

Por isso é que se deve *completar* a lei por meio do Direito livre; com ele há de se colmatar suas lacunas. Na verdade, para KANTOROWICZ, há tantas lacunas como palavra. Nenhum conceito é suscetível de ser analisado até seus últimos elementos. Só poucos deles foram definidos e esses poucos, só por meio de outros conceitos, por sua vez indefinidos.

Insuficiente a interpretação legal, com outros textos jurídicos. *"Unicamente o direito livre, com a espontaneidade de suas decisões e a plasticidade emotiva de seu conteúdo frente ao caso dado, pode colmatar as lacunas e, de fato, sempre as colmatou"*.[52]

As barreiras críticas erguidas contra o excessivo poder conferido ao juiz não fazem o cultor do direito livre retroceder. *"Não se objete que a convicção judicial resultaria incontrolável e que, portanto, nossas proposições dão ao arbítrio judicial carta aberta. Se não podemos fiar-nos no compromisso do juiz, que em efeito requer uma convicção*

---

51 GERMÁN KANTOROWICZ, op. cit., *idem, ibidem.*
52 GERMÁN KANTOROWICZ, op. cit., *idem*, p. 337.

séria, não existe garantia alguma. Também hoje em dia dependem da convicção livre e incontrolável do juiz aquilo que ele estima mediante sua interpretação como Direito *vigente e o que reputa por meio das provas como* verdade. *Contra os excessos da subjetividade nos protege suficientemente a multiplicidade niveladora dos magistrados nos tribunais e os recursos contra as decisões judiciais".*[53]

Reconhecer ao juiz poder de perquirir qual seria a solução adequada para um caso que a lei não contempla não seria mais do que já fizeram os alemães antigamente. Não é outra a missão da magistratura de origem anglo-saxônica. Muito mais do que esse poder já tiveram os pretores romanos.

No intuito de evidenciar que as reflexões de KANTOROWICZ ainda são úteis para se repensar o papel do Judiciário no século XXI, acrescente-se que a Constituição de 1988 é outro texto prenhe de princípios. Um dos fenômenos mais instigantes destes tempos é o reconhecimento da força normativa dos princípios. Interpretá-los e fazê-los valer reclama um juiz preparado, só que muito mais provido de poder. O que ainda se verá adiante.

Sob outra vertente, o Brasil, que diz haver consagrado em seu ordenamento o *duplo grau de jurisdição*, na verdade sufragou o *quádruplo grau de jurisdição*. Após a decisão de primeiro grau, os tribunais locais passam a desempenhar papel de *instâncias intermediárias*, colegiados de passagem de recursos que, necessariamente, chegarão ao 3º grau – Superior Tribunal de Justiça – e, com a prolixidade complexa do texto fundante, inevitavelmente, ao 4º grau – Supremo Tribunal Federal.

11. A publicização do direito privado

"Tudo se torna Direito Público", dizia GEORGES RIPERT a partir de uma afirmação de PORTALIS.[54] A epígrafe do capítulo II de seu

---

53 GERMÁN KANTOROWICZ, op. cit., *idem*, p. 364.
54 GEORGES RIPERT, *Le Déclin du Droit*, Paris, Librairie Générale de Droit et de Jurisprudence, 1949, p. 37.

livro *O Declínio do Direito*, justamente chamado "Tout devient Droit Public", é uma citação de MONTESQUIEU, em *O Espírito das Leis, XXVI, 15: "Não é preciso regular pelos princípios do direito político as coisas que dependem dos princípios do direito civil".*

Ao final da primeira metade do século passado os juristas mais sensíveis se apercebiam da crescente publicização do direito privado. Pouco antes, SAVATIER havia transformado em livro uma série de estudos a que denominou *Do Direito Civil ao Direito Público*.[55]

A tendência não representaria qualquer perigo, não abrigasse outros riscos. Procurava-se outorgar sinonímia às expressões *publicização do direito privado* e *socialização do direito privado*. Esta última expressão, para RIPERT, seria desprovida de sentido. Todo direito é social, pois destinado a reger as sociedades. O adjetivo não acrescentaria nada ao substantivo.

Ocorre que a designação, embora inapropriada, serve para designar o conjunto de regras jurídicas que asseguram a igualdade das situações, malgrado a diferença das fortunas. Preceitos que socorrem os mais fracos e desarmam os mais poderosos. Que organizam, segundo os princípios da justiça distributiva, a vida econômica. É sob este sentido lato e abrangente que o direito é ou deve se tornar social.

Ora, para proteger uns e desarmar outros, é preciso apelar a uma força superior a todos. Essa força não pode ser senão a do Estado. E se este interfere nas relações privadas entre os homens, o direito privado cede o passo às regras do direito público. A publicização é o meio de tornar o direito realmente social.

A passagem do direito privado ao direito público se opera quando o Estado intervém por seus agentes nas relações privadas. Entre os homens, que são unidos por inumeráveis relações jurídicas, nascidas do contrato ou da lei, surge também o Estado. BURDEAU anotara: *"As pseudorrelações individuais comportam sempre a presença de um*

---

55 Obra publicada em 1945, cujo conteúdo são conferências feitas no Canadá. RIPERT a critica, pois guardaria uma contradição (op. cit., *idem*, p. 38).

terceiro que é a autoridade pública, representando o interesse coletivo. Não é mais possível ignorar a presença deste terceiro".[56]

Este terceiro, no Brasil contemporâneo, longe de ocupar a humilde posição de *Estado Mínimo*, interfere de maneira intensa em toda a vida cidadã. É o sócio majoritário de todo trabalhador. Quantos meses o brasileiro trabalha para fazer face à carga tributária? Legisla, não apenas por ação do Parlamento, poder preordenado a estabelecer as regras de conduta, mas, principalmente, por ação ininterrupta e intensificada do Poder Executivo. É a Administração que, por suas Medidas Provisórias, Decretos, Portarias, Resoluções, torna cada vez mais incompreensível a rede normativa a que se submetem os seres humanos. Não é só a Administração Direta que normatiza, senão as inúmeras exteriorizações do Estado, sob a forma de autarquias, fundações, empresas públicas, sociedades que tomam feição jurídica privada, mas exercem prestações por concessão ou permissão do Poder Público.

Em nome das políticas públicas, o Estado interfere, intervém, suprime, altera, cassa, autoriza, fiscaliza, controla, regula, disciplina. Impõe obrigações aos particulares. Quase não resta espaço para o exercício da autonomia de vontade. As relações privadas são aprisionadas pelo direito público, num círculo que se torna cada dia mais acanhado.

Tudo encontra justificativa política ou doutrinária. O Estado somos nós. O Estado não é somente força, mas é também proteção. Deve-se aceitar seu poderio, para receber também sua proteção. Poder-se-ia também indagar se o Estado quer proteger a cidadania por ela mesma ou com vistas à sua própria proteção e permanência.

Repetiu-se à exaustão o brocardo de que a liberdade oprime e a lei protege. No Brasil de prolífica edição normativa, a cidadania se sente mais protegida?

No descortino que o caracterizou em sua vida acadêmica e protagonismo político, o Prof. ANDRÉ FRANCO MONTORO foi uma

---

56 GEORGES BURDEAU, *Manuel de Droit Public*, 1948, p.46, *apud* GEORGES RIPERT, op. cit., *idem*, p. 41.

das vozes mais nítidas ao detectar essa tendência inafastável da publicização do direito privado. Hoje, a autoridade de civilistas respeitados como o Prof. LUIZ EDSON FACHIN admite como reflexo disso a intensa incidência do princípio da *função social, "aplicável a todas as espécies de contratos, tanto de direito privado quanto de direito público. É que no campo jurídico contemporâneo não há mais espaço para a separação absoluta entre o público e o privado. Por conseguinte, aos contratos em geral se impõem os limites da função social, que passa a ser o sentido orientador da liberdade de contratar, pilar e espelho da sociedade brasileira contemporânea. Novos tempos traduzem outro modo de apreender tradicionais institutos jurídicos"*.[57]

De qualquer maneira, a publicização do direito privado foi escancarada na Constituição Cidadã de 1988.

12. A constitucionalização do Direito Civil

A frágil Democracia brasileira sempre viveu percalços e a vida republicana foi uma sucessão de crises. Crise talvez tenha sido uma das palavras mais conhecidas pelos nacionais, tamanha a sua utilização na mídia, com inevitáveis reflexos na produção literária mais consistente.

O ideal democrático sempre esteve no discurso político. Desde a Colônia, aspiravam os brasileiros por um convívio à luz da utopia da igualdade absoluta e da ausência de poder. A ilusão de que os seres humanos, guiados pela razão natural, possam viver desprovidos de autoridade e ordem.

Após a aparente calmaria do Império, a República enfrentou quase todas as vicissitudes. O período de autoritarismo de 1964 a 1985 gerou uma crescente ansiedade pelo retorno à Democracia.

---

57 LUIZ EDSON FACHIN, Proposta de Enunciado apresentada durante a III Jornada de Direito Civil, promovida pelo Centro de Estudos Judiciários do Conselho da Justiça Federal, no período de 1º a 03.12.2004, *in* MARIA HELENA DINIZ, *Código Civil Anotado*, 11ª ed., São Paulo, Saraiva, 2005, p. 1.632.

A porta de entrada do Estado de Direito de índole democrática por que ansiavam os brasileiros foi a Constituição da República de 5 de outubro de 1988, denominada *Constituição Cidadã*, pois voltada à satisfação dos anseios populares.

Carta ambiciosa e pretensiosa, acolheu preceitos materialmente constitucionais ao lado de outros que, por se tornarem formalmente constitucionais, nunca chegaram a adquirir categoria fundante. Elaborada por um elevado número de constituintes, igualmente exercentes de mandato parlamentar que perduraria à sua promulgação, padeceu de defeitos que os constitucionalistas não cansam de proclamar. Mesmo assim, ela significa a crença de que uma Constituição é um pacto que existe *para valer* e confirma o fetiche de que os preceitos, para realmente mostrarem eficácia no Brasil, precisam estar contidos num texto da mais elevada categoria normativa.

O fenômeno mais importante a ser analisado por quem se proponha a aplicar o novo Código Civil de maneira compatível com a ordem constitucional vigente é o da *força normativa* hoje ostentada pela Constituição.

Deve-se à lucidez de LUIS ROBERTO BARROSO a melhor análise do tema: *"Uma das grandes mudanças de paradigma ocorridas ao longo do século XX foi a atribuição à norma constitucional do status de norma jurídica. Superou-se, assim, o modelo que vigorou na Europa até meados do século passado, no qual a Constituição era vista como um documento essencialmente político, um convite à atuação dos poderes públicos. A concretização de suas propostas ficava invariavelmente condicionada à liberdade de conformação do legislador ou à discricionariedade do administrador. Ao Judiciário não se reconhecia qualquer papel relevante na realização do conteúdo da Constituição".*[58]

O Brasil não era exceção, mas uma regra típica de tal situação. Com as agravantes da sociedade heterogênea, complexa, de miséria

---

58 LUÍS ROBERTO BARROSO, "Neoconstitucionalismo e Constitucionalização do Direito", *in Revista da Escola Nacional da Magistratura – AMB*, ano I, nº 2, outubro/2006, p. 31.

crescente e da mais iníqua distribuição de rendas que se registra no hemisfério.

A partir de 1988, nova ordem se instaurou e fatores inúmeros, dentre os quais o protagonismo institucional do Ministério Público e o individual de alguns magistrados, permitiram a intensificação de outra ocorrência saudável. É aquilo que LUÍS ROBERTO BARROSO chama de *constitu-cionalização do direito*. Ela se manifesta por *"um efeito expansivo das normas constitucionais, cujo conteúdo material e axiológico se irradia, com força normativa, por todo o sistema jurídico. Os valores, os fins públicos e os comportamentos contemplados nos princípios e regras da Constituição passam a condicionar a validade e o sentido de todas as normas do direito infraconstitucional"*.[59]

Será vital compreender exatamente o que isso significa, para quem pretenda extrair do Código Civil – *a Constituição do homem comum* – todas as saudáveis consequências às quais ele foi preordenado.

Não é só constatar que muitas normas de Direito Civil mereceram abrigo na Constituição. É, mais do que isso, reconhecer que o movimento da *publicização do direito privado* culminou com recíproca impregnação entre normas constitucionais e normas civis. De tal maneira que hoje o aplicador do Direito Civil não pode ignorar o texto da Constituição de 05.10.1988, nem desconhecer a moderna metodologia da interpretação constitucional.

A Constituição passou para o epicentro do sistema. *"De fato, nas últimas décadas, o Código Civil foi perdendo sua posição de preeminência, mesmo no âmbito das relações privadas, onde se formaram diversos microssistemas (consumidor, criança e adolescente, locações, direito de família). Progressivamente, foi-se consumando no Brasil um fenômeno anteriormente verificado na Alemanha, após a Segunda Guerra: a passagem da Lei Fundamental para o centro do sistema. À supremacia até então meramente formal agregou-se uma valia mate-*

---

59   LUÍS ROBERTO BARROSO, op. cit., *idem*, p. 39.

rial e axiológica à Constituição, potencializada pela abertura do sistema jurídico e pela normatividade de seus princípios".[60]

Na percuciente análise de LUÍS ROBERTO BARROSO, houve três fases no relacionamento entre Direito Civil e Direito Constitucional. Na primeira, eram mundos apartados, pese embora a Constituição francesa de 1791 não distasse temporalmente do Código Napoleônico de 1804. Em seguida, ocorre a publicização do direito privado. Para garantir a solidariedade social e impor vocação de serviço à coletividade a direitos anteriormente inexpugnáveis como a propriedade, o Estado passa a interferir na vida privada. Inicia-se o *dirigismo contratual*, como via de consolidação da invasão publicística do direito privado.

Por último – e para efeito destes comentários o mais relevante – está-se a vivenciar a *constitucionalização do direito civil*. Etapa *"marcada pela passagem da Constituição para o centro do sistema jurídico, de onde passa a atuar como o filtro axiológico pelo qual se deve ler o direito civil".*[61] Evidencia-se pela inserção de regras civis no texto constitucional. Mas, principalmente, pela existência de princípios que impregnam todo o ordenamento: igualdade, solidariedade social, razoabilidade.

Sustenta LUÍS ROBERTO BARROSO que duas decorrências do fenômeno acarretaram transformações em uma dimensão insuspeita: a inserção do *princípio da dignidade da pessoa humana* e a *aplicabilidade dos direitos fundamentais às relações privadas*. O primeiro, além de se impor como política pública ao Estado, na esfera do que mais interessa a esta reflexão, ele promove uma *"despatrimonialização e uma repersonalização do direito civil, com ênfase em valores existenciais e do espírito, bem como no reconhecimento e desenvolvimento dos direi-*

---

60 LUÍS ROBERTO BARROSO, *Interpretação e Aplicação da Constituição*, 6ª ed., São Paulo, Saraiva, 2004, pp. 339/340.
61 LUÍS ROBERTO BARROSO, op. cit., *idem*, p. 53.

tos da personalidade, tanto em sua dimensão física quanto psíquica".[62] Na verdade, as tendências se completam e derivam da mudança de foco a se ter em vista. *Despatrimonializar* significa subtrair ao patrimônio, à matéria, ao interesse econômico, a relevância que a lei antiga – expressão da vontade das elites – conferiu a tais valores. *Repersonalizar* é levar a sério o princípio da dignidade da pessoa humana, comando imperativo inconfundível com mera proclamação retórica ou admoestação programática, destituída de consequências concretas.

O neoconstitucionalismo debilitou e quase fez desaparecer a carcomida dicotomia *público-privado*. *"Dito de outro modo, do papel plenipotenciário assumido pela lei, produto do modelo liberal-burguês, passa-se a uma nova concepção acerca das fontes do direito; do mesmo modo, da velha teoria da norma, salta-se em direção aos princípios e tudo o que eles representa(ra)m para o direito a partir do advento do neoconstitucionalismo. Com isto, as relações privadas, antes protegidas/encasteladas na norma jurídica codificada que as protegiam contra os 'indevidos' ataques do direito público, passam a estar submetidas ao público (leia-se a Constituição), fragilizando-se, em boa hora, essa velha dicotomia".*[63] Não é só. *"Mais do que isso, a revolução provocada pelo constitucionalismo do Estado Democrático de Direito não apenas submete o privado ao público: para além disto, toda a legislação passa a estar submetida ao exame da parametricidade – não apenas formal, mas material – constitucional. Em outros termos, o texto não mais contém a norma; a vigência torna-se secundária em relação à validade, sempre aferida a partir de uma filtragem constitucional".*[64]

---

62 LUÍS ROBERTO BARROSO, op. cit., *idem*, p. 55.
63 LENIO LUIZ STRECK, op. cit., *idem*, p. 552.
64 LENIO LUIZ STRECK, op. cit., *idem, ibidem*, a recomendar, sobre a publicização do direito privado e suas consequências, as pesquisas de EUGÊNIO FACCHINI NETO, JUDITH MARTINS-COSTA, LUIZ EDSON FACHIN, CARLOS RUZYK, MARIA CELINA BODIN DE MORAES, ALDACY RACHID COUTINHO, CLÁUDIA LIMA MARQUES, todas publicadas na obra *Constituição, Direitos Fundamentais e Direito Privado*, INGO SARLET, org., Porto Alegre, Livraria do Advogado, 2003, além de GUSTAVO TEPEDINO, *Temas de Direito Civil*, 1999.

No pertinente à *aplicabilidade dos direitos fundamentais às relações privadas*, hoje vigora o consenso de que as normas constitucionais podem e devem incidir sobre as relações entre particulares.

Se esta concepção interessa a todos os operadores jurídicos, ela é prioritária, fundamental e preferencial para o juiz. A formação essencialmente positivista do profissional do direito o converte num técnico formalista, ritualista e mais afeiçoado a tutelar procedimentos do que a fazer justiça. Ora, é do produto da formação jurídica – o bacharel em ciências jurídicas, hoje não mais *sociais* – que se recruta, necessariamente, o integrante do Poder Judiciário.

O método de recrutamento do juiz não privilegia a vocação, a ética, a compostura, a capacidade produtiva, o interesse e conhecimento institucional. Afere-se, tão somente, a capacidade de memorização. Sistema que oferece à nacionalidade, com as exceções confirmatórias da regra, uma elite intelectual tecnicamente preparada ao exercício das funções de subsunção da lei ao caso concreto, capaz de interpretar o silogismo a que se reduz a aplicação da lei ao caso concreto. Nem sempre, infelizmente, habilitada a realizar o justo ou a oferecer alternativas que convertam a Justiça num equipamento estatal eficiente e efetivo.

Impõe-se, e com urgência, fazer com que o operador do direito se habilite ao exercício da melhor interpretação constitucional. Não basta conhecer o texto da lei, de qualquer lei, mesmo que seja o novo Código Civil, sem antes ser capaz de analisar qual a influência que sobre sua aplicação exerce o texto fundante.[65]

Verdade que ainda existe discussão doutrinária e jurisprudencial a respeito da intensidade e modo de incidência da norma constitucional declaratória de direitos fundamentais às relações privadas. Ela teria eficácia indireta e mediata, necessitando da intermediação do legislador

---

65 Sobre a interpretação constitucional, consultar JOSÉ RENATO NALINI, *A Rebelião da Toga*, Campinas-SP, Millennium, 2006, e LUÍS ROBERTO BARROSO, *Interpretação e Aplicação da Constituição*, 6ª ed, São Paulo, Saraiva, 2004.

infraconstitucional para torná-la operacionável e para precisar o sentido das cláusulas abertas. Numa segunda posição – e essa é a de LUÍS ROBERTO BARROSO – teria eficácia direta e imediata, mediante critério de ponderação para compatibilizar os princípios.

Para o constitucionalista carioca, *"o ponto de vista da aplicabilidade direta e imediata afigura-se mais adequado para a realidade brasileira e tem prevalecido na doutrina. Na ponderação a ser empreendida, como na ponderação em geral, deverão ser levados em conta os elementos do caso concreto. Para esta específica ponderação entre autonomia da vontade versus outro direito fundamental em questão, merecem relevo os seguintes fatores: a) a igualdade ou desigualdade material entre as partes (e.g., se uma multinacional renuncia contratualmente a um direito, tal situação é diversa daquela em que um trabalhador humilde faça o mesmo); b) a manifesta injustiça ou falta de razoabilidade do critério (e.g., escola que não admite filhos de pais divorciados); c) preferência para valores existenciais sobre os patrimoniais; d) risco para a dignidade da pessoa humana (e.g., ninguém pode se sujeitar a sanções corporais)"*.[66]

Embora a marcha de constitucionalização do direito civil tenha avançado no Brasil, mercê de jurisprudência ousada e de produção acadêmica, é essencial que os juízes despertem para essa realidade. Na mais serena e positivista das análises, o juiz brasileiro é o *juiz constitucional*. A Constituição está no ápice do ordenamento, como parâmetro de validade de toda a normatividade que lhe é inferior.

Conforme já tive a oportunidade de afirmar e ora reitero, não há o que temer se o juiz brasileiro for o juiz da Constituição, antes de ser o juiz da portaria, da ordem de serviço, do decreto, do regulamento ou até da lei. *"A tarefa de interpretar a Constituição, de dizer o que a Constituição significa, de implementar a vontade do constituinte, só pode ser*

---

66 LUÍS ROBERTO BARROSO, op. cit., *idem*, p. 56, a indicar, para aprofundamento do tema, DANIEL SARMENTO, *Direitos Fundamentais e Relações Privadas*, 2004, e JANE REIS GONÇALVES PEREIRA, *Direitos Fundamentais e Interpretação Constitucional*, 2005.

COMENTÁRIOS AO NOVO CÓDIGO CIVIL

confiada ao juiz. Ao fazê-lo, estará ele apenas atendendo a preceitos do próprio texto constitucional".[67]

13. Revalorização do Princípio

Nem sempre os princípios foram prestigiados pela Ciência Jurídica. Notadamente quando ela se tornou *a ciência da lei*. O positivismo exacerbado, a pretensão dos kelsenianos à elaboração de uma *ciência pura*, expurgado de tudo o que – para eles – seria metajurídico, fez com que os princípios fossem ignorados pelo jurista.

DIOGO DE FIGUEIREDO MOREIRA NETO faz interessante incursão pelo tema, ao reconhecer *"que o papel dos princípios, embora tão altamente considerados pela Filosofia e pelas Ciências Naturais, nomeadamente na Matemática, na Física, na Química e na Biologia, com o significado de lei geral que rege um conjunto de fenômenos e verificada pela exatidão de suas consequências e, por isso, fonte de premissas a partir das quais todo um sistema se desenvolve, não logrou alcançar a mesma importância histórica para as Ciências Sociais, notadamente a Jurídica".*[68]

As razões desse oblívio não estão longe de serem intuídas pelos estudiosos mais atentos. Faltava, aos princípios, a condição da "verificabilidade, *o que descorçoava o esforço de apresentá-los como arquitraves do Direito; depois, quiçá pela inutilidade de fazê-lo em um contexto teórico em que a* validade *de uma norma passou a depender de sua positivação em um sistema formal de poder, o certo é que somente na segunda metade do século XX, com o reconhecimento de sua*

---

67 JOSÉ RENATO NALINI, *A Rebelião da Toga*, cit., p. 250.
68 DIOGO DE FIGUEIREDO MOREIRA NETO, "Princípios Constitucionais Fundamentais – Uma Digressão Prospectiva", *in Princípios Constitucionais Fundamentais*, CARLOS MÁRIO DA SILVA VELLOSO, ROBERTO ROSAS e ANTONIO CARLOS RODRIGUES DO AMARAL, Coordenadores, *Estudos em homenagem ao Professor Ives Gandra da Silva Martins*, São Paulo, LEX Editora S/A, 2005, p. 328, a mencionar, em nota sobre esse enfoque, J. ORTEGA Y GASSET, *La Idea de Principio em Leibniz*, Revista de Occidente, Madrid, 1967, vol. I, p. 264.

eficácia normativa própria, cuidou-se de considerá-los em toda sua plenitude".[69]

A redescoberta do princípio e a sua revalorização na Ciência Jurídica equivale a uma revolução metodológica. Talvez tenha contribuído para tanto a constatação de que a lei contemporânea, cada vez mais distante do ideal do *bem comum*, passou a ser resposta pontual e tópica para questões selecionadas pelos parlamentares. Desatentos à vontade geral, quanta vez não atendem a interesses localizados, casuísticos mesmo, dos setores responsáveis por sua eleição?

Ante o desprestígio da lei e a necessidade de uma orientação normativa menos submissa à miserável condição humana, os princípios ressurgiram e ocuparam o déficit de legitimidade legislativo. O maior avanço, todavia, foi a aceitação da eficácia normativa dos princípios.[70] Perderam eles o seu *status* de inferioridade ante as regras ou preceitos. Uns e outros valem e são eficazes. Com a vantagem de que os princípios, em virtude de sua plasticidade, não deixam vácuo. Não se submetem à regra da antinomia, mas se submetem ao exercício da ponderação.

Essa a fase atual do pensamento jurídico, cuja reincorporação no discurso político e doutrinário e na prática judicial parece destinada a permanecer por longo período, na mantença de *"sua prístina vocação de iluminar conceitos, caminhos e soluções"*.[71]

Na instigante análise de DIOGO DE FIGUEIREDO MOREIRA NETO, a vocação dos princípios ao organizar, sistematizar e harmonizar as leis do ser e do dever ser sempre foi a de conferir consistência ao *conhecimento*.

Só que o conhecimento passou por sucessivas fases epistemológicas: a da verdade, a da certeza, a da probabilidade e a da provisoriedade.

---

69 DIOGO DE FIGUEIREDO MOREIRA NETO, op. cit., *idem*, p. 329, a mencionar as contribuições de NORBERTO BOBBIO, em "Principi Generali Del Diritto", *in Nuovissimo Digesto Italiano*, 1966, R. DWORKIN, *Taking Rights Seriously*, 1977, e R. ALEXY, *Zum Begriff des Rechtsprinzips*, 1979.
70 DIOGO DE FIGUEIREDO MOREIRA NETO, op. cit., *idem, ibidem*.
71 DIOGO DE FIGUEIREDO MOREIRA NETO, op. cit., *idem, ibidem*.

Superadas as anteriores, está-se na etapa da provisoriedade. Chega-se, com isso, *"à consideração popperiana de que todo o Conhecimento tem validade até ser infirmado por uma demonstração que o substituirá por um novo Conhecimento, mas que, em vez de tornar absolutamente inútil o anterior, ao contrário, o mantém, não apenas naquilo que não veio a ser negado, mas como a própria prova de validade do novo Conhecimento. O Conhecimento é hoje* provisório *e se constrói tanto acima de validades como de invalidades"*.[72]

O mesmo estaria a ocorrer com os princípios. Estes também foram, sucessivamente, verdadeiros, certos, prováveis e provisórios. A conclusão do pensador é a *"de que a imanência do que hoje possamos arrolar como* princípios fundamentais, *até mesmo por modéstia epistemológica, depende das próprias circunstâncias histórica e culturalmente consideradas"*.[73]

Ainda que a reflexão parta da análise da inicial impotência do princípio para acompanhar sua reabilitação na Ciência do Direito e culmine por acenar com seu declínio, o exercício se mostra saudável. Sobretudo para as mentes mais inquietas e ousadas.

O Brasil, país heterogêneo e de paradoxos, convive com a pré-história, com o medievo, com a Revolução Industrial, com as mais avançadas conquistas da Sociedade das TCIs – Tecnologias de Comunicação e Informação. Não é diversa a situação do Direito e de sua aplicação cada vez mais crescente, no fenômeno da *judicialização* de todas as questões, não apenas as políticas.

Impõe-se à lucidez brasileira intensificar o estudo, a análise, a discussão, a decantação das ideias e não se conformar com a repetição das velhas verdades. A produção da literatura jurídica sugere tanta vez que em Direito prevalece a Lei de Lavoisier. O retrocesso em algumas políticas públicas – e.g., proteção do meio ambiente, segurança pública, inclusão cidadã – em áreas para as quais a erudição tem produzido tanto

---

72 DIOGO DE FIGUEIREDO MOREIRA NETO, op. cit., *idem*, p. 340.
73 DIOGO DE FIGUEIREDO MOREIRA NETO, op. cit., *idem*, p. 340.

não deve desestimular o aprofundamento de temas quais o da relevância prática dos princípios na implementação de uma ordem jurídica justa.

Assim não for e se estará a dar crédito ao antropólogo Claude Lévy Strauss que teria afirmado, ao voltar ao Brasil depois de décadas, que o país teria atingido o declínio sem ter obtido o seu ápice.

14. Conceituação de Princípio

Visto que os princípios são relevantíssimos – nesta fase histórica e, ao que parece, cada vez mais – e que hão de ser levados em conta pelo aplicador da lei ao fazê-la incidir concretamente à hipótese que lhe vier a ser submetida, é primordial saber melhor o que é princípio.

Princípio poderia ser definido como o ponto de partida e o fundamento de um processo qualquer.[74] Termo introduzido na filosofia por Anaximandro e do qual Aristóteles foi o primeiro a enumerar os significados. Para o estagirita seriam os que seguem: 1. ponto de partida de um movimento; 2. o *melhor* ponto de partida; 3. ponto de partida efetivo de uma produção; 4. causa externa de um processo ou de um movimento; 5. o que com sua decisão determina movimentos ou mudanças; 6. aquilo do qual parte um processo de conhecimento. Para Aristóteles, causa tem os mesmos significados, dado que todas as causas são princípios.[75]

O elemento comum a todas as acepções é o de princípio ou começo de onde algo provém ou é gerado, ou de onde emana o conhecimento. *"Na idade moderna, curiosamente, enquanto o sentido ontológico e lógico do vocábulo* princípio *foi aos poucos sendo abandonado, o seu uso como* causa *ou* norma de ação *tornou se predominante"*.[76]

---

74 NICOLA ABBAGNANO, *Dicionário de Filosofia*, São Paulo, Editora Mestre Jou, 1970, p. 760.
75 NICOLA ABBAGNANO, op. cit., *idem, ibidem*.
76 FÁBIO KONDER COMPARATO, *Ética – Direito, Moral e Religião no Mundo Moderno*, São Paulo, Companhia das Letras, 206, p. 485.

A expressão *princípio* é polissêmica.[77] Interessa ao aplicador da lei civil conhecer qual o sentido a ela emprestado por aquele que foi – a final – o responsável pela renovação do Código. O Professor MIGUEL REALE conceitua *princípio* como enunciado lógico admitido como condição ou base de validade das demais asserções que compõem dado campo do saber. Para ele, *"princípios são verdades fundantes de um sistema de conhecimento, como tais admitidas, por serem evidentes ou por terem sido comprovadas, mas também por motivos de ordem prática de caráter operacional, isto é, como pressupostos exigidos pelas necessidades da pesquisa e da* práxis".[78]

O ordenamento jurídico não seria suficiente de abranger toda a esfera da experiência humana. Os princípios são fundamentais para preencher a necessidade de orientação e é por isso que o Direito se compõe de um complexo em que os princípios são a parcela mais importante. Muito mais relevante do que a própria lei. Pois o princípio permanece, a lei pode ser modificada. O dinamismo da vida social pode reclamar alteração normativa. Muito rara a debilitação de princípios, alicerces que asseguram solidez à estrutura do pensamento.

Por isso é que *"princípios gerais de direito são enunciações normativas de valor genérico, que condicionam e orientam a compreensão do ordenamento jurídico, quer para a sua aplicação e integração, quer para a elaboração de novas normas".*[79] Tamanha a força dos princípios que adquirem *status* de lei e revestem a estrutura de *modelos jurídicos.* Enquanto princípios, *"são eficazes, independentemente do texto legal. Este, quando os consagra, dá-lhes força cogente, mas não lhes altera a substância, constituindo um jus prévio e exterior à lex".*[80]

Depois de fazer ampla análise do conceito de princípio, MARCELO BATUÍRA DA C. LOSSO PEDROSO os denomina *núcleos de*

---

77 EROS ROBERTO GRAU, *A Ordem Econômica na Constituição de 1988 – interpretação e crítica*, São Paulo, Malheiros, 1997, p. 76.
78 MIGUEL REALE, *Lições Preliminares de Direito*, 27ª ed., São Paulo, Saraiva, 2004, p. 303.
79 MIGUEL REALE, *Lições Preliminares de Direito*, cit., *idem*, p. 304.
80 MIGUEL REALE, *Lições Preliminares de Direito*, cit., *idem*, p. 305.

certeza e afirma que deles *"nasce a experiência e ciência, núcleos que possuem luz própria para iluminar os caminhos que sua interpretação ou enunciação induz"*.[81]

Praticamente toda a doutrina brasileira reconhece ao constitucionalista CELSO ANTONIO BANDEIRA DE MELLO haver elaborado o mais citado texto sobre princípio no direito pátrio. A partir dele, houve o reconhecimento de que um princípio importa infinitamente mais do que a lei. Esta é suscetível de modificação. O princípio permanece. Sem leis pode-se viver, desde que se conservem os princípios. Já a humanidade privada de princípios volta à barbárie, como parece ocorrer em certas fases não tão remotas.

Embora disponível em inúmeras obras, vale reproduzir a lição do Mestre da PUC-São Paulo:

"Princípio é, por definição, mandamento nuclear de um sistema, verdadeiro alicerce dele, disposição fundamental que se irradia sobre diferentes normas compondo-lhes o espírito e servindo de critério para sua exata compreensão e inteligência, exatamente por definir a lógica e a racionalidade do sistema normativo, no que lhe confere a tônica e lhe dá sentido harmônico. É o conhecimento dos princípios que preside a intelecção das diferentes partes componentes do todo unitário que há por nome sistema jurídico positivo".[82]

Em seguida, o trecho que deve inspirar todo aplicador do novo Código Civil:

"Violar um princípio é muito mais grave que transgredir uma norma qualquer. A desatenção ao princípio implica ofensa não apenas a um específico mandamento obrigatório, mas a todo sistema de comandos. É a mais grave forma de ilegalidade ou inconstitucionalidade, conforme o escalão do princípio atingido, porque representa

---

81 MARCELO BATUÍRA DA C. LOSSO PEDROSO, *Liberdade e Irrenunciabilidade no Direito do Trabalho – Do Estudo dos Princípios à 'Economic Anallysis of Law' aplicados ao Direito do Trabalho*, Porto Alegre, Sérgio Antonio Fabris Editor, 2005, p. 71.
82 CELSO ANTONIO BANDEIRA DE MELLO, *Curso de Direito Administrativo*, São Paulo, Malheiros, 1994, pp. 450/451.

insurgência contra todo o sistema, subversão de seus valores fundamentais, contumélia irremissível a seu arcabouço lógico e corrosão de sua estrutura mestra".[83]

Pode-se extrair da lição de BANDEIRA DE MELLO que os princípios jurídicos se prestam a viabilizar a compreensão e inteligência de um sistema, definem a lógica e a racionalidade desse sistema ao qual conferem harmonia. Em síntese, representam o sistema, identificam-no, pois, ao se conhecer o princípio, poder-se-á conhecer o sistema todo. Há mesmo quem afirme que o sistema não é senão uma ordem axiológica ou teleológica de princípios gerais de Direito.[84] Não é heresia concluir que o sistema do Código Civil brasileiro não é senão um bem elaborado conjunto de princípios gerais que, detectados, analisados e bem observados pela comunidade jurídica e pela cidadania, garantirão longevidade e eficácia à nova lei.

15. Os princípios constitucionais

O ápice do ordenamento e a matriz da validade de todas as normas que lhe são necessariamente inferiores é a Constituição. O pacto fundamental de 1988 é eminentemente principiológico. A gênese da Constituição do Brasil guarda evidente similitude com o processo político de que resultaram as Constituições de Portugal e Espanha. Inspirou-se o constituinte pátrio na solução que os países de tantas tradições comuns, tão próximos à nossa cultura e igualmente emersos de um período ditatorial, conferiram à sua Democracia.

Essencial conhecer como a doutrina lusa concebeu os princípios constitucionais. Lembra CANOTILHO que a teoria da metodologia jurídica tradicional distinguia entre *normas* e *princípios*. Ele abandona essa distinção para sugerir: *"As regras e princípios são duas espécies*

---

83 CELSO ANTONIO BANDEIRA DE MELLO, op. cit., *idem, ibidem.*
84 CLAUS-WILHELM CANARIS, *Pensamento Sistemático e Conceito de Sistema na Ciência do Direito*, tradução de Menezes Cordeiro, Lisboa, Fundação Calouste Gulbenkian, 1996, p. 77.

de normas" e *"a distinção entre regras e princípios é uma distinção entre duas espécies de normas".*[85]

Vários critérios foram sugeridos para distinguir entre regras e princípios, dentre os quais o do grau de abstração, o grau de determinabilidade, o caráter de fundamentalidade no sistema das fontes de direito, a proximidade da ideia de direito, a natureza normogenética.[86] Diferenciá-los é complexo e cumpriria esclarecer duas questões fundamentais: 1) qual a função dos princípios? Ela é retórica ou argumentativa ou são normas de conduta? 2) entre princípios e regras existe denominador comum, com diferença de grau, ou são suscetíveis de diferenciação qualitativa?

CANOTILHO responde que os princípios são multifuncionais: *"Podem desempenhar uma função argumentativa, permitindo, por exemplo, denotar a* ratio legis *de uma disposição, ou revelar normas que não são expressas por qualquer enunciado legislativo, possibilitando aos juristas, sobretudo aos juízes, o desenvolvimento, integração e complementação do direito".*[87]

Além disso, os princípios ostentam a qualidade de verdadeiras normas, *qualitativamente distintas* das outras categorias de normas – *as regras jurídicas.*[88] É dessa distinta qualidade dos princípios que advém sua riqueza interpretativa e a sua relevância, tanto para a aplicação das normas constitucionais como para fazer incidir, concretamente, nos casos práticos, a vontade do novo codificador civil.

Essa opção do constituinte brasileiro torna mais compreensível a relevância que os princípios constitucionais adquiriram a partir de 1988. Não são meras orientações, deixaram a postura ancilar de dicções programáticas para se servirem como normas concretas, *"consagrados numa ordem jurídico-constitucional em determinada situação*

---

85   JOSÉ JOAQUIM GOMES CANOTILHO, *Direito Constitucional*, 6ª ed., Coimbra, Livraria Almedina, 1993, p. 166.
86   JOSÉ JOAQUIM GOMES CANOTILHO, op. cit., *idem*, pp. 166/167.
87   JOSÉ JOAQUIM GOMES CANOTILHO, op. cit., *idem*, p. 167.
88   JOSÉ JOAQUIM GOMES CANOTILHO, op. cit., *idem, ibidem*.

histórica. Não são, pois, expressões de um direito abstrato ou "pontos fixos", sistematicamente reconduzíveis a uma "ordem divina", "natural" ou "racional", sem qualquer referência a uma ordem política comunitária".[89]

Não constituem mais signos de transcendência. Não se pretenda reduzir-lhes a ornamentos da sofisticação jurídica, para agradarem às mais diversas expectativas, sem qualquer consequência prática na ordem da aplicabilidade. Valem, constituem comandos concretos, são *"dimensões paradigmáticas" de uma ordem constitucional "justa" e, desta forma",* servem *"de operadores paramétricos para se aquilatar da* legitimidade *e* legitimação *de uma ordem constitucional positiva".*[90]

Os modernos constitucionalistas se aperceberam da radical revolução no pensamento. Contribuíram para aprofundar o debate sobre a distinção – hoje superada – entre norma e princípio. Para concluir que *"a dogmática moderna avaliza o entendimento de que as normas jurídicas, em geral, e as normas constitucionais, em particular, podem ser enquadradas em duas categorias diversas: as normas-princípio e as normas-disposição".*[91]

A questão não é apenas nomenclatura. Para quem não reconhece no princípio a categoria de *norma*, o caminho natural para a formação eminentemente positivista seria negar eficácia ao princípio. Discussão superada. *"Prevalece, modernamente, que o critério fundamental de distinção"* – entre regra e princípio – *"é qualitativo e lógico. Eis o ponto central da distinção: os princípios são normas que ordenam que algo seja realizado na maior medida possível, dentro das possibilidades jurídicas e concretas existentes. Portanto, os princípios são* mandatos de

---

89   JOSÉ JOAQUIM GOMES CANOTILHO, *Direito Constitucional*, cit., p. 346.
90   JOSÉ JOAQUIM GOMES CANOTILHO, op. cit., *idem, ibidem*.
91   LUÍS ROBERTO BARROSO, *Interpretação e Aplicação da Constituição*, 6ª ed., São Paulo, Saraiva, 2004, p. 151. O constitucionalista recomenda a leitura de RONALD DWORKIN, *Taking rights seriously*, p. 22, ROBERT ALEXY, *Teoria de los derechos fundamentales*, p. 82.

otimização, *quanto mais larga for a amplitude de sua aplicação, tanto melhor"*.[92]

Aceita a dimensão normativa do princípio, no âmbito desta reflexão descaberia incursionar por sua hierarquia. Nem todos os princípios contidos na Constituição têm a mesma relevância. Podem ser fundamentais; aqueles que exprimem *"a ideologia política que permeia o ordenamento jurídico constituem, também, o núcleo imodificável do sistema, servindo como limite às mutações constitucionais"*.[93] Há os princípios constitucionais *gerais*, com *"menor grau de abstração, e ensejam, em muitos casos, a tutela imediata das situações jurídicas que contemplam. São princípios que se irradiam por toda a ordem jurídica, como desdobramentos dos princípios fundamentais, e se aproximam daqueles que identificamos como princípios definidores de direitos. São exemplos o princípio da legalidade, da isonomia, do juiz natural. Canotilho se refere a eles como princípios-garantia"*.[94]

Existem, por fim, os princípios constitucionais *setoriais ou especiais*. São os destinados a presidir *"um específico conjunto de normas afetas a determinado tema, capítulo ou título da Constituição. Eles se irradiam limitadamente, mas no seu âmbito de atuação são supremos. Por vezes são mero detalhamento dos princípios gerais, como os princípios da legalidade tributária ou da legalidade penal. Outras vezes são autônomos, como o princípio da anterioridade em matéria tributária ou o do concurso público em matéria de administração pública"*.[95]

O importante e decisivo é reconhecer a natureza jurídica dos princípios, a sua carga inafastável de comando, a viabilidade de se afastar

---

92   MARCELO BATUÍRA DA C. LOSSO PEDROSO, op. cit., *idem*, pp. 100/101, a citar ALEXY: *"As normas podem dividir-se em regras e princípios e entre eles existe não só uma diferença gradual, senão qualitativa"* (*Teoria de los derechos fundamentales*, p. 86) e DWORKIN: *"A diferença entre princípios e regras legais é uma distinção lógica"* (*Taking rights seriously*, p. 24).

93   LUÍS ROBERTO BARROSO, op. cit., *idem*, p. 155.

94   LUÍS ROBERTO BARROSO, op. cit., *idem*, pp. 155/156, com remissão a CANOTILHO, op. cit., p. 122.

95   LUÍS ROBERTO BARROSO, op. cit., *idem*, p. 156.

qualquer lei que colida com um princípio constitucional. Pois mesmo o princípio constitucional *implícito* é superior à dicção legal[96] ordinária.

CARLOS AYRES BRITTO, com a sensibilidade jurídica e erudição que o caracterizam, já intuíra essa realidade: *"Realmente, o parâmetro de interação das normas constitucionais originárias consigo mesmas reside é na dualidade temática princípios/regras ou princípios/preceitos (regras comuns são preceitos, e não princípios). Vale dizer: as normas que veiculam princípios desfrutam de maior envergadura sistêmica. Elas enlaçam a si outras normas e passam a cumprir um papel de ímã e de norte, a um só tempo, no interior da própria Constituição. Logo, os seus comandos são interpontuais. Não apenas pontuais, como se dá, agora sim, com as normas veiculadoras de simples preceitos".*[97]

A superioridade lógica e qualitativa dos princípios fica muito nítida no pensamento do Ministro do Supremo Tribunal Federal: *"É que as normas principiais consubstanciam ou tipificam valores (Democracia, República, Separação de Poderes, Pluralismo Político, Cidadania, Dignidade da Pessoa Humana...) que são fins em si mesmos".*[98]

Não é diverso o pensamento do Mestre das Arcadas e ora também, na curul Suprema, ENRIQUE RICARDO LEWANDOWSKI: *"Independentemente da preeminência que ostentam no âmbito do sistema ou da abrangência de seu impacto sobre a ordem legal, os princípios constitucionais, como se reconhece atualmente, são sempre dotados de eficácia, cuja materialização pode ser cobrada judicialmente".*[99]

Cabe lembrar que o sistema brasileiro adotou *"a possibilidade e a necessidade de os juízes invocarem e aplicarem* valores e princípios

---

96 A dicção do § 2º do artigo 5º da Constituição da República é eloquente ao contemplar os princípios implícitos: *"Os direitos e garantias expressos nesta Constituição não excluem outros decorrentes do regime e dos princípios por ela adotados, ou dos tratados internacionais em que a República Federativa do Brasil seja parte".*

97 CARLOS AYRES BRITTO, *Teoria da Constituição*, Rio de Janeiro, Forense, 2003, p. 166.

98 CARLOS AYRES BRITTO, op. cit., *idem, ibidem.*

99 ENRIQUE RICARDO LEWANDOWSKI, "Reflexões em Torno do Princípio Republicano", *in Princípios Constitucionais Fundamentais*, cit., *idem*, p. 376.

substantivos – *princípios da liberdade e da justiça* – *contra atos da responsabilidade do legislativo em desconformidade com o* projeto *da constituição"*.[100] A Constituição tem um significado substancial, tem uma vocação de efetividade, não é destinada apenas ao Judiciário ou à comunidade jurídica, mas deve incidir sobre todas as pessoas. Imprescindível se mantenha atualizada, adequada, satisfatória como leque de opções, inteligível a qualquer do povo. Daí a tarefa pedagógica da interpretação constitucional.

Os juízes são os mais qualificados tradutores da vontade constituinte ao destinatário das normas contidas no pacto. A hermenêutica assegura uma interpretação objetiva, mas essa *"objetividade interpretativa não é perturbada pelo fato de os juízes recorrerem aos princípios da justiça, da liberdade e da igualdade, ou até a outros conceitos (religião, liberdade de imprensa) ancorados num determinado* ethos *social, pois a interpretação da Constituição faz-se sempre tendo em conta o texto, a história, os precedentes, as regras de procedimento, as normas de competência que, globalmente considerados, permitem uma atividade interpretativa dotada de tendencial objetividade"*.[101]

O Judiciário já assumiu a nova função que lhe atribuiu o constituinte, de efetivo controle sobre os demais poderes, com vistas ao cumprimento das promessas normativas contidas no pacto. O jurídico nele contido *"não se circunscreve, apenas, às disposições escritas, desde que os direitos constitucionais não são simples normas programáticas não vinculantes, ou direitos fundamentais "vazios", mas constitui – de conformidade com prescrição expressa – em "direitos diretamente aplicáveis"*.[102] O preparo, aperfeiçoamento constante e discernimento da Magistratura mostram-se cada vez mais urgentes. O Código Civil poderá produzir excelentes frutos, como poderá estiolar-se – como tan-

---

100 JOSÉ JOAQUIM GOMES CANOTILHO, op. cit., *idem*, p. 198.
101 JOSÉ JOAQUIM GOMES CANOTILHO, op. cit., *idem*, p. 199.
102 JOSÉ ALFREDO DE OLIVEIRA BARACHO, "Teoria Geral da Justiça Constitucional", *in Direito Constitucional Contemporâneo*, FERNANDO LUIZ XIMENES ROCHA e FILOMENO MORAES, Coordenadores e coautores, Belo Horizonte, Del Rey, 2005, p. 488.

tas outras boas propostas normativas – de acordo com a mentalidade do juiz brasileiro. Pois é constatado pela doutrina *"que as posições reducionistas dificultam a compreensão e a interpretação constitucionalmente correta das normas, para que se possa afrontar os novos tempos e as mudanças. A função da judicatura consiste em realizar direitos, valores e princípios constitucionais, mediante a interpretação e aplicação da vontade parlamentar expressa nas leis"*.[103]

Em lugar da velha submissão a dogmas estratificados e imutáveis, é preciso acreditar que o direito existe, não para preservar a ordem, mas para transformá-la. Já descabe a concepção de que a ciência jurídica é autossuficiente e desnecessita de outros saberes. Falácia agravada *"pelo mito da divisão natural do saber, pois o jurista já é um especialista que se afastou da política, da sociologia e da filosofia. E mesmo a jusfilosofia atribui atenção muito pouco expressiva às instituições jurídicas de maneira geral, entre as quais o estado e o poder, prejudicando a visão de conjunto da realidade onde o direito se insere; o jurista deveria ser ao mesmo tempo cientista político, sociólogo e jusfilósofo"*.[104] Ousaria acrescentar psicólogo, assistente social, paramédico e, acima de tudo, comunicador. Só uma concepção holística de ciência e de mundo e o consequencialismo do julgador – a noção exata da repercussão de sua decisão no mundo real – é que vão patrocinar o reencontro epistêmico das hoje compartimentadas unidades do saber.

16. A plasticidade principiológica

De onde provém a chamada *plasticidade* que permite a convivência entre princípios aparentemente antagônicos e, por via de consequência, propicia ao juiz brasileiro alcançar – por mais difícil seja o caso (na linha dos *hard cases* americanos) a mais adequada exteriorização do

---

103 JOSÉ ALFREDO DE OLIVEIRA BARACHO, op. cit., *idem, ibidem*.
104 LUÍS FERNANDO COELHO, *Lógica Jurídica e Interpretação das Leis*, 2ª ed., Rio de Janeiro, Forense, 1981, p. 335.

justo concreto? Pode-se indagar, de outro modo, quais os corolários da posição de liderança internormativa dos princípios?

CARLOS AYRES BRITTO considera as normas-princípio *"alçadas à dignidade operativa de* primus inter pares". Enxerga *"um mundo de consequências teóricas"* a tomar corpo a partir dessa constatação de que os princípios *"fazem da Constituição um prevalente sistema de positivações axiológicas. Positivações axiológicas ou filosóficas ou valorativas, cuja resultante é ganhar a Constituição aquela compostura dinâmica, histórica, processual, que é própria da sociedade humana".*[105] Significa isso que a plasticidade principial não permite que a Constituição se estagne. *"Em diferentes palavras, os valores, pela sua intrínseca materialidade prospectiva, tornam a Constituição um processo. Um vir a ser permanente, um devir, pelo seu facilitado ajustamento ao corpo sempre cambiante da realidade social".*[106]

Essa imensa vantagem sobre a lei positiva deriva das diferenças qualitativas entre regras jurídicas e princípios.

Na linha de CANOTILHO, os princípios são normas jurídicas suscetíveis de *otimização*, ou seja, *"compatíveis com vários graus de concretização, consoante os condicionalismos fáticos e jurídicos; as regras são normas que prescrevem imperativamente uma exigência (impõem, permitem ou proíbem) que é ou não é cumprida".*[107] Por isso é que, enquanto a convivência dos princípios é conflitual, a convivência entre as regras é antinômica. Princípios podem coexistir. Quase sempre coexistem. Regras antinômicas excluem-se. Se uma delas vale, a outra não pode valer.

Exatamente por constituírem *exigências de otimização*, os princípios permitem o balanceamento de valores e interesses. Lembra CANOTILHO: *"Não obedecem, como as regras, à* lógica do tudo ou nada."[108] Será o bom senso do julgador, sua erudição, sua capacidade

---

105 CARLOS AYRES BRITTO, *Teoria da Constituição*, cit., p. 195.
106 CARLOS AYRES BRITTO, op. cit., *idem, ibidem.*
107 JOSÉ JOAQUIM GOMES CANOTILHO, op. cit., *idem*, pp. 167/168.
108 JOSÉ JOAQUIM GOMES CANOTILHO, op. cit., *idem*, p. 168.

de detectar o equilíbrio da melhor solução que, em cada caso concreto, encontrará a resposta satisfatória. De uma feita um dos princípios é sacrificado ou não tem plena incidência. De outra, ele poderá prevalecer. Será o conjunto de circunstâncias reais a inspirar o aplicador da norma a baliza que ele terá em conta, além da força própria do princípio examinado.

O conflito entre princípios será submetido à ponderação. Está sempre presente a possibilidade de harmonização. Assim como a ideia de conciliação, de negociação, de transigência. Pois os princípios configuram exigências ou *standards*: indicam qual seria a solução ideal. Permitem aproximação gradual desse objetivo, não impõem – obrigatoriamente em cada caso e em todos os casos – que esse ideal seja satisfeito. Já as regras são rígidas e inflexíveis. Contêm *fixações normativas definitivas*. Não há como se sustentar a validade simultânea de regras que se antagonizem. Uma delas perecerá para dar lugar à integralidade da outra. Normas colidentes não coexistem. Uma delas sacrificará a vigência da outra.

Em síntese, os princípios vão suscitar problemas de *validade e peso*, que CANOTILHO exemplifica serem questões de importância, ponderação, valia. Já em relação às regras, são postas apenas questões de *validade*. Os princípios refogem à essa rigidez.

A Constituição, modernamente, é concebida como *sistema aberto de regras e princípios*.[109] Se fosse apenas um sistema de regras, reduzida a sua operacionalidade, a disciplina abrangente, exaustiva e completa, de todos os temas e questões, conduziria a um legalismo insustentável. Pois *"um legalismo estrito de regras na permitiria a introdução dos conflitos, das concordâncias, do balanceamento de valores e interesses, de uma sociedade pluralista e aberta. Corresponderia a uma organização política monodimensional"*.[110]

---

109   JOSÉ JOAQUIM GOMES CANOTILHO, op. cit., *idem, ibidem*.
110   JOSÉ JOAQUIM GOMES CANOTILHO, a citar ZAGREBELSKY, *in* op. cit., p. 169.

Não seria melhor um texto exclusivamente principiológico. Haveria uma indeterminação jurídica, sistema vulnerável e insuscetível de satisfazer às necessidades normativas contemporâneas. Por isso é que o ideal se mostra um sistema heterogêneo, misto, eclético, integrado por *regras* e também por *princípios*.

É a proposta de CANOTILHO: o sistema precisa de *regras* jurídicas, mas também precisa de *princípios* e de consagração dos valores que eles exprimem, pois *"são exigências de otimização abertas a várias concordâncias, ponderações, compromissos e conflitos"*.[111]

Os princípios calibram o sistema. Dão-lhe contextura e operacionalidade. Permitem a distensão nos picos tensionais próprios à Democracia do Estado de Direito. Ou, na linguagem canotilhiana, *"têm uma função normogenética e uma função sistêmica: são o fundamento de regras jurídicas e têm uma idoneidade irradiante que lhes permite ligar ou cimentar objetivamente todo o sistema constitucional"*.[112]

Convicto disso é que o Prof. FÁBIO NUSDEO assinalou: *"A palavra* princípio *parece operacionalmente indicada para fins hermenêuticos pelo grau mais refinado de elaboração doutrinária dada ao seu tratamento. Como já assentado, os princípios, diferentemente das regras ou normas, podem e devem aplicar-se concomitante e combinadamente segundo o critério da proporcionalidade, ou seja, o fato de um deles ser invocado não exclui os demais, podendo-se considerar falacioso ou mesmo faccioso o apelo isolado a um deles de molde a afastar ou ignorar os demais. Em outras palavras, dificilmente haverá situações nas quais apenas um deles subsista, porque todos compõem a constelação axiológica inspiradora da Constituição com vistas a uma Ordem"*.[113]

A importância dessa distinção entre *regra* e *princípio* não se restringe ao Direito Constitucional. A formulação de um Direito Civil renovado não poderia ignorar a profunda interferência dos princípios

---

111 JOSÉ JOAQUIM GOMES CANOTILHO, op. cit., *idem*, p. 169.
112 JOSÉ JOAQUIM GOMES CANOTILHO, op. cit., *idem, ibidem*.
113 FÁBIO NUSDEO, "A Principiologia da Ordem Econômica Constitucional", *in Princípios Constitucionais Fundamentais*, cit., *idem*, pp. 390/391.

constitucionais sobre toda a normatividade infraconstitucional. O Código Civil de 2002 reflete essa nova perspectiva e, mercê dos seus princípios regedores, além do paradigma metodológico de estrutura e conteúdo adotado, passa também a significar um *sistema aberto de regras e princípios*.

Não foi por acaso que o Professor MIGUEL REALE reabilitou o conceito de *Constituição do homem comum* para o Código que fez vir à luz. Assim como a Constituição de 1988 se destina a uma comunidade aberta de intérpretes, também o Código Civil constitui um sistema aberto de normas e princípios. Sistema que, mediante processos judiciais – notadamente a interpretação do juiz – procedimentos legislativos e administrativos e iniciativas da comunidade jurídica e dos cidadãos, *"passa de uma law in the books para uma law in action"*.[114] Assim como a Constituição de 1988 é um pacto vivo e dinâmico, da mesma forma pretende ser o Código Civil de 2002.

Idêntico raciocínio ao de CANOTILHO[115] em relação à Constituição se torna viável em termos de Código Civil brasileiro de 2002. Além do modelo fornecer suportes rigorosos para solucionar certos problemas metódicos, ainda permite *respirar, legitimar, enraizar* e *caminhar* o próprio sistema. A *respiração* obtém-se através da "textura aberta" dos princípios; a *legitimidade* está na ideia de os princípios consagrarem *valores* fundamentadores da ordem jurídica; o *enraizamento* encontra-se na *referência sociológica* dos princípios a valores, programas, funções e pessoas; o *caminho*, ou seja, o desenvolvimento apurador, a permanência efetiva e eficaz, se obterá mediante os instrumentos processuais e procedimentais adequados, além da disseminação da cultura civilística pela cidadania. Tudo isso propiciará a concretização, a densificação e a realização prática – política, administrativa, judicial – das mensagens normativas do legislador civil.

---

114 JOSÉ JOAQUIM GOMES CANOTILHO, op. cit., *idem*, p. 170.
115 JOSÉ JOAQUIM GOMES CANOTILHO, op. cit., *idem, ibidem*.

17. Os princípios regedores do Código Civil de 2002

Em sua pregação com vistas a preparar a comunidade jurídica a recepcionar com esperança – senão com entusiasmo – o Código Civil de 2002, o Professor MIGUEL REALE não se cansava de propalar que ele se assentava sobre os pilares da eticidade, da socialidade, da operabilidade, ou operacionalidade. Alicerçar a obra sobre os três princípios foi uma das diretrizes observadas na elaboração do Anteprojeto: *"Daí ficaram assentes estas diretrizes: ... alteração geral do Código atual no que se refere a certos valores considerados essenciais, tais como o de eticidade, de socialidade e de operabilidade"*.[116]

17.1. Eticidade

A busca de cientificidade do Direito fez com que ele se apartasse da moral. O jusnaturalismo, hostilizado pelo positivismo, não ressurgiu de todo ou não atingiu a expressão de prestígio consensual na maior parte dos ordenamentos. Já o positivismo resultou num fracasso político, evidente no surgimento de novos e mais intensos conflitos, com o séquito do desprestígio da lei e da justiça. Tudo isso abre espaço para novas reflexões, e *"pós-positivismo é a designação provisória e genérica de um ideário difuso, no qual se incluem a definição das relações entre valores, princípios e regras, aspectos da chamada nova hermenêutica constitucional, e a teoria dos direitos fundamentais, edificada sobre o fundamento da dignidade humana"*.[117] A mais significativa consequência dessa nova fórmula interpretativa é a redescoberta dos princípios. Sua valorização, *"sua incorporação, explícita ou implícita, pelos textos constitucionais e o reconhecimento pela ordem jurídica de sua normatividade fazem parte desse ambiente de reaproximação entre Direito e Ética"*.[118]

---

116 MIGUEL REALE, *História do Novo Código Civil*, São Paulo, RT, 2005, p. 35.
117 LUÍS ROBERTO BARROSO, *Interpretação e Aplicação da Constituição*, cit., pp. 349/350.
118 LUÍS ROBERTO BARROSO, op. cit., *idem*, p. 350.

O Código Civil de 2002 é um diploma em que a ética se encontra presente de maneira explícita e, quando não estiver escancarada, está subjacente em todo o seu espírito. Na Exposição de Motivos MIGUEL REALE deixa clara essa característica: *"Quando a Parte Geral, além de fixar as linhas ordenadoras do sistema, firma os princípios ético--jurídicos essenciais, ela se torna instrumento indispensável e sobremaneira fecundo na tela da hermenêutica e da aplicação do Direito".*[119]

Ao explicitar a sua opção pela *eticidade*, o codificador fornece as pistas a que deverão se ater os intérpretes: *"Procurou-se superar o apego do Código atual ao formalismo jurídico, fruto, a um só tempo, da influência recebida a cavaleiro dos séculos XIX e XX, do Direito tradicional português e da escola germânica dos pandectistas – aquele decorrente do trabalho empírico dos glosadores; esta dominada pelo tecnicismo institucional haurido na admirável experiência do Direito Romano".*[120]

Priorizar a ética não significa o desprezo à técnica: *"Não obstante os méritos desses valores técnicos, não era possível deixar de reconhecer, em nossos dias, a indeclinável participação dos* valores éticos *no ordenamento jurídico, sem abandono, é claro, das conquistas da* técnica jurídica, *que com aqueles deve se compatibilizar".*[121]

O *retorno à ética* não foi preferência intelectual, ou elemento retórico do discurso, senão oferta real de ferramentas para que a *eticidade* passasse a residir na preocupação dos aplicadores da lei. Já não se pode invocar insuficiência da lei na busca da justiça mais adequada, pois a ética será alcançada pela confessada *"opção, muitas vezes, por* normas genéricas *ou* cláusulas gerais, *sem a preocupação de excessivo rigorismo conceitual, a fim de possibilitar a criação de modelos jurídicos hermenêuticos, quer pelos advogados, quer pelos juízes, para contínua atualização dos preceitos legais".*[122]

---

119 Exposição de Motivos do Anteprojeto do Código Civil, *Diário do Congresso Nacional*, Seção I, 13.06.1975.
120 MIGUEL REALE, *História...*, cit., *idem*, p. 37.
121 MIGUEL REALE, *História...*, cit., *idem, ibidem*.
122 MIGUEL REALE, *História...*, cit., *idem, ibidem*.

Os exemplos reiteradamente indicados pelo codificador como expressões da eticidade são os artigos 113, 187 e 422. A boa-fé constitui o cerne ou a matriz da eticidade e condição essencial da atividade ética.[123] Enfatiza ainda a referência à *probidade* e à *boa-fé*, assim como à *correção (corretezza), "ao contrário do que ocorre no Código vigente, demasiado parcimonioso nessa matéria, como se tudo pudesse ser regido por determinações de caráter estritamente jurídico".*[124]

Não me canso de proclamar que *ética* é a única *matéria-prima* em que o Brasil registra déficit. O Código Civil de 2002 se propõe a resgatar essa deficiência e dependerá da comunidade de seus intérpretes conferir concreção ao confessado intuito de seus autores. A Nação dos bacharéis, com suas 1.005 Faculdades de Direito, mais de um milhão de advogados, tem condições de extrair soluções éticas de um direito em crise. Situação que se acentuou à proporção em que a ciência jurídica passou a servir de mera estratégia, destituída da eticidade cuja restauração hoje é imprescindível para resgate dos valores civilizacionais.

17.2. Socialidade

A Exposição de Motivos afirma que a orientação legislativa obedeceu a imperativos de *socialidade* e *concreção*. Assevera o Prof. MIGUEL REALE a respeito: *"Não é sem motivos que reitero esses dois princípios, essencialmente complementares, pois o grande risco da tão reclamada* socialização do Direito *consiste na perda dos valores particulares dos indivíduos e dos grupos; e o risco não menor da* concretude jurídica *reside na abstração e olvido de características transpessoais ou comuns aos atos humanos, sendo indispensável, ao contrário, que o individual ou o concreto se balance e se dinamize com o serial ou o coletivo, numa unidade superior de sentido ético".*[125]

---

123 MIGUEL REALE, *Estudos Preliminares do Código Civil*, São Paulo, RT, 2003, p. 77.
124 MIGUEL REALE, *História...*, cit., *idem*, p. 38.
125 Exposição de Motivos, cit., *idem, ibidem*.

O Código de 1916 servia a uma população eminentemente rural. *"Hoje em dia, vive o povo brasileiro nas cidades, na mesma proporção de 80%* (que era a dos moradores campesinos no início do século XX), *o que representa uma alteração de 180 graus na mentalidade reinante, inclusive em razão dos meios de comunicação, como o rádio e a televisão. Daí o predomínio do social sobre o individual".*[126]

Não é que o indivíduo tenha de ser sacrificado em prol do social. Continuam a prevalecer os critérios valorativos da *pessoa humana*, por sinal enfatizados com o princípio inspirador de toda a ordem constitucional: a *dignidade humana*. Mas o indivíduo só se realiza à proporção em que se relaciona com os demais. Não há vida digna senão em sociedade. Não há a menor condição de autorrealização individualística, egoística, narcisística.[127] Nesse sentido, o Código Civil reforça as noções de solidariedade.

Evidente que o Código Civil reflete a orientação constitucional que submeteu a propriedade à sua *função social,* enfatizou os *direitos sociais*, adotou *os valores sociais* do trabalho e da livre iniciativa como um dos fundamentos da República. Incluiu a *justiça social* como pressuposto da ordem econômica e a redução das desigualdades sociais como um de seus princípios. Essa tendência à socialidade não poderia deixar de integrar os alicerces da *Constituição do homem comum.*

JUDITH MARTINS-COSTA, uma das mais autorizadas hermeneutas do Código Civil de 2002,[128] dá o tom preciso a esse princí-

---

126 MIGUEL REALE, *História...*, cit., *idem*, p. 38.

127 A concepção *contratualista* de sociedade é utopia com a finalidade pedagógica de alertar que, se o convívio social fosse apenas fruto da *vontade*, poderia ser destratado quando o contratante assim o quisesse. Prevalece hoje a noção de que é *natural* ao ser humano viver em sociedade. Indivíduo isolado, como ensinou TOMÁS DE AQUINO, só aquele que, por sua *excelentia naturae*, prescindiria do convívio ou o polo oposto da *corruptio naturae*, das patologias impedientes da vida em sociedade. As pessoas normais dependem do grupo para sobreviver, física e espiritualmente.

128 A opinião é do Professor MIGUEL REALE que a ela dedicou o seu livro *Estudos Preliminares do Código Civil*: "À JUDITH MARTINS-COSTA, que tem sido uma admirável intérprete do novo Código Civil".

pio: *"À mentalidade extremamente individualista que dominou a sociedade, a cultura e a própria formação política do Brasil, começa, lentamente, a substituir-se uma outra mentalidade mais solidarista, fincada na consciência dos vínculos comunitários que, necessariamente, conformam qualquer país que se queira como Nação, na relacionalidade – seja consentido o neologismo – ínsita ao conceito de pessoa humana. Assim se começa, lentamente, a fazer o trânsito do indivíduo – concebido como um átomo isolado que maneja o mundo conforme sua livre vontade – à pessoa humana, compreendida como ser fundamentalmente relacional, que vive e convive num mundo comum a todos".*[129]

A função social do contrato foi explicitada no artigo 421; o legislador levou em consideração a *natureza social da posse* da coisa para reduzir o prazo da usucapião – artigos 1.238 e 1.239 –, e o mesmo sentido social caracteriza os artigos 1.240 e 1.242 do Código.

Considerou o Prof. REALE *revolucionário* o preceito contido nos parágrafos 4º e 5º do artigo 1.228. Ao permitir ao juiz que fixe justa indenização ao proprietário de extensa área, na posse ininterrupta e de boa-fé, por mais de 5 anos, de considerável número de pessoas que nela realizaram serviços de interesse social e econômico relevante, deu ao magistrado *poder expropriatório.*[130]

Nítido o caráter de *socialidade* desse dispositivo, a comprovar a efetividade do princípio, que não é mera opção filosófica destituída de consequências práticas. Aliás, em perfeita consonância com a ordem fundante, rumo à relativização do direito fundamental à propriedade. O Ministro TEORI ALBINO ZAVASCKI já se manifestou no sentido da compatibilidade da norma com a Constituição, pois resolve a aparente antinomia entre o direito de o proprietário reivindicar a coisa de quem injustamente a possua e a função social da propriedade, com a manuten-

---

129 JUDITH MARTINS-COSTA, "Boa-fé e Seguro", *in* JOSÉ SOLLERO FILHO, *III Fórum de Direito do Seguro*, IBDS/EMTS, São Paulo, 2003, p. 65.

130 MIGUEL REALE, *História...,* cit., *idem*, pp. 39/40.

ção do bem na titularidade daquele que lhe conferiu real função social, mediante a posse-trabalho.[131]

17.3. Operabilidade

A intenção do codificador civil foi *"estabelecer soluções normativas de modo a facilitar sua interpretação e aplicação pelo operador do Direito"*.[132] Um Código é uma *ferramenta*, precisa ser facilmente manejável por todos aqueles que dele irão se servir. Qual seria o sentido de um *monumento jurídico*, repleto de erudição, fornido de todos os mais apurados preceitos, se ao operador ele viesse a se mostrar de difícil ou complicada implementação?

Ainda uma vez, o recurso à *interpretação autêntica* é o mais preciso. A partir da *"compreensão dinâmica do que deva ser um Código"* explica-se a opção do legislador civil por *"uma atitude de natureza operacional, sem quebra do rigor conceitual, no sentido de se preferir sempre configurar os modelos jurídicos com amplitude de repertório, de modo a possibilitar a sua adaptação às esperadas mudanças sociais, graças ao trabalho criador da Hermenêutica, que nenhum jurista bem informado há de considerar tarefa passiva e subordinada"*.[133]

Já antevia o Professor MIGUEL REALE que o Código será aquilo que os intérpretes dele quiserem extrair. Justifica-se, portanto, a ênfase destes comentários à interpretação, ao exame da missão e relevância dos princípios, ao papel do juiz, tudo em atenção à clareza com que seus autores contemplaram a incidência da ética, da plasticidade conceitual, a convergir na grande liberdade conferida ao intérprete.

O legislador destaca *"o cuidado em salvaguardar...o sentido plástico e operacional das normas"* com vistas a oferecer ao operador

---

131 TEORI ALBINO ZAVASCKI, "A tutela da posse na Constituição e no Projeto do Novo Código Civil", *in* JUDITH MARTINS-COSTA, org., *A Reconstrução do Direito Privado – Reflexos dos princípios, diretrizes e direitos fundamentais constitucionais no direito privado*, São Paulo, RT, 2002, p. 854.

132 MIGUEL REALE, *História...,* cit., *idem*, p. 40.

133 Exposição de Motivos, cit., *idem, ibidem.*

"uma estrutura normativa concreta, isto é, destituída de qualquer apego a meros valores formais abstratos".[134] Sublinha o papel do juiz e do doutrinador, pois as soluções acenadas pelo Código *"deixam margem ao juiz e à doutrina, com frequente apelo a conceitos integradores da compreensão ética, tal como os de boa-fé, equidade, probidade, finalidade social do direito, equivalência de prestações etc."*[135]

Sem desconhecer que essa linha poderia desagradar os partidários de uma concepção mecânica ou naturalística do Direito, o Professor REALE confirma que *"a exigência de concreção surge exatamente da contingência insuperável de permanente adequação dos modelos jurídicos aos fatos sociais* in fieri.[136] Proclama o seu compromisso com a edificação de um Código que efetivamente resolva as questões entre as pessoas; concebido como expressão de um Direito, é a ciência da experiência social concreta.

Essa linha de pensamento orientou a eliminação das dúvidas não superadas durante as seguidas décadas de vigência do Código de 1916. Investiu-se na delimitação conceitual e prática entre *prescrição* e *decadência*, procurou-se excluir as sinonímias – ex: associação e sociedade – e – sempre que necessário – foram adotadas as *cláusulas gerais*.[137]

Em síntese, a operabilidade é o que permite que o Código resolva problemas e tenha utilização contínua e efetiva para enfrentar as vicissitudes que acompanham o ser humano em sua trajetória existencial. *"Somente assim se realiza o direito em sua concretude, sendo oportuno lembrar que a teoria do* Direito concreto, *e não puramente abstrato, encontra apoio de jurisconsultos do porte de Engisch, Betti, Larenz, Esser e muitos outros, implicando maior participação decisória conferida aos magistrados"*.[138]

Conseguiu o codificador implementar, na prática, a sua notável elaboração da *teoria tridimensional do direito.* A norma só pode resultar do valor que se atribui ao fato. A calibração axiológica é ora permiti-

---

134 Exposição de Motivos, cit., *idem, ibidem.*
135 Exposição de Motivos, cit., *idem, ibidem.*
136 Exposição de Motivos, cit., *idem, ibidem.*
137 Sobre cláusulas gerais, *vide* comentário adiante.
138 MIGUEL REALE, *História...*, cit., *idem*, p. 41.

da ao operador e até mesmo incentivada a sua criatividade. Essa visão, a depender da abertura de consciência, do estudo contínuo e da vontade ética do intérprete, propiciará longa vigência ao Código Civil de 2002 e fecunda germinação dos seus mais gratificantes efeitos.

18. Cláusulas gerais

Em lugar da estipulação específica, de inflexibilidade conceitual e impeditiva de larga margem exegética, o Código Civil de 2002 se caracteriza pelas suas *cláusulas gerais.*

A própria qualificação *gerais* sinaliza conceito e finalidade dessas cláusulas. *Geral* tem o sentido de *universal, não específico, não definido.* É o contrário de *específico*, atinente a uma espécie. Entre *geral* e *específico,* existe a conotação *gênero* e *espécie,* a indicar o particularismo, a individualidade desta. *"Com significação paralela aos conceitos legais indeterminados, as cláusulas gerais (Generalklauseln) são normas orientadoras sob a forma de diretrizes, dirigidas precipuamente ao juiz, vinculando-o ao mesmo tempo em que lhe dão liberdade para decidir".*[139]

É próprio às cláusulas gerais o seu caráter de abstração, de conteúdo a ser preenchido pelo intérprete, frente a cada caso concreto. As cláusulas gerais não prescindem de um apurado preparo técnico do julgador, mas reclamam dele o *plus* de uma significativa experiência de vida. Com efeito, *"o juiz exerce papel de suma importância no exercício dos poderes que derivam das cláusulas gerais, porque ele instrumentaliza, preenchendo com valores o que se encontra abstratamente contido nas referidas cláusulas gerais".*[140]

Não se confundem as *cláusulas gerais* com os *conceitos legais e indeterminados*, em razão de sua *"finalidade e eficácia, pois aqueles, uma vez diagnosticados pelo juiz no caso concreto, já têm sua solução*

---

139 NELSON NERY JR. e ROSA MARIA DE ANDRADE NERY, op. cit., *idem*, p. 158, a citarem WIEACKER, *Privatrechtsgeschichte*, § 25, III, 3, pp. 476/477.
140 NELSON NERY JR. e ROSA MARIA DE ANDRADE NERY, op. cit., *idem*, p. 158, com remissão a KARL LARENZ, "Wegweiser zu richterlicher Rechtsschöpfung", *in FS Nikisch*, pp. 275/305.

preestabelecida na lei, cabendo ao juiz aplicar referida solução. Estas, ao contrário, se diagnosticadas pelo juiz, permitem-lhe preencher os claros com os valores designados para aquele caso, para que se lhe dê a solução que ao juiz parecer mais correta, ou seja, concretizando os princípios gerais de direito e dando aos conceitos legais indeterminados uma determinabilidade pela função que têm de exercer naquele caso concreto ".[141]

A função das *cláusulas gerais* é dotar o sistema interno do Código Civil de mobilidade, de flexibilidade e de dinamismo. Elas suprem a insuficiente capacidade de previsão do legislador, permitem certa estabilidade do Código, insuscetível de ser frequentemente alterado. Conferem concreção aos princípios gerais de direito e aos conceitos legais indeterminados.

A *natureza jurídica* das *cláusulas gerais* não é de *princípio*, nem de *regra de interpretação*, nada obstante sua *função instrumentalizadora*. Sua natureza é de *"norma jurídica, isto é, fonte criadora de direitos e obrigações".*[142]

A introdução das *cláusulas gerais* não representa apenas a implementação legal da doutrina da *tridimensionalidade*. Evidente que agora existe parâmetro legal para fazer a calibragem axiológica do fato e verificar se a norma ainda se encontra adequada às expectativas da comunidade de seus destinatários. Mais ainda, a adequação passa a ser um processo contínuo, análogo ao da perenidade histórica da Constituição norte-americana, fruto da consistente interpretação da Suprema Corte. O mais importante é que as consequências práticas de sua adoção eliminam algumas das questões que atormentam a arena judiciária brasileira. As *cláusulas gerais* propiciam a eliminação das *decisões incongruentes* em relação ao pedido. Na proficiente perspectiva de NELSON NERY JR. e ROSA MARIA DE ANDRADE NERY, *"a cláusula geral é nor-*

---

141 NELSON NERY JR. e ROSA MARIA DE ANDRADE NERY, op. cit., *idem, ibidem*, com citação de PIETRO RESCIGNO, "Appunti sulle 'clausole generali", *in Est. Romagnoli*, v. II, pp.1.275/1.285 e outros autores.

142 JUDITH MARTINS-COSTA, "As cláusulas gerais como fatores de mobilidade do sistema jurídico", *RT* 680/50.

ma de ordem pública *(v.g. CC.2.035, parágrafo único) e deve ser aplicada* ex officio *pelo juiz. Com essa aplicação de ofício, não se coloca o problema de decisão incongruente com o pedido (extra, ultra ou* infra petita*), pois o juiz, desde que haja processo em curso, não depende de pedido da parte para aplicá-la a uma determinada situação. Cabe ao juiz, no caso concreto, preencher o conteúdo da cláusula geral, dando--lhe a consequência que a situação concreta reclamar".*[143]

Dentre as cláusulas gerais do Código Civil de 2002 podem ser mencionadas a função social do contrato como limite à autonomia privada (artigo 421) e a função social da empresa,[144] a função social da propriedade (artigo 1.228, § 1°), a boa-fé objetiva e a probidade (artigo 422), ato ou negócio jurídico praticado em atendimento aos fins sociais e econômicos (artigo 187), a ordem pública (artigo 2.035, parágrafo único).[145] JUDITH MARTINS-COSTA menciona como cláusulas gerais aquelas que explicitam a *boa-fé* – artigos 113, 187 e 422. *"Essas normas caracterizam cláusulas gerais porque, fazendo recurso a uma expressão de tessitura aberta ("boa-fé"), não indicam, a priori, todas as consequências de sua infração: a sua eficácia depende do exame* aposteriori *e criterioso da situação do fato pelo intérprete; dos interesses globais envolvidos na relação contratual e eventual eficácia na esfera jurídica alheia; da concreta conduta das partes e da inexigibilidade, ou não, de conduta diversa, entre outros fatores. Após esse exame o intérprete, direcionado pelo valor que a norma visa tutelar (in casu, os valores da probidade, da honestidade, lealdade, solidariedade social, consideração com os interesses alheios), deve buscar, nos quadros do sistema, solução que melhor concretize aquele valor".*[146]

---

143 NELSON NERY JR. e ROSA MARIA DE ANDRADE NERY, op. cit., *idem*, p. 158.
144 Embora não explicitada no Código Civil, a função social da empresa é de ser considerada dele integrante, por força do preceito constitucional (CF, art. 170, *caput*, e Lei das S/A, art. 116, parágrafo único).
145 RUY ROSADO DE AGUIAR JÚNIOR, *RT* 775/24.
146 JUDITH MARTINS-COSTA, *Boa-Fé e Seguro*, cit., *idem*, pp. 83/84.

A adoção de *cláusulas gerais* preocupa o conservadorismo e o arcaico, mas agonizante, positivismo puro. Acena-se com o perigo de o *juiz criar normas*, invoca-se a ameaça da *ditadura dos juízes*, considerada mais iníqua do que a dos demais autocratas. Tudo isso não empalidece o notável avanço de uma codificação que já não pode ser considerada rançosa e anacrônica. Suficientemente dotada de instrumentos de constante atualização. Suscetível de entusiasmar o operador do direito, tantas vezes desalentado ao constatar que o sistema jurídico se aparta não raro da justiça.

19. Conceitos legais indeterminados

Além das *cláusulas gerais*, o Código Civil abriga *conceitos legais indeterminados*. Os privatistas NERY preferem a expressão *conceitos legais indeterminados* à também utilizada *conceitos jurídicos indeterminados*. É que a indeterminação está na norma legal e não na forma.[147]

Definem-no como *"palavras ou expressões indicadas na lei, de conteúdo e extensão altamente vagos, imprecisos e genéricos, e por isso mesmo esse conceito é abstrato e lacunoso"*.[148] A abstração decorre da hipótese de fato descrita na norma. Diante do caso concreto é que o juiz dirá se a norma incidirá. Nos conceitos legais indeterminados o juiz não exerce *atividade criadora*, senão atua na conformidade com a longeva concepção da *subsunção do fato à norma*.

Distinguem-se das *cláusulas gerais*, mais concretas e efetivas, por sua finalidade e eficácia. Os exemplos encontrados em NELSON NERY JR. e ROSA NERY são: ordem pública e bons costumes, para caracterizar a ilicitude da condição que os ofenda (artigo 122), atividade de risco, para caracterizar responsabilidade objetiva (artigo 927, parágrafo único), caso de urgência (artigo 251, parágrafo único), perigo iminente, como excludente de ilicitude do ato (artigo 188, II), divisão cômoda,

---

147 NELSON NERY JÚNIOR e ROSA MARIA DE ANDRADE NERY, Código Civil, cit., *idem*, p. 157.

148 NELSON NERY JÚNIOR e ROSA MARIA DE ANDRADE NERY, Código Civil, cit., *idem, ibidem*.

como critério para alienação judicial de imóvel em condomínio que não a comportar (artigo 2.019), coisas necessárias à economia doméstica, que dispensam a autorização conjugal para serem compradas, ainda que a crédito (artigo 1.643, I), necessidade imprevista e urgente, como causa autorizadora da suspensão, pelo comodante, do uso e gozo da coisa emprestada (artigo 581) etc.[149]

O núcleo comum de todos esses dispositivos é a plasticidade conceitual que eles acolhem. Não existe uma precisão indiscutível sobre cada um deles. O juiz é que, a depender do caso submetido à sua apreciação, dirá o que significa *ordem pública, bons costumes, atividade de risco, caso de urgência, perigo iminente, divisão cômoda, coisas necessárias à economia doméstica, necessidade imprevista e urgente*. Aí entrará como fator fundamental para a solução do caso concreto a formação ética do juiz, seu perfil psicológico, sua ideologia, sua erudição e até mesmo sua idiossincrasia.

20. Conceitos determinados pela função

No momento em que o juiz preenche o significado concreto dos *conceitos legais indeterminados*, eles se convertem nos *conceitos determinados pela função*.

É a função a ser por eles exercida no caso concreto que os determinará e excluirá a imprecisão detectada na lei. Ou seja, *"são, na verdade, o* resultado *da valoração dos conceitos legais indeterminados, pela aplicação e utilização, pelo juiz, das cláusulas gerais"*.[150]

Consoante a lição dos NERY, apoiados na doutrina alemã dos *funktionsbestimmte Rechtsbegriffe, "nos conteúdos das ideias de boa-fé (artigo 422), bons costumes (artigo 187), ilicitude (artigo 186), abuso de direito (artigo 187) etc., está implícita a determinação funcional do*

---

149 NELSON NERY JÚNIOR e ROSA MARIA DE ANDRADE NERY, *Código Civil*, cit., *idem, ibidem.*

150 NELSON NERY JÚNIOR e ROSA MARIA DE ANDRADE NERY, *Código Civil*, cit., *idem*, p. 158, a citar KARL LARENZ, *Methodenlehre*, cap.VI, 3, b, pp. 482/483.

conceito, como elemento de previsão, pois o juiz deverá dar concreção aos referidos conceitos, atendendo às peculiaridades do que significa boa-fé, bons costumes, ilicitude ou abuso do direito no caso concreto. Vale dizer, o juiz torna concretos, vivos, determinando-os pela função, *os denominados* conceitos legais indeterminados".[151]

21. Protagonismo do intérprete

Abordagem singela e superficial do tema autoriza a conclusão de que existe um *núcleo comum* entre princípios gerais de direito, conceitos legais indeterminados, princípios determinados pela função e cláusulas gerais.

Esse *núcleo comum* é o reforço e ampliação do mister hermenêutico do Código Civil brasileiro de 2002.

Nada foi por acaso. O longo período de preparação, coleta de opiniões, críticas e propostas, na maturação do anteprojeto até converter-se no Código, permitiu absorção de novos rumos no tema da *função judicial*.

A gênese romana de nosso Direito absorveu toda a tradição do papel reservado ao juiz no decorrer da História. Em brevíssimo retrospecto da evolução da judicatura, o ponto de partida é o de que, à exceção dos primórdios da civilização, sempre houve consenso de que o juiz deve estar ligado a critérios positivos previamente explicitados. Existe uma espécie de *fobia social* pela imprevisibilidade das decisões judiciais e uma tentativa de submeter o juiz à cadeia indissolúvel da lei onipotente.

É conhecida a passagem narrada por Suetônio de que o imperador Calígula pretendeu abolir a ciência dos jurisconsultos romanos e autorizar que as decisões apenas se baseassem na equidade. A proposta foi considerada uma ameaça à segurança jurídica, mais um dos sintomas da discutível higidez mental do monarca.

---

151 NELSON NERY JÚNIOR e ROSA MARIA DE ANDRADE NERY, *Código Civil*, cit., *idem, ibidem.*

Mesmo com fundamento na lei, o juiz romano tinha a possibilidade de escolher entre as várias leituras que, dos mesmos textos, faziam sabinianos ou proculianos. Já existia a liberdade interpretativa.

No período medieval, continua a vinculação do julgador à lei; mas o que era a lei? O *Corpus Juris Civilis*, porém, era uma compilação de jurisprudência. Mantinha-se o legalismo, porque não era impossível ao juiz escolher a melhor solução, tal o volume de possibilidades contidas no direito.

A Idade Moderna procurou separar as funções e excluir ao juiz a possibilidade de interpretação. Chegou-se mesmo a impor ao juiz, em caso de lei lacunosa, a remessa da causa às assembleias legislativas, para que dessem a solução clara e precisa à situação litigiosa.[152] Daí ao exacerbado positivismo foi um passo. Não existe direito senão na lei positiva. A contribuição de KELSEN para precisar o valor do normativismo não precisa ser ressaltada.

Ora, o consenso a respeito de não ser o juiz fator criador do direito já não é absoluto. A produção de uma lei cada vez mais imperfeita, cada vez mais fruto do compromisso possível num Parlamento integrado por múltiplos setores, nem todos eles coincidentes a respeito do que é *o bem comum* ou *a vontade geral*, impôs ao juiz um protagonismo novo.

Parece que hoje a solução, a suprema garantia possível, será vincular o juiz não à lei, mas sujeitar a lei ao direito. Não é necessário esforço ou tirocínio para constatar que *lei* e *direito* não são sinônimos. O Direito é muito mais consistente, denso e abrangente do que a lei. A lei é uma pálida expressão do direito. Pode até mesmo colidir com ele.

As opções fundamentais – não só jurídicas, mas *também jurídicas* – estão no texto fundante. A Constituição abriga os grandes princípios e indica o intuito da sociedade no momento histórico por ela vivenciado.

---

152   Era a Lei de 24.08.1790, título 2, artigo 12, da Revolução Francesa, que estabelecia o *référé obligatoire*, ou seja, o envio do caso concreto ao Parlamento, para que resolvesse as lacunas.

Edificar uma sociedade fraterna, pluralista e sem preconceitos, na qual igualdade e justiça estão entre os valores supremos.[153]

Esse o norte da comunidade dos aplicadores de direito, da qual o juiz faz parte e deve estar na linha de frente.

Juiz que encare com profundo senso ético a sua missão, e veja no processo uma *ferramenta de se fazer justiça,* consoante os clássicos ensinamentos do Ministro SÁLVIO DE FIGUEIREDO TEIXEIRA: *"Se o direito é o instrumento de que se vale o Estado para alcançar o bem comum, como realçou BECKER, é oportuno recordar que essa instrumentalidade se faz presente no Direito Processual de maneira mais penetrante que em qualquer outro ramo da ciência jurídica, em face do caráter instrumental do processo como meio de composição de conflitos de interesses, a interpretação da lei deve fazer-se de modo a ajustá-la o mais possível às exigências da vida em sociedade e ao desenvolvimento da nossa cultura".*[154] Esse o juiz habilitado a conferir efetividade às *mensagens normativas* da Constituição, conformando a estas o conteúdo dos Códigos.

Os Códigos ainda existem e constituem parâmetros de conduta. Mas, *"uma vez reconhecido isto, é necessário ainda dar um novo passo adiante, consistente no modo de considerar estes códigos, isto é, como* livros de direito, *e não tanto como leis, que para o jurista representam um ponto de partida, e não um objeto de chegada, um depósito de materiais com os quais iniciar sua reflexão sobre o justo".*[155]

O Código Civil é *ponto de partida*, não *porto seguro*, ou ancoradouro de chegada. Singular como os partícipes mais próximos ao exaustivo processo de sua elaboração nutrem claramente essa concepção: a de *"que o novo Código instaura a* razão comunicativa, *situando*

---

153 Preâmbulo da Constituição da República de 05.10.1988.

154 SÁLVIO DE FIGUEIREDO TEIXEIRA, "O Juiz em face do Código de Processo Civil", *in Revista de Processo* nº 10, p. 226.

155 ALEJANDRO GUZMÁN BRITO, "La Función Jurisdiccional en las concepciones clasica, moderna y contemporanea", *in La Función Judicial*, obra coletiva, prólogo del Doctor ABELARDO F. ROSSI, Buenos Aires, Ediciones Depalma, 1981, p. 225.

a permanente, mas coordenada intertextualidade *entre o seu* corpus *e outras fontes, jurídicas e extrajurídicas, produtoras de normatividade social, e assim conformando um* modelo de complementaridade intertextual. *E, com efeito, a maior novidade do novo Código Civil – o que verdadeiramente possui de significativo – é a introdução de uma* nova metodologia *na aplicação do Direito. Nessa, as normas devem ser vistas como* pontos de partida *– e não como* pontos de chegada *– à atividade do intérprete".*[156]

Essa a maior riqueza da legislação ora sob comentário e a reclamar todo o afinco e empenho dos novos juristas. Aqueles capazes de libertação das cadeias do positivismo, do formalismo estéril, do ritualismo, do hermetismo e da crescente insensibilidade da letra fria da lei, diante das clamorosas injustiças reais.

A eles incumbe refletir sobre o justo. Sobre as exigências de justiça da sociedade contemporânea. E, *"nesta reflexão construtora do jurídico, os juristas são livres de toda atadura que não provenha das exigências naturais do objeto de seu estudo, nem têm necessidade de voltar a percorrer caminhos já percorridos no passado ou por seus contemporâneos. Deve-se reconhecer, assim, todo um acervo de conhecimentos sobre o justo, sem barreiras temporais nem espaciais, que propriamente constituem o direito e que para o jurista tem uma especial validez, ainda que não tenha vigência legal".*[157]

Essa a mensagem mais profícua que se pode extrair de um Código que ousou romper com paradigmas positivistas ainda tão arraigados na cultura jurídica brasileira e cujo destino promissor ou de desalento está confiado à consciência da comunidade aberta de seus intérpretes.

---

156 JUDITH MARTINS-COSTA, *Boa-fé e seguro*, cit., *idem*, pp. 90/91.
157 ALEJANDRO GUZMÁN BRITO, *La Función Jurisdiccional...* cit., *idem*, pp. 225/226.

APÊNDICE

LEI DE INTRODUÇÃO ÀS NORMAS DO DIREITO BRASILEIRO

DECRETO-LEI Nº 4.657, DE 04.09.1942

Artigo 1º Salvo disposição contrária, a lei começa a vigorar em todo o país 45 (quarenta e cinco) dias depois de oficialmente publicada.

§ 1º Nos Estados estrangeiros, a obrigatoriedade da lei brasileira, quando admitida, se inicia 3 (três) meses depois de oficialmente publicada.

§ 2º Revogado pela Lei nº 12.036, de 2009.

§ 3º Se, antes de entrar a lei em vigor, ocorrer nova publicação de seu texto, destinada à correção, o prazo deste artigo e dos parágrafos anteriores começará a correr da nova publicação.

§ 4º As correções a texto de lei já em vigor consideram-se lei nova.

COMENTÁRIOS

A primeira observação a ser feita é a de que a Lei de Introdução às Normas do Direito Brasileiro (LINDB – a redação atual foi dada pela Lei nº 12.376, de 2010 – antes a denominação era Lei de Introdução ao Código Civil) foi editada em plena ditadura Vargas, um quarto de século após a vigência do Código Civil, e continua vigente em pleno século XXI.

Tal correção passa longe de mero preciosismo tecnicista. Desde sua origem, a LINDB exerce com maestria verdadeira função de lei hermenêutica, a disciplinar a aplicação de toda a produção legislativa brasileira no tempo e no espaço. De acordo com Maria Helena Diniz, *"A Lei de Introdução é uma* lex legum*, ou seja, um conjunto de normas sobre normas, constituindo um direito sobre direito ('ein Recht der* *jura'), um superdireito, um direito coordenador de direito. Não rege as relações de vida, mas sim as normas, uma vez que indica como interpretá-las ou aplicá-las, determinando-lhes a vigência e eficácia, suas dimensões espaciotemporais, assinalando suas projeções nas situações conflitivas de ordenamentos jurídicos nacionais e alienígenas, evidenciando os respectivos elementos de conexão. Como se vê, engloba não só o direito civil, mas também os diversos ramos do direito privado e público, notadamente a seara do direito internacional privado, por isso exata é a denominação que lhe foi dada pela Lei nº 12.376/2010".*[1]

Atravessou incólume breve período democrático – de 1946 a 1964 – e penetrou em outra fase autoritária e ninguém recusa sua recepção pela *Constituição Cidadã* de 1988.

Aparentemente não recebeu as críticas de *entulho autoritário* que a legislação produzida à época sofreu, assim como o Código de Processo Penal, promulgado à mesma época.

O artigo 1º dispõe sobre o prazo de 45 (quarenta e cinco) dias – período de vacância – para que a lei entre em vigor, contado da publicação oficial.

Sua dicção não interfere com a previsão do artigo 8º da Lei Complementar nº 95, de 26.02.1998, que dispõe sobre a elaboração, a redação, a alteração e a consolidação das leis, conforme determina o parágrafo único do art. 59 da Constituição Federal, e estabelece normas para a consolidação dos atos normativos que menciona.

> "Art. 8º A vigência da lei será indicada de forma expressa e de modo a contemplar prazo razoável para que dela se tenha amplo conhecimento, reservada a cláusula 'entra em vigor na data de sua publicação' para as leis de pequena repercussão."

---

1 DINIZ, Maria Helena. *Lei de Introdução às Normas do Direito Brasileiro interpretada*. 17. ed. São Paulo: Saraiva, 2012. p. 22.

LEI DE INTRODUÇÃO ÀS NORMAS DO DIREITO BRASILEIRO (Art. 1º)

A contagem do prazo se fará consoante dispõe o § 1º do artigo 8º da LC nº 95/98:

"§ 1º A contagem do prazo para entrada em vigor das leis que estabeleçam período de vacância far-se-á com a inclusão da data da publicação e do último dia do prazo, entrando em vigor no dia subsequente à sua Consumação integral.

§ 2º As leis que estabeleçam período de vacância deverão utilizar a cláusula 'esta lei entra em vigor após decorridos (o número de) dias de sua publicação oficial'."

Compreensível o prazo de 45 (quarenta e cinco) dias, para a primeira metade do século XX, época em que as comunicações não haviam atingido o desenvolvimento atual. Era necessário que houvesse tempo suficiente para o conhecimento da nova legislação, considerada a extensão continental do Brasil e a precariedade dos meios postos à disposição da divulgação.

Da mesma forma, para uma aviação incipiente e inexistência de infovias, a obrigatoriedade da lei brasileira no estrangeiro só teria início três meses depois de oficialmente publicada. Tal distinção seria inócua em nossos dias, diante da simultaneidade da transmissão de dados por todo o globo.

A utilização do vocábulo *lei* delimita o alcance da norma para o fruto do *processo legislativo*. É lei o produto do Parlamento que atende aos requisitos previstos na Constituição da República, nos artigos 59 a 69. Em relação aos atos administrativos, são obrigatórios desde a publicação.[2] Em relação às leis tributárias, atos administrativos, decisões normativas de órgãos administrativos e convênios tributários, também existe previsão especial.[3]

---

2   Artigo 5º do Decreto nº 572, de 12.07.1890, não revogado pelo Código Civil.
3   Código Tributário Nacional – CTN, Lei nº 5.172, de 25.10.1966, artigos 101 a 104.

Distinguem-se as fases de *elaboração* da lei daquelas em que seu conteúdo é divulgado – para que todos os destinatários dela tomem conhecimento – e da sua exigibilidade. Com propriedade, MARIA HELENA DINIZ esclarece: "*A executoriedade é, portanto, o efeito da promulgação; por isso é, repetimos, o ato que atesta sua existência e a obrigatoriedade da publicação*".[4]

A análise de todo o conteúdo semântico extraível desse dispositivo ora sob comento levaria à revisão de considerável parcela da teoria geral do direito. Haveria condição para se explorar a discussão sobre a necessidade das normas, a origem das leis, sua classificação, deter-se em cada fase de sua elaboração e até chegar a indagar – já no âmbito da filosofia do direito – se elas são necessárias e suficientes a disciplinar uma sociedade cada vez mais hedonista e egoísta.[5] Pois, *"enquanto expressão verbal, o Direito não possui uma língua (e uma gramática) própria; mas possui, isto sim, um léxico particular que se moldou ao longo de uma evolução histórica própria (como o possuem todas as áreas específicas do conhecimento humano). Constata-se, assim, a existência de um* corpus *lexicológico jurídico, onde se encontram valores estruturais específicos, apuráveis em contextos técnico-jurídicos... Não se trata de um* corpus *composto de palavras, mas sim de signos verbais. A diferença está diretamente ligada à noção já estudada de valor estrutural. A palavra é a lexia do sistema semiológico verbal. Mas, em razão da polissemia, nem todos os significados que podem ser atribuídos a uma palavra terão pertinência com o* corpus *delimitado".*[6]

Não seria esta vista d'olhos sobre a Lei de Introdução a oportunidade de rever – ao menos com a profundidade desejável – conceitos como os de validade, vigência ou eficácia? Todavia, com recurso a quem o fez com superioridade, recorde-se que validade *"é tema de*

---

4   MARIA HELENA DINIZ, *Lei de Introdução ao Código Civil Brasileiro Interpretada*, 5ª ed., São Paulo, Saraiva, 1999, p. 47.
5   Consultar a instigante obra de JEAN CRUET: *A vida do direito e a inutilidade das leis*.
6   GLADSTON MAMEDE, *Semiologia e Direito – Tópicos para um debate referenciado pela animalidade e pela cultura*, Belo Horizonte, Editorial 786, 1995, p. 72.

muitas facetas. Nele estão implicados problemas relativos ao fundamento da ordem jurídica, que relevam, por sua vez, discussões em torno dos conceitos de legalidade e legitimidade. Validade também se toma no sentido de efetividade, de cumprimento e de aplicação das normas. Não se pode esquecer ainda que as discussões em torno da validade, como termo primitivo da lógica deôntica, ou as especulações sobre o sentido lógico-transcendental do valer como categoria básica do pensar normativo".[7]

A expressão *validade* é usada para resolver questões práticas, como a capacidade de a norma resolver o conflito. Por isso é que ela sugere os conceitos de direito vigente, direito eficaz, normas em vigor, suspensão da vigência, da eficácia e outros. TÉRCIO SAMPAIO FERRAZ JÚNIOR examina validade do ângulo discursivo e, com vistas aos três ângulos da análise semiótica, distingue as dimensões sintática, semântica e pragmática. Invoca HANS KELSEN, para quem validade é o modo de existência específico das normas. Ensina o autor:

> Validade é uma qualidade da norma que designa sua pertinência ao ordenamento, por terem sido obedecidas as condições formais e materiais; vigência é uma qualidade da norma que diz respeito ao tempo de validade, ao período que vai do momento em que ela entra em vigor até o momento em que é revogada ou em que se esgota o prazo prescrito para a sua duração; e eficácia é uma qualidade da norma que se refere à possibilidade de produção concreta de efeitos, porque estão presentes as condições fáticas exigíveis para sua observância.[8]

---

7 TÉRCIO SAMPAIO FERRAZ JÚNIOR, *Teoria da Norma Jurídica*, Rio de Janeiro, Forense, 1978, p. 94.

8 FERRAZ JÚNIOR, Tercio Sampaio. *Introdução ao estudo do Direito* – Técnica, decisão, dominação. 5. ed. São Paulo: Atlas, 2007. p. 202.

Sobre a validade, necessário citar também Luis Roberto Barroso, quando afirma:

Dentro da ordem de ideias aqui expostas, uma lei que contrarie a Constituição, por vício formal ou material, não é *inexistente*. Ela ingressou no mundo jurídico e, em muitos casos, terá tido aplicação efetiva, gerando situações que terão de ser recompostas. Norma inconstitucional é norma *inválida*, por desconformidade com regramento superior, por desatender os requisitos impostos pela norma maior. Atente-se que validade, no sentido aqui empregado, não se confunde com validade técnico-formal, que designa a *vigência* de uma norma, isto é, sua existência jurídica e aplicabilidade.[9]

Para MARIA HELENA DINIZ, a validade pode ser constitucional ou formal: *"A validade constitucional, intimamente relacionada com a eficácia constitucional, indica que a disposição normativa é conforme as prescrições constitucionais; assim, nesse sentido, válida é a norma que respeita um comando superior, ou seja, o preceito constitucional".*[10] Já a *"validade formal, ou técnico-jurídica (vigência em sentido amplo), de uma norma significa que ela foi elaborada por um órgão competente em obediência aos procedimentos formais".*[11]

A validade é uma propriedade pragmática da norma: seria a sua capacidade de resolver conflitos.[12] Já a *"vigência temporal é uma qualidade da norma atinente ao tempo de sua atuação, podendo ser invocada para produzir, concretamente, efeitos (eficácia). Vigência (sentido estrito) designaria a existência específica da norma em determinada*

---

9   BARROSO, Luís Roberto. *O controle de constitucionalidade no Direito brasileiro*. 2. ed. rev. e ampl. São Paulo: Saraiva, 2006. p. 13.
10 MARIA HELENA DINIZ, op. cit., *idem*, p. 48.
11 MARIA HELENA DINIZ, op. cit., *idem, ibidem*.
12 TÉRCIO SAMPAIO FERRAZ JÚNIOR, "Teoria da Norma Jurídica: um modelo pragmático", *in A Norma Jurídica*, coord. SÉRGIO FERRAZ, Rio de Janeiro, Freitas Bastos, 1980, p. 25.

época, caracterizando o preceito normativo que rege relações sociais aqui e agora (hic et nunc) ".[13]

Como dito dantes, o objetivo do artigo 1º da Lei de Introdução não se restringe ao Código Civil. Preceitua que, no silêncio do legislador, a lei passa a vigorar quarenta e cinco dias depois da publicação. Se antes da entrada em vigor vier a ocorrer nova publicação do texto, para corrigir alguma erronia ou inadequação, o prazo será contado a partir da republicação.

O período de quarenta e quatro dias, até início da vigência, é denominado *vacatio legis*. É o tempo considerado necessário, pelo legislador, à tomada de conhecimento e de consciência, pela comunidade de destinatários e pelo conjunto dos operadores jurídicos, do advento de uma nova lei.

Artigo 2º Não se destinando à vigência temporária, a lei terá vigor até que outra a modifique ou revogue.

§ 1º A lei posterior revoga a anterior quando expressamente o declare, quando seja com ela incompatível ou quando regule inteiramente a matéria de que tratava a lei anterior.

§ 2º A lei nova, que estabeleça disposições gerais ou especiais a par das já existentes, não revoga nem modifica a lei anterior.

§ 3º Salvo disposição em contrário, a lei revogada não se restaura por ter a lei revogadora perdido a vigência.

COMENTÁRIOS

Presume-se que uma lei atenda a uma necessidade consistente da sociedade. Não se estipularia um *processo legislativo* na Constituição da República, provido de certa sofisticação e com as fases delimitadas e

---

13   MARIA HELENA DINIZ, op. cit., *idem*, p. 49.

expressamente previstas, se o comando normativo de elaboração cometida a um dos Poderes da República fosse destituído de relevância. Ao contrário, na formulação inicial da separação dos Poderes, a supremacia do Parlamento era notória. A ele incumbiria a criação das *regras do jogo*. E até hoje o Estado de Direito é caracterizado como a convivência *sob o império das leis*.

De qualquer forma, a lei pode se destinar a uma vigência temporária. Cessado o motivo de sua edição, ela deixa de vigorar. Caso contrário, sua vigência é temporalmente indeterminada ou com destinação à vigência permanente. Durante esse período, terá vigor – ou vigência – até que outra lei a altere ou a revogue.

Durante a vigência, a lei poderá ser submetida a vicissitudes. Dentre eles, citem-se a *caducidade,* o *desuso* e o *costume negativo*.

Caducidade é perda de intensidade, de força, de intensidade. MARIA HELENA DINIZ a exemplifica ante a superveniência de situação prevista na própria norma e que, realizada, a tornará sem efeito, mesmo sem revogação implícita ou explícita. Situação decorrente de fator temporal – termo final de vigência – ou de circunstância fática – norma editada para atender a situação emergencial – *v.g.* calamidade pública – que deixa de existir e, por consequência, retira eficácia à norma.[14]

O *desuso* é a falta de efetividade da lei em virtude de sua inobservância por quem deveria obedecê-la. A prolífica produção normativa dos Legislativos e a ausência de uma política de consolidação das leis, presentes no discurso e até em textos legais,[15] mas sem relevância prática, preservam inúmeras leis em desuso no Brasil. Aliás, o Brasil é pródigo em reconhecer que existem *leis que pegam e leis que não pegam*. Sintoma do pouco apreço devotado à norma legal ou de inadequação de seus preceitos às aspirações coletivas?

Nem sempre o desuso pode caracterizar a má-fé da comunidade ou a desafeição imotivada aos esquemas normativos. Reflexões antigas

---

14 MARIA HELENA DINIZ, op. cit., *idem*, p. 65.
15 Artigos 13 a 17 da Lei Complementar nº 95, de 26.02.1998.

podem auxiliar o temperamento das opiniões conclusivas. Recorra-se a GIORGIO DEL VECCHIO: *"Nem toda lei, ainda quando formalmente em vigor, é uma parte vivente do organismo jurídico. Recordemos a este respeito as expressões tão certas de JHERING: "Podem ditar-se numerosas leis ainda em breve tempo... As leis amontoam-se como as nuvens quando o céu está agitado; porém, se passam tão rapidamente como estas e não deixam vestígio algum, não merecem ser enumeradas entre as verdadeiras produções, senão mais adequadamente entre as escórias e excrementos que voam daqui para ali enquanto a História trabalha. A produtividade da História do Direito tem por objeto a evolução do organismo jurídico, e esta não se realiza por aquilo que este* organismo consome, *senão por aquilo que* digere".[16]

Em *O declínio do Direito*, GEORGES RIPERT afirmava que a primeira causa da desobediência à lei deriva do sentimento da *inutilidade da lei*. Não que o indivíduo possa ser juiz dessa utilidade: *"O julgamento individual não tem importância; ademais, ele é quase sempre falso nessa matéria, pois cada um julga segundo seu próprio interesse. Mas, se o conjunto daqueles aos quais a lei deva se aplicar estima que esta lei é inútil ou inaplicável, criou-se um sentimento universal que destrói a força da lei. As leis inúteis fragilizam as leis necessárias".[17]*

O exemplo de MARIA HELENA DINIZ para o desuso é também característico a esta época de desapreço ao meio ambiente: lei que proíba a pesca da baleia, em desuso após a extinção da espécie. Caberia lembrar que municípios como a capital paulista ainda dispõem de leis que disciplinam o uso dos bebedouros públicos para animais, o que é inimaginável em nossos dias.

O *costume negativo* é aquele exatamente contrário ao da disposição normativa. Assim, *"se uma norma for sintaticamente ineficaz e desobedecida regularmente (semanticamente inefetiva), ter-se-á inefe-*

---

16 GIORGIO DEL VECCHIO, *Derecho y Vida – Nuevos Ensayos de Filosofia Jurídica*, Barcelona, Bosch, Casa Editorial, 1942, p.168, a citar JHERING, *Geist des römischen Rechts*, T. I, p. 69.

17 GEORGES RIPERT, *Le Déclin du Droit*, Paris, Librairie Générale de Droit et de Jurisprudence, 1949, pp. 97/98, a mencionar MONTESQUIEU, *Esprit des Lois*, Livro XXIX, cap. 16.

tividade pragmática no sentido de costume negativo *ou* contra legem*, ou melhor, omissão que se dá porque os fatos que seriam condição para a aplicação da norma não ocorrem".*[18] No Brasil, o costume negativo poderia merecer um verdadeiro ensaio. Mencione-se, por exemplo, a contravenção do *jogo do bicho*, que parece ineliminável. Ou o costume de soltar balões, o aprisionamento de pássaros e outros delitos ambientais.

Cumpre, entretanto, *"distinguir os casos de desuso e de costume negativo. No primeiro,... a norma é eficaz, mas regularmente desobedecida. No segundo, é ineficaz e regularmente desobedecida. Neste último caso, a inefetividade pragmática da norma derivada afetando a efetividade da norma-origem, a norma derivada perde a sua validade por inefetividade da norma-origem. No primeiro, apesar da desobediência regular, a norma derivada não perde a sua validade, senão por revogação expressa (ou derrogação, no caso de desuso parcial)".*[19]

A lei não pode ser revogada pelo desuso, ou pelo seu uso em contrário, nem tampouco por haver cessado a razão que a preordenara.[20] Uma lei só deixa de vigorar quando outra lei lhe retira o vigor. É o que se chama *revogação,* gênero que admite duas espécies: a *ab-rogação* – revogação total – e a *derrogação* – revogação parcial. Nesse campo, nada se alterou, em substância, desde os romanos. Pois *"na antiga Roma o primeiro momento da formação da lei, isto é, a sua aprovação, era a* rogatio; *quando a lei era anulada inteiramente perdendo a sua autoridade se dizia* abrogada; *quando era apenas anulada em parte, se dizia* derrogada; *quando era somente alterada, acrescentando-se-lhe*

---

18 MARIA HELENA DINIZ, op. cit., *idem, ibidem.*
19 TÉRCIO SAMPAIO FERRAZ JÚNIOR, *Teoria da Norma Jurídica* cit., *idem,* p. 147. Para o notável jusfilósfo, de acordo com as noções de validade/invalidade, há dois tipos básicos de normas: normas-origens e normas derivadas. Normas-origens são normas que guardam eventualmente, entre si, relações de invalidade, mas que, em si, não são nem válidas nem inválidas, mas, apenas, efetivas, conforme as regras de calibração do sistema. As normas derivadas são, em relação às suas normas-origens, normas válidas, podendo ser inválidas em relação a outras normas-origens; em si, elas são efetivas ou inefetivas. Consultar a obra citada.
20 VICENTE RÁO, *O Direito e a Vida dos Direitos,* 6ª ed., São Paulo, RT, p. 370.

alguma coisa, se dizia sub-rogada; *e quando era substituída por outra, em algum ponto, se dizia* ob-rogada".[21]

Também se admite a *revogação expressa* se a lei que revoga explicita exatamente aquilo de que está a retirar a vigência. Ou *revogação tácita*, se não há explicitação do revogado, mas incompatibilidade entre a dicção superveniente e aquela preexistente.

A Lei Complementar nº 95/98 adotou a *revogação expressa* como norma, ao estabelecer no seu artigo 9º: *"A cláusula de revogação deverá enumerar, expressamente, as leis ou disposições legais revogadas"*. Previsão que não elimina a *revogação tácita*, decorra ela de lei de idêntica hierarquia à norma revogada ou de hierarquia superior. No sistema pátrio, a Constituição é o ápice da estrutura piramidal e representa o *fundamento de validade* de toda a normatividade que lhe é inferior. Inequívoca a possibilidade de a norma constitucional revogar tacitamente, no todo ou em parte, qualquer outro diploma legislativo do ordenamento antagônico a seus preceitos.

Para solucionar pragmaticamente o problema da cessação de vigência de toda a estrutura normativa, a cada superveniência de nova ordem constitucional, os romanos já conheciam o fenômeno da *recepção*. *"Recepção"*, ensina ALEXANDRE DE MORAES, *"consiste no acolhimento que uma nova constituição posta em vigor dá às leis e atos normativos editados sob a égide da Carta anterior, desde que compatíveis consigo"*.[22] Por ele, tudo aquilo que não conflitar com a nova Constituição passa a integrar validamente o ordenamento. A análise de cada caso concreto incumbirá ao Poder Judiciário, pois nem sempre é nítida a incompatibilidade com o atual fundamento de validade.

Os preceitos da LINDB poderiam sintetizar a opção do legislador pela vigência das leis com intuito de perenidade. Se a lei, originalmente, é norma abstrata de conduta destinada a disciplinar todas as ocorrências

---

21 REYNALDO PORCHAT, *Curso Elementar de Direito Romano*, 2ª ed., São Paulo, Melhoramentos, 1937, p. 300.
22 ALEXANDRE DE MORAES, *Direito Constitucional*, 19ª ed., São Paulo, Atlas, 2006, p. 580.

que ela enuncia a partir de sua vigência para o futuro, inadmissível a edição de leis para regular exceções ou irrelevância. Toda lei – produto do processo legislativo de que se incumbe o Parlamento – vigerá até que uma outra lei a revogue de maneira expressa ou tácita. Uma forma reconhecida de revogação tácita é *regular inteiramente* a matéria de que tratava a lei anterior. O acréscimo a preceitos anteriores não é considerado revogação ou modificação. Na concepção do legislador da LINDB, seria mera *complementação* ou *suprimento* daquilo que a lei já regula.

Por último, o legislador veda o efeito *repristinatório*, ou seja, o ressurgir da lei revogada, por perda de vigência da lei revogadora. *"Repristinação é o nome que se dá ao fenômeno que ocorre quando uma norma revogadora de outra anterior, que, por sua vez, tivesse revogado uma mais antiga, recoloca esta última novamente em estado de produção de efeitos".*[23]

Isso não significa a inexistência da repristinação no Direito brasileiro. O Supremo Tribunal Federal já decidiu que *"existe efeito repristinatório em nosso ordenamento jurídico, impondo-se, no entanto, para que possa atuar plenamente, que a repristinação encontre suporte em cláusula normativa que a preveja expressamente, pois a repristinação não se presume".*[24]

O efeito repristinatório é excepcional, pois *"essa restauração eficacial designada de* repristinação *é condenável, juridicamente, por colocar em risco a segurança jurídica, causando sérias dificuldades à aplicação do direito".*[25]

Artigo 3º Ninguém se escusa de cumprir a lei, alegando que não a conhece.

---

23 ALEXANDRE DE MORAES, op. cit., *idem, ibidem.*
24 Recurso Extraordinário nº 384.327-3/DF, Rel. Min. NELSON JOBIM, *DJU* 03.09.2003, Medida Cautelar em Ação Cautelar nº 586-8-SP, Rel. Min. NELSON JOBIM, *DJU* 02.02.2005.
25 MARIA HELENA DINIZ, op. cit., *idem,* p. 83.

COMENTÁRIOS

Os romanos já erigiram o *ignorantia legis neminen escusat* como fórmula para se evitar a invocação de ignorância para o descumprimento da norma. Enquanto o erro é o falso conhecimento de algo, a ignorância é a ausência de qualquer conhecimento.

A ficção contida nesse artigo torna operacionável o sistema jurídico, mas é cada vez mais desmentida. Primeiro, porque a volúpia legiferante, comum a absolutamente todas as disciplinas do saber jurídico, torna materialmente inviável que alguém conheça a profusão normativa em vigor. Mesmo os especialistas em direito enfrentam dificuldade enorme em dominar o conteúdo do ordenamento. O brocardo *juria novit curia* é cada vez mais desmentido em todas as instâncias. Também já não é conferido ao juiz afirmar com segurança e convicção *narra mihi factum, dabo tibi jus*.

Aliás, muitas são as ficções que tornam o sistema operacionável. Quem já não se perguntou sobre o significado de expressões como "homem médio", "segurança jurídica" (para quem?), valores magistrais (de quando?), vontade do legislador, vontade da lei, ou mesmo aquele velho brocardo da hermenêutica de Carlos Maximiliano, que indica ser a interpretação a forma de atingir o "verdadeiro sentido e real alcance da lei"?

São observações importantes para reduzir o apego formalista que ainda predomina nos bancos das mais de 2.000 faculdades de direito existentes no país, e que se refletem numa prática profissional quase sempre divorciada da realidade concreta circundante.

De qualquer forma, o preceito propicia a aplicação da lei sem o sobressalto que resultaria da alegação de seu desconhecimento. Os romanos também já distinguiam entre *erro de fato* e *erro de direito*: error *ou* ignorantia facti *e* error *ou* ignorantia iuris. A inescusabilidade do erro de direito sempre foi considerada normal e necessária: "*O erro de direito é por regra geral inescusável, não já porque o direito se conhece com*

COMENTÁRIOS AO NOVO CÓDIGO CIVIL

mais facilidade do que o fato, senão porque a lei deve ser aplicada a nossos atos e regular suas consequências, sem indagar se é conhecida ou não, se foi bem ou mal interpretada pelos sujeitos. Do contrário, todos diriam que ignoram ou interpretariam a seu favor as normas legais desfavoráveis ou duvidosas".[26]

Cuida-se de um dispositivo resultante da política do legislador, ao converter em presunção absoluta uma dicção que poderia ser desmentida na prática. Admitir-se a prova de ignorância do direito seria inviabilizar a incidência normativa sobre quase todas as relações sociais, motivo por que o preceito é um pressuposto para a operabilidade do ordenamento.

> ***Artigo 4º Quando a lei for omissa, o juiz decidirá o caso de acordo com a analogia, os costumes e os princípios gerais de direito.***

COMENTÁRIOS

Obra humana, a lei contém imperfeições. Ainda assim, deverá ser aplicada. Entre a lei omissa e a hipótese submetida à apreciação do seu aplicador, está a função do intérprete. Deixou de viger o brocardo *in claris cessat interpretatio*, pois toda dicção humana exteriorizada mediante utilização da palavra é suscetível de receber uma leitura individualizada. Em idêntico sentido, talvez a doutrina clássica sobre hermenêutica não ofereça respostas suficientes para a multiplicidade de questões que demandam a atenção dos intérpretes.

Desde a obra *A Sociedade Aberta dos Intérpretes da Constituição*, de Peter Haberle, não se desconhece o alargamento de legitimidade

---

26   PIETRO BONFANTE, *Instituciones de Derecho Romano*, 3ª ed., Madrid, Instituto Editorial Réus, 1965, pp. 108/109.

de inúmeros atores da sociedade civil, por exemplo, na fiscalização da constitucionalidade das leis. Felizmente, essa tese tem encontrado amparo cada vez maior nos julgamentos do Supremo Tribunal Federal, como se vê neste excerto de voto do Min. Luiz Fux, proferido na ADI nº 4.029-DF, que versou sobre a constitucionalidade da lei que criou o Instituto Chico Mendes, no âmbito da proteção ao meio ambiente saudável: "Nesse contexto, a manifestação da sociedade civil organizada ganha papel de destaque na jurisdição constitucional brasileira. Como o Judiciário não é composto de membros eleitos pelo sufrágio popular, sua legitimidade tem supedâneo na possibilidade de influência de que são dotados todos aqueles diretamente interessados nas suas decisões. Essa a faceta da nova democracia no Estado brasileiro, a democracia participativa, que se baseia na generalização e profusão das vias de participação dos cidadãos nos provimentos estatais. Sobre o tema, Häberle preleciona: *"'El dominio del pueblo'se debe apoyar en la participación y determinación de la sociedad en los derechos fundamentales, no sólo mediante elecciones públicas cada vez más transparentes y abiertas, sino a través de competencias basadas en procesos también cada vez más progresistas"* (em tradução livre: "O domínio do povo deve se apoiar na participação e determinação da sociedade nos direitos fundamentais, não somente mediante eleições públicas cada vez mais transparentes e abertas, senão também através de competências baseadas em processos também cada vez mais progressistas".[27]). A interferência do povo na interpretação constitucional, traduzindo os anseios de suas camadas sociais, prolonga no tempo a vigência da Carta Magna, evitando que a insatisfação da sociedade desperte o poder constituinte de seu estado de latência e promova o rompimento da ordem estabelecida.[28]

Todo cuidado é necessário. Tendência preocupantemente crescente na jurisprudência pátria é a *mixagem teórica*, para utilizar expressão

---

27 HABËRLE, Peter. *Pluralismo y Constitución.* Madrid: Tecnos, 2002. p. 137.
28 Ação Direta de Inconstitucionalidade nº 4.029-DF, Rel. Min. Luiz Fux, *DJ* 08.03.2012.

cunhada por Lenio Luiz Streck,[29] ou seja, o descuido metodológico que permite, além de compreender equivocadamente teses e autores, alinhavá-los quando não há organicidade nenhuma entre suas abordagens. Tudo orientado a induzir a erro o Estado-Juiz, na defesa das mais variadas posições em hipóteses concretas. Esse problema se torna maior com a desenfreada produção de livros de qualidade duvidosa, muitos dos quais feitos sob medida para demandas específicas, tais como os cursos preparatórios para as carreiras jurídicas, e que acabam por ser utilizados no dia a dia forense como verdadeiros argumentos de autoridade.

Importante que se tenha consciência de que, emitida a mensagem, independe do emissor que o receptor a traduza de acordo com a pretensão original. Ela receberá uma carga condicionada a uma série de fatores. A capacidade de apreensão, a identidade dos signos, a ideologia, a formação filosófica e até a idiossincrasia do intérprete. Isso, em relação a qualquer mensagem, mesmo aquela que se pretende completa. O que se dizer, então, da mensagem viciada, defeituosa ou imperfeita? Tudo isso cabe na utilização do vocábulo *omissa*, o preferido pelo legislador da LINDB no seu artigo 4º.

Não é fácil elaborar uma lei adequada às necessidades que a ela deram origem. Entre o pensar e o concretizar, há um fosso aparentemente intransponível. SAUSSURE tenta mostrar o que é o pensamento sem os signos que o transmitem: *"Nosso pensamento não passa de uma massa amorfa e indistinta... Sem o recurso dos signos, seríamos incapazes de distinguir duas ideias de modo claro e constante. Tomado em si, o pensamento é como uma nebulosa onde nada está necessariamente delimitado: não existem ideias preestabelecidas, e nada é distinto antes do aparecimento da Língua"*.[30]

A complexidade idiomática e sua riqueza não espancam todas as dúvidas que podem ser postas ao receptor da mensagem. A linguagem

---

29   STRECK, Lenio Luiz. *Verdade e consenso*. 4. ed. São Paulo: Saraiva, 2011, *passim*.
30   FERDINAND DE SAUSSURE, *Curso de Linguística Geral*, trad. IZIDORO BLIKSTEIN e outros, São Paulo, Cultrix, 1989, p. 130.

constitui instrumento precioso de comunicação, mas longe está de ser infalível. Ela pode refletir vários aspectos daquilo que se propõe a se chamar verdade. *"As linguagens revelam, destacam, mascaram, desprezam; retratam e refratam a realidade. São enfoques privilegiados de alguns aspectos, desprezando outros; e isto se dá de uma forma ainda mais clamorosa em relação à realidade social, o que interessa de perto ao Direito"*.[31]

A expressão *lei omissa* é mera enunciação dos vícios que a norma pode conter. Ela sói ser ambígua, duvidosa, contraditória, obscura. O legislador é eleito de forma legítima e democrática, por sufrágio direto e periódico. Não se exige dele que saiba legislar. Aliás, até o surgimento da Lei Complementar nº 95/98, não havia regras estabelecidas para se elaborar uma lei.

A criatividade do legislador esbarra desde a pretensa onipotência de quem se considera legitimado a *mudar o mundo, a alterar a ordem natural das coisas*, até à trivial – mas operante – falta de domínio vernacular, gerador de multifária teratologia normativa.[32] Múltipla e heterogênea a coleção de patologias submetida à proficiência hermenêutica do aplicador da lei no Brasil.

A doutrina, contudo, prefere centrar-se na existência de *lacunas*.

A questão das lacunas é tormentosa. Seu enfrentamento impõe assumir uma postura humilde, nem sempre frequente no universo jurídico. Os juristas dispensaram, durante muito tempo, o convívio com as demais esferas do pensamento. O direito seria autossuficiente e onipotente. Sistema rígido, fechado, autolegitimante, só dentro dele seriam encontradas as soluções para questões da sociologia, da psicologia, da história, da filologia e outros campos. Por isso é que o máximo admi-

---

31   GLADSTON MAMEDE, op. cit., *idem*, p. 47.
32   A constatação ocorre em todos os níveis. Não apenas na legislação federal ou estadual mas também – e principalmente – diante da existência de mais de 6 mil municípios na Federação Brasileira. Inventário sugestivo da inventividade parlamentar seria examinar o número de leis municipais declaradas inconstitucionais por ADIns julgadas pelos Tribunais de Justiça e conhecer o teor de muitas delas.

tido é proclamar que *só a lei tem lacunas*. O direito é insuscetível de tê-las, na sua concepção de todo normativo completo e acabado.

Superada essa postura inicial, houve quem indagasse qual a *natureza jurídica* da lacuna. ERNESTO ZITELMANN foi um deles e chega à conclusão de que *"nos casos em que geralmente se fala de lacunas trata-se na realidade de que falta na lei, para determinados fatos, uma regulação jurídica diferente da norma geral. E quando se fala em suprir lacunas, quer com isso dizer-se que o juiz rompe aquela regra geral para estes fatos especiais e lhes aplica um preceito jurídico novo, a maioria das vezes desenvolvendo outras regras especiais já existentes"*.[33]

Não se desconhece que, em muitos casos, a lei deixa fora de sua disciplina esferas completas de fato. Às vezes, porque para uma determinada esfera de atividade existe outra fonte criadora de direito. Noutras, existe aquilo que já foi chamado *"espaço vazio de direito...algo real e positivo ainda que seja discutível se o conceito não resulta demasiadamente indeterminado para podê-lo aplicar praticamente com proveito"*.[34] Por fim, há hipóteses em que o legislador deixa – propositadamente – sem ordenação jurídica situações em que não existe ainda maturidade suficiente para discipliná-las. Valeu-se desse argumento o Prof. MIGUEL REALE quando se acusou o Código Civil de não contemplar as questões decorrentes do avanço da bioética, do biodireito, como engenharia genética, clonagem e outros temas. Tal matéria se incluiria no que poderia ser chamado de *espaço interinamente vazio de direito*.

À medida que eles forem surgindo, os princípios gerais incidirão e a legislação especial – à luz dos dogmas constitucionais – precisará ser reflexo possível do progresso científico. A própria dinâmica des-

---

33 ERNESTO ZITELMANN, "Lãs Lagunas del Derecho", *in La Ciencia del Derecho*, Savigny, Kirchmann, Zitelmann, Kantorowicz, Buenos Aires, Editorial Losada S/A, 1949, p. 308.

34 A expressão "espaço vazio de direito" foi criada por BERGBOHN, e ZITELMANN considera inexistir diferença entre ela e aquilo que a doutrina dominante chama de "lacunas isoladas" (ZITELMANN, op. cit., *idem*, pp. 309/310).

sas transformações não recomendava que os temas fossem acolhidos numa legislação destinada a perdurar, como é da natureza de um Código Civil.

Diante da existência de defeitos na lei – genericamente chamados de *lacunas* – o juiz não poderá recusar a prestação jurisdicional apropriada ao caso posto sob sua apreciação. Ao fazê-lo, recorrerá à *analogia, costumes* e *princípios gerais de direito*.[35] Indaga-se: o juiz está a *criar* direito novo ao desincumbir-se dessa missão?

Parece que, ao encontrar nessa tríplice fonte a resposta para o caso concreto, o juiz se vale de *direito já existente*. A regra por ele aplicada já era direito. Constava da analogia, dos costumes ou dos princípios gerais. Todos já integrados na imensa construção jurídica. O juiz, neste caso, não foi legislador.

ZITELMANN precisa bem essa ideia: *"Desde logo, não é o juiz o único chamado a pronunciar-se; qualquer indivíduo pode se encontrar na situação de ter de buscar uma resposta jurídica e em seguida terá que recorrer igualmente à analogia. Daqui se depreende que tem de existir uma regra jurídica universal que declare ser direito o conjunto de preceitos jurídicos obtidos por aquelas operações mentais; uma regra jurídica, pois, do conteúdo que segue: é direito o que a lei estabelece, com certas alterações (ampliações ou limitações) que surgem por analogia etc.; do contrário, a nova norma não seria direito e toda dedução por analogia seria falsa"*.[36]

É no mister de encontrar soluções que a jurisprudência se imbrica com a arte. *"Em toda verdadeira atividade de jurista, no trabalho do legislador, como no tratamento prático dos casos reais (e toda ciência do direito, por sua parte, ou é prestação de ajuda e preparação para estas atividade, ou deixa de ser jurisprudência), em toda verdadeira atividade jurídica, repito, trata-se não tanto da aplicação de uma ciência,*

---

35 Os conceitos de *analogia, costumes* e *princípios gerais de direito* já foram examinados no capítulo sobre os "Princípios Regedores" do Código Civil.

36 ZITELMANN, op. cit., *idem*, p. 311.

como do exercício fundado sobre a ciência, de uma arte, arte derivada do poder".[37]

Esse aspecto da *arte* na jurisprudência – na prudência do jurista – sempre foi muito relegado no ensino do Direito e na preocupação centrada no cientificismo, na técnica e no rito. Assim como o artista, o ser humano realizador do direito vive o paradoxo da ambígua relação com a vida quotidiana e os valores dela. Tal como o artista, o jurista apresenta-se distanciado da vida, preso na autossuficiência de seu trabalho. Por outro lado, parece estar em relação mais íntima com a vida do que os não artistas. Por isso é que o jurista realmente apaixonado por seu mister chega *"ao fenômeno da percepção estética, o qual possui muitos e sutis tentáculos que o ligam aos outros fenômenos".*[38] O fenômeno da *percepção estética*, gerador de múltiplas sensações no observador, é muito semelhante ao da *percepção ética*, propiciadora de inúmeras leituras de um único e mesmo texto. Em certa medida, *"elas se aparentam à* intuição dos valores*, no sentido que Max Scheler dá a esta expressão, sem por isso, no entanto, implicar uma ontologia ou um dogmatismo".*[39]

O Direito é instrumento para facilitar a vida humana e para tornar as criaturas da espécie menos infelizes. A busca de soluções para os problemas deve estimular a criatividade e a ousadia do intérprete. A concretização interpretativa é verdadeira *matriz de possibilidades* objetivas e subjetivas. *"Inclui e anima concepções diferentes do mundo, dando-lhes, assim, enraizamento concreto na experiência coletiva".*[40]

Paradoxal que, de aparente falibilidade do sistema normativo – a existência de *lacunas* –, chegue-se à potencialidade de opções abertas à mentalidade menos necrosada na mais arcaizante das concepções do positivismo. Os juristas que não forem – miseravelmente – apenas juristas têm uma larga amplitude nas vias a serem percorridas rumo à

---

37 ZITELMANN, op. cit., *idem*, pp. 320/321.
38 VIRGIL C. ALDRICH, *Filosofia da Arte*, Rio de Janeiro, Zahar Editores, 1969, p. 15.
39 JEAN DUVIGNAUD, *Sociologia da Arte*, Rio de Janeiro, Forense, 1979, p. 54.
40 JEAN DUVIGNAUD, op. cit., *idem*, p. 81.

humanização do direito. São chamados *"a praticar algum dia uma arte tão excelsa... Uma resolução firme e uma virilidade jovem não lhes bastam"* para ser exitosos *"profissionais do direito; de outro lado, tampouco basta amontoar, fechados em seu escritório, conhecimentos de leis positivas; isso é indispensável. Porém deve acrescentar-se também um amplo conhecimento da vida e um claro sentido da realidade. Necessitamos de homens que apliquem as leis livremente, humanamente, com plena compreensão social e que na aplicação saibam completá-las e desenvolvê-las"*.[41]

Artigo 5º Na aplicação da lei, o juiz atenderá aos fins sociais a que ela se dirige e às exigências do bem comum.

COMENTÁRIOS

Este artigo é uma das balizas para o julgador e precisaria ser relido a cada julgamento. Consagra a tese de que o direito *existe para os homens em sociedade*. Não é finalidade em si, mas é ferramenta posta à disposição da humanidade para tornar menos árduo o trajeto por esta frágil e efêmera caminhada terrena.

Evidencia que o processo – mero instrumento a serviço do direito – não pode ser convertido em dogma, senão deve estar efetivamente preordenado a realizar o *justo concreto possível*.

Enfatiza a desvalia da *literalidade*, do apego ao *formalismo estéril*. Atende à inesquecível lição de JOÃO XXIII, formulador de sintético, mas eloquente conceito de Bem Comum: *"O bem comum consiste no conjunto de todas as condições da vida social que consintam e favoreçam o desenvolvimento integral da personalidade humana"*.[42] A exce-

---

41 ZITELMANN, op. cit., *idem*, p. 321.
42 JOÃO XXIII, Encíclica *Pacem in Terris*, II, 58.

lência da definição é realçada por DALMO DE ABREU DALLARI: *"Como se vê, não é feita referência a uma espécie particular de bens, indicando-se em lugar disso um* conjunto de condições, *incluindo a ordem jurídica e a garantia de possibilidades* que consintam e favoreçam o desenvolvimento integral da personalidade humana. *Nesta ideia de integral desenvolvimento da personalidade está compreendido tudo, inclusive os valores materiais e espirituais, que cada homem julgue necessário para a expansão de sua personalidade".*[43]

A menção aos *fins sociais* de certa forma colidia com a mentalidade *individualista* do Código de 1916. Ou anunciava o princípio da *socialidade* que iria inspirar o Direito Civil codificado no início do século XXI. Seja como for, a inserção da expressão *fins sociais* evidencia que, antes de atender aos interesses egoísticos de cada indivíduo, a lei se propõe a buscar o interesse coletivo. Embora se reconheça a categoria dos interesses meramente individuais, legitima-se o seu sacrifício quando tiverem de ceder ante as exigências sociais. Opção que o codificador de 2002 tornou clara ao preferir a *socialidade* em lugar do *individualismo.*

Os *fins sociais* só podem se identificar com aqueles formulados pelo constituinte ao elaborar o pacto fundante de 1988. São aqueles considerados *valores supremos* e conducentes do objetivo de edificar uma *sociedade fraterna, pluralista e sem preconceitos, fundada na harmonia social.*[44]

Como é que o intérprete saberá detectar na aplicação da lei, se ela atende ou refoge aos *fins sociais?* Esse o desafio posto à comunidade jurídica. A atenção do aplicador da lei precisará estar sempre vigilante, atenta a qualquer desvio, para bem cumprir o comando normativo de extremo significado.

---

43 DALMO DE ABREU DALLARI, *Elementos de Teoria Geral do Estado*, 16ª ed., São Paulo, Saraiva, 1991, pp. 19/20.
44 Preâmbulo da Constituição da República de 05.10.1988.

Mais relevante do que identificar as técnicas de interpretação e de classificá-las é prover a comunidade jurídica – sobretudo aquela que vier a ser representada pelas novas gerações – de condições de identificar a vontade do legislador. Qualquer norma que se afaste dos fins sociais e colida com os ditames do bem comum poderá ser temperada ou até defenestrada do ordenamento. Para isso *a via incidental* do *controle difuso de constitucionalidade* está aberta a cada julgador. Toda vez que for necessário o seu pronunciamento a respeito da compatibilidade de uma norma concretamente invocada para resolver um conflito, com os preceitos fundantes, ele poderá e deverá fazer uso dessa via. Esse é um dos pontos altos da judicatura brasileira. De certa forma, ela é transformada na *grande comunidade aberta* de intérpretes da Constituição, na concepção de HÄBERLE.[45]

Poder exagerado para os juízes? Risco de insegurança jurídica?

O exame do artigo 5º da LINDB remete, recorrentemente, ao tema da discricionariedade judicial. Parece prevalecer em nossos dias – nada obstante o ranço arcaizante do exacerbado positivismo, a serviço de uma ideologia que enxerga o direito como o braço lógico da força – a concepção de que ao juiz é dado suprir as deficiências da lei. Todo juiz pode e deve acrescentar os requintes de seu discernimento e apurada técnica para corrigir ou suprir o produto defeituoso do Parlamento.

Nesse sentido, o Ministro EROS GRAU afirma que *"a interpretação, portanto, é um processo intelectivo que se baseia em fórmulas linguísticas insertas nos textos, enunciados, preceitos ou disposições, e pelas quais alcançamos a determinação de um conteúdo normativo. Atividade destinada ao discernimento de enunciados semânticos vei-*

---

45 V. PETER HÄBERLE, *Hermenêutica Constitucional – A Sociedade Aberta dos Intérpretes da Constituição: Contribuição para a Interpretação Pluralista e Procedimental da Constituição*, trad. GILMAR FERREIRA MENDES, Porto Alegre, Sérgio Antonio Fabris Editor, 1997, e KONRAD HESSE, *A Força Normativa da Constituição*, trad. GILMAR FERREIRA MENDES, Porto Alegre, Sérgio Antonio Fabris Editor, 1991, p. 9. Sobre a visão do autor a respeito, consultar JOSÉ RENATO NALINI, *Ética Ambiental*, 2ª ed., Campinas, Millennium Editora, 2003, pp. 14/23.

culados por preceitos (enunciados, disposições, textos). O intérprete separa a norma de seu invólucro (o texto); neste sentido, o intérprete produz a norma".[46]

Inclina-se a doutrina a reconhecer no juiz o mais qualificado intérprete do ordenamento. A lei não é senão aquilo que os juízes dizem que ela é. Afirmação que faz sentido no direito anglo-saxão, conforme já observou CANOTILHO: *"A jurisdicionalização do direito constitucional está mesmo na base do moderno constitucionalismo, chegando a retomar-se a velha fórmula americana –* a constituição é o que os juízes dizem *– (juiz Hughes: We are under a constitution, but the constitution is what the judge say it is) e a definir-se a constituição como ato jurisprudencial".*[47]

A amplitude do artigo 5º da LINDB assegura que todo juiz brasileiro tem condições de *fazer justiça no caso concreto*, se estiver preparado e, principalmente, se o quiser em verdade. Basta saber extrair do texto e do contexto constitucional a vontade constituinte e proceder a uma calibração da lei que lhe incumbe aplicar. O fundo deve se sobrepor à forma. O resultado, à literalidade. O bem de todos e o consenso geral sobre o justo, em lugar da rigidez do esquema vernacular. A intenção e a ordem natural das coisas adquirem relevo que somente a consciência sensível e bem alicerçada em princípios saberá aquilatar.

Lembra MARIA HELENA DINIZ que *"a função jurisdicional, quer seja ela de 'subsunção' do fato à norma, quer seja de 'integração' de lacuna normativa, ontológica ou axiológica, não é passiva, mas ativa, contendo uma dimensão nitidamente 'criadora' de norma individual, uma vez que os juízes despendem, se for necessário, os tesouros de engenhosidade para elaborar uma justificação aceitável de uma situação existente, não aplicando os textos legais ao pé da letra, atendo-se, intuitivamente, sempre às suas finalidades, com sensibilida-*

---

46 EROS GRAU, *La Doble Desestructuración y la Interpretación del Derecho*, Barcelona, Editorial J. M. Bosch, S.L., 1998, p. 68.

47 JOSÉ JOAQUIM GOMES CANOTILHO, *Proteção do ambiente e direito de propriedade*, Coimbra, Coimbra Editora, 1995, p. 143.

de e prudência objetiva, condicionando e inspirando suas decisões às balizas contidas no sistema jurídico, sem ultrapassar, por um instante, os limites de sua jurisdição. Se não houvesse tal elasticidade, o direito não se concretizaria, pois, sendo estático, não teria possibilidade de acompanhar as mutações sociais e valorativas da realidade, que nunca é plena e acabada, estando sempre se perfazendo".[48]

Artigo 6º A lei em vigor terá efeito imediato e geral, respeitados o ato jurídico perfeito, o direito adquirido e a coisa julgada.

§ 1º Reputa-se ato jurídico perfeito o já consumado segundo a lei vigente ao tempo em que se efetuou.

§ 2º Consideram-se adquiridos assim os direitos que o seu titular, ou alguém por ele, possa exercer, como aqueles cujo começo de exercício tenha termo prefixo, ou condição preestabelecida inalterável, a arbítrio de outrem.

§ 3º Chama-se coisa julgada ou caso julgado a decisão judicial de que já não caiba recurso.

COMENTÁRIOS

A previsão de respeito à tríade do ato jurídico perfeito, direito adquirido e coisa julgada já constava da ordem constitucional anterior e continua presente na Constituição em vigor.[49] Os três elementos constituem a barreira posta à retroatividade da lei. O ordenamento não veda a retroatividade. Só impede que ela possa atingir o ato jurídico perfeito, o direito adquirido e a coisa julgada.

Em técnica discutível, a própria lei cuida de conceituar cada elemento. Assim, o ato jurídico perfeito é o já consumado conforme a lei

---

48   MARIA HELENA DINIZ, op. cit., pp. 174/175.
49   Artigo 5º, inciso XXXVI, da Constituição da República.

vigente ao tempo em que praticado. *"É o que já se tornou apto para produzir os seus efeitos. A segurança do ato jurídico perfeito é um modo de garantir o direito adquirido pela proteção que se concede ao seu elemento gerador, pois se a nova norma considerasse como inexistente, ou inadequado, ato já consumado sob o amparo da norma precedente, o direito adquirido dele decorrente desapareceria por falta de fundamento."*[50]

O intuito do legislador é o mesmo do constituinte. Ao comentar o inciso XXXVI do artigo 5º da Constituição, ANDRÉ RAMOS TAVARES[51] observa que ele *"busca inculcar a ideia de segurança jurídica ao petrificar atos jurídicos perfeitos, direito adquirido e coisa julgada em face do advento de normas supervenientes. Protege-se, ainda, até mesmo os efeitos futuros dos atos jurídicos perfeitos. Sobre a proteção concedida aos efeitos futuros dos contratos, tem-se decisão do STF proferida no RE nº 205.193-4/RS: 'Os contratos submetem-se, quanto ao seu estatuto de regência, ao ordenamento normativo vigente à época de sua celebração. Mesmo os* efeitos futuros *oriundos de contratos* anteriormente *celebrados* não se expõem *ao domínio normativo de leis supervenientes. As consequências jurídicas que emergem de um ajuste negocial válido são regidas pela legislação em vigor no momento de sua pactuação. Os contratos – que se qualificam como atos jurídicos perfeitos (RT.547/215) – acham-se* protegidos*, em sua integralidade,* inclusive quanto aos efeitos futuros*, pela norma da República. Doutrina e precedentes (...)'"*.

A vedação à irretroatividade imediata para atingir os efeitos futuros de uma avença já celebrada resta bem pronunciada no mesmo julgado:

"A incidência imediata *da lei nova sobre os* efeitos futuros *de um* contrato preexistente, *precisamente por afetar a própria causa gerado-*

---

50   MARIA HELENA DINIZ, op. cit., *idem*, pp. 182/183.
51   ANDRÉ RAMOS TAVARES, *Constituição do Brasil Integrada*, São Paulo, Saraiva, 2005, p. 24.

ra do ajuste negocial, reveste-se *de caráter retroativo* (retroatividade injusta de grau mínimo), *achando-se* desautorizada *pela cláusula constitucional que* tutela *a intangibilidade das situações jurídicas definitivamente consolidadas. Precedentes".*[52]

A posição do Supremo Tribunal Federal a respeito da intangibilidade das situações definitivamente consolidadas é pacífica e vem reiterada em inúmeros julgados.

Os acórdãos relatados pelo Ministro CELSO DE MELLO constituem lição eloquente do entendimento do Tribunal sobre a regra da irretroatividade, que tem se mantido em decisões mais recentes:

"No sistema constitucional brasileiro, a eficácia retroativa das leis – (a) que é sempre excepcional, (b) que jamais se presume e (c) que deve necessariamente emanar de disposição legal expressa – não pode gerar lesão ao ato jurídico perfeito, ao direito adquirido e à coisa julgada. A lei nova não pode reger os efeitos futuros gerados por contratos a ela anteriormente celebrados, sob pena de afetar a própria causa – ato ou fato ocorrido no passado – que lhes deu origem. Essa projeção retroativa da lei nova, mesmo tratando-se de retroatividade mínima, incide na vedação constitucional que protege a incolumidade do ato jurídico perfeito. A cláusula de salvaguarda do ato jurídico perfeito, inscrita na CF, 5º, XXXVI, aplica-se a qualquer lei editada pelo Poder Público, ainda que se trate de lei de ordem pública. Precedentes do STF.

A possibilidade de intervenção do Estado no domínio cconômico não exonera o Poder Público do dever jurídico de respeitar os postulados que emergem do ordenamento constitucional brasileiro, notadamente os princípios – como aquele que tutela a intangibilidade do ato jurídico perfeito – que se revestem de um claro sentido de fundamentalidade.

Motivos de ordem pública ou razões de Estado – que muitas vezes configuram fundamentos políticos destinados a justificar, pragmaticamente, ex parte principis, *a inaceitável adoção de medidas que frustram*

---

52 STF, Ministro CELSO DE MELLO, *DJ* 06.06.1997, Ementário nº 1.872-09.

COMENTÁRIOS AO NOVO CÓDIGO CIVIL

a plena eficácia da ordem constitucional, comprometendo-a em sua autoridade – não podem ser invocados para viabilizar o descumprimento da própria Constituição, que, em tema de atuação do Poder Público, impõe-lhe limites inultrapassáveis, como aquele que impede a edição de atos legislativos vulneradores da intangibilidade do ato jurídico perfeito, do direito adquirido e da coisa julgada. Doutrina e jurisprudência".[53]

Mesmo em casos rumorosos, como a aplicação da Lei da Ficha Limpa para as eleições do ano de 2010, não demovem as razões de decidir dos ministros. Veja-se:

> Lei Complementar 135/2010, denominada Lei da Ficha Limpa. Inaplicabilidade às Eleições Gerais 2010. Princípio da anterioridade eleitoral (art. 16 da Constituição da República). I. O princípio da anterioridade eleitoral como garantia do devido processo legal eleitoral. O pleno exercício de direitos políticos por seus titulares (eleitores, candidatos e partidos) é assegurado pela Constituição por meio de um sistema de normas que conformam o que se poderia denominar de devido processo legal eleitoral. Na medida em que estabelecem as garantias fundamentais para a efetividade dos direitos políticos, essas regras também compõem o rol das normas denominadas cláusulas pétreas e, por isso, estão imunes a qualquer reforma que vise a aboli-las. O art. 16 da Constituição, ao submeter a alteração legal do processo eleitoral à regra da anualidade, constitui uma garantia fundamental para o pleno exercício de direitos políticos. Precedente: ADI 3.685, Rel. Min. Ellen Gracie, julg. em 22.3.2006. A LC 135/2010 interferiu numa fase específica do processo eleitoral, qualificada na jurisprudência como a

---

53   STF, Ministro CELSO DE MELLO, Agravo nº 251.533-6-SP, v.u., j. 25.10.1999, *DJU* 23.11.1999, pp. 32/33.

fase pré-eleitoral, que se inicia com a escolha e a apresentação das candidaturas pelos partidos políticos e vai até o registro das candidaturas na Justiça Eleitoral. Essa fase não pode ser delimitada temporalmente entre os dias 10 e 30 de junho, no qual ocorrem as convenções partidárias, pois o processo político de escolha de candidaturas é muito mais complexo e tem início com a própria filiação partidária do candidato, em outubro do ano anterior. A fase pré-eleitoral de que trata a jurisprudência desta Corte não coincide com as datas de realização das convenções partidárias. Ela começa muito antes, com a própria filiação partidária e a fixação de domicílio eleitoral dos candidatos, assim como o registro dos partidos no Tribunal Superior Eleitoral. A competição eleitoral se inicia exatamente um ano antes da data das eleições e, nesse interregno, o art. 16 da Constituição exige que qualquer modificação nas regras do jogo não terá eficácia imediata para o pleito em curso. II. O princípio da anterioridade eleitoral como garantia constitucional da igualdade de chances. Toda limitação legal ao direito de sufrágio passivo, isto é, qualquer restrição legal à elegibilidade do cidadão constitui uma limitação da igualdade de oportunidades na competição eleitoral. Não há como conceber causa de inelegibilidade que não restrinja a liberdade de acesso aos cargos públicos, por parte dos candidatos, assim como a liberdade para escolher e apresentar candidaturas por parte dos partidos políticos. E um dos fundamentos teleológicos do art. 16 da Constituição é impedir alterações no sistema eleitoral que venham a atingir a igualdade de participação no prélio eleitoral. III. O princípio da anterioridade eleitoral como garantia constitucional das minorias e o papel da jurisdição constitucional na democracia. O princípio da anterioridade eleitoral constitui uma garantia fundamental também destinada a assegurar o próprio exercício do direito de minoria parlamentar em situações nas quais, por razões de conveniência da maioria, o Poder Legislativo pretenda modificar, a qualquer tempo, as regras e critérios que regerão o processo eleitoral. A aplicação do princípio da anterioridade não depende de considerações sobre a moralidade da legislação. O art. 16 é uma barreira objetiva contra abusos e desvios da maioria, e dessa forma deve ser aplicado por esta Corte. A proteção das minorias parlamentares exige reflexão acerca do papel da Jurisdição Constitucional nessa tarefa. A Jurisdição Constitucional cumpre a sua função quando aplica rigorosamente, sem subterfúgios calcados em considerações subjetivas de moralidade, o princípio da anterioridade eleitoral previsto no art. 16 da Constituição, pois essa norma constitui uma garantia da minoria, portanto, uma barreira contra a atuação sempre ameaçadora da maioria. IV. Recurso extraordinário conhecido e provido. Recurso extraordinário conhecido para: a) reconhecer a repercussão geral da questão constitucional atinente à aplicabilidade da LC 135/2010 às eleições de 2010, em face do princípio da anterioridade eleitoral (art. 16 da Constituição), de modo a permitir aos Tribunais e Turmas Recursais do país a adoção dos procedimentos relacionados ao exercício de retratação ou declaração de inadmissibilidade dos recursos repetitivos, sempre que as decisões recorridas contrariarem ou se pautarem pela orientação ora firmada. b) dar provimento ao recurso, fixando a não aplicabilidade da Lei Complementar nº 135/2010 às eleições gerais de 2010.

Decisão
Preliminarmente, o Tribunal, por unanimidade e nos termos do voto do Relator, reconheceu a repercussão geral da questão relativa à aplicação da Lei Complementar nº 135/2010

às eleições de 2010, em face do princípio da anterioridade eleitoral. O Tribunal, por maioria e nos termos do voto do Relator, deu provimento ao recurso extraordinário, contra os votos dos Senhores Ministros Carmen Lúcia, Ricardo Lewandowski, Joaquim Barbosa, Ayres Britto e Ellen Gracie. Em seguida, o Tribunal, ausentes os Senhores Ministros Joaquim Barbosa e Ellen Gracie, autorizou os relatores a monocraticamente aplicarem o artigo 543-B do Código de Processo Civil. Votou o Presidente, Ministro Cezar Peluso. Falaram, pelo recorrente, o Dr. Rodrigo Ribeiro Pereira e, pelo Ministério Público Federal, o Dr. Roberto Monteiro Gurgel Santos, Procurador-Geral da República. Plenário, 23.03.2011.[54]

Outra parece ter sido a orientação do Superior Tribunal de Justiça, ao considerar que a superveniência de fatos relevantes pode flexibilizar o princípio da imodificabilidade do contrato – ato jurídico perfeito, portanto:

"Se tivesse que examinar o artigo 6º da LINDB, de qualquer modo não o daria por violado, pois o respeito ao pacta sunt servanda *cede passo quando surgem fatos supervenientes, suficientemente fortes para caracterizar a alteração da base em que o negócio foi realizado, que tornem insuportável o cumprimento da obrigação para uma das partes. Nessa hipótese, cabe a revisão judicial do contrato, ou mesmo sua resolução".*[55]

O tema permite amplitude de interpretações, pois previsto tanto na Lei de Introdução às Normas do Direito Brasileiro como no texto constitucional. Dessa forma, suscetível de apreciação pelo Superior Tribunal de Justiça e pelo Supremo Tribunal Federal. A tese já foi reconhecida em ambas as Cortes:

---

54 STF, Min. GILMAR MENDES, RE nº 633703-MG, j. 23.03.2011, *por maioria.*
55 STJ, Min. RUY ROSADO DE AGUIAR, REsp. nº 73.370-AM, j. 21.11.1995, v.u., *DJU* 12.02.1996.

"Tendo em vista que o tema do direito adquirido tem duplo fundamento – constitucional (CF, 5º, XXXVI) e legal (LINDB, 6º) –, o STJ é competente para conhecer de recurso especial que se fundamenta em alegação de desrespeito ao direito adquirido (LINDB, 6º, § 2º)".[56]

Nada obstante a inquebrantável orientação, nota-se uma tendência à flexibilização dos três dogmas, na linha jurisprudencial do STJ, se houver contundentes elementos a evidenciar que a segurança jurídica implicaria escancarada injustiça. Na Câmara Especial Ambiental do Tribunal de Justiça de São Paulo, tem-se afastado a invocação ao *ato jurídico perfeito* e ao *direito adquirido*, em relação a alvarás de construção ou licença para implementação de loteamentos em áreas de preservação permanente. Notadamente quando as autorizações são obtidas anteriormente ao advento da Constituição da República, cujo tratamento conferido ao ambiente reveste expressivo significado.[57] O Órgão Especial do Tribunal de Justiça de São Paulo também enfrenta questões singulares sobre precatórios – perante *coisa julgada*, portanto – em que as indenizações pagas pelo Estado são aparentemente calcadas em laudos periciais inidôneos.

O prestígio do tríplice elemento – ato jurídico perfeito, direito adquirido e coisa julgada – em hipóteses como as mencionadas representa o risco de consagrar injustiça, em nome da intangibilidade de situações jurídicas definitivamente consolidadas. Os princípios valem por si ou devem merecer essa interpretação conforme com os superiores objetivos adotados pela Constituição?

Já reconheceu o STF a possibilidade de retroação da lei na hipótese de se beneficiar um particular. Decidiu então que:

---

56 STJ, Corte Especial, QOREsp. nº 274.732-SP, rel. Min. JOSÉ ARNALDO DA FONSECA, j. 25.03.2004, m.v. Precedentes citados do STF: AgRgAg. nº 135.632-4-RS, *DJU* 03.09.1999 e RE nº 226.855-RS, *RTJ*. 174/948, do STJ: REsp. nº 109.141-SP, *DJU* 08.02.1999 e REsp. nº 171.113-SP, *DJU* 28.09.1998.

57 Artigo 225 da Constituição da República.

"O princípio insculpido no inciso XXXVI do artigo 5º da Constituição (garantia do direito adquirido) não impede a edição, pelo Estado, de norma retroativa (lei ou decreto) em benefício do particular".[58]

Não existe direito adquirido contra a Constituição, conforme já decidiu o STF:

"Não há direito adquirido contra texto constitucional, resulte ele do Poder Constituinte originário ou do Poder Constituinte derivado. Precedentes do STF".[59]

Observa ANDRÉ RAMOS TAVARES *"que a Constituição dispõe que a lei (e não a emenda constitucional) não prejudicará o direito adquirido. Trata-se, pois, de interpretação do STF que se aproxima, para a atual Constituição, de uma leitura literal".*[60] Ou seja: a *lei*, produto do processo legislativo, em regra é irretroativa. Já a *emenda à Constituição* pode retroagir. Reflete o exercício, ainda que derivado, do Poder Constituinte, cujos atributos são idênticos aos da soberania. E, portanto, a rigor, *tudo pode.*

Artigo 7º A lei do país em que for domiciliada a pessoa determina as regras sobre o começo e o fim da personalidade, o nome, a capacidade e os direitos de família.

§ 1º Realizando-se o casamento no Brasil, será aplicada a lei brasileira quanto aos impedimentos dirimentes e às formalidades da celebração.

§ 2º O casamento de estrangeiros poderá celebrar-se perante autoridades diplomáticas ou consulares do país de ambos os nubentes.

§ 3º Tendo os nubentes domicílio diverso, regerá os casos de invalidade do matrimônio a lei do primeiro domicílio conjugal.

---

58   STF, RE nº 184.099-4/DF, Min. OCTÁVIO GALLOTTI, *DJU* 18.04.1997, Ementário nº 1.865-06.
59   STF, RE nº 94.414-1/SP, Min. MOREIRA ALVES, *DJU* 19.04.1985, Ementário nº 1.374-2.
60   ANDRÉ RAMOS TAVARES, op. cit., *idem*, p. 24.

§ 4º O regime de bens, legal ou convencional, obedece à lei do país em que tiverem os nubentes domicílio, e, se este for diverso, à do primeiro domicílio conjugal.

§ 5º O estrangeiro casado, que se naturalizar brasileiro, pode, mediante expressa anuência de seu cônjuge, requerer ao juiz, no ato de entrega do decreto de naturalização, se apostile ao mesmo a adoção do regime de comunhão parcial de bens, respeitados os direitos de terceiros e dada esta adoção ao competente registro.

§ 6º O divórcio realizado no estrangeiro, se um ou ambos os cônjuges forem brasileiros, só será reconhecido no Brasil depois de 1 (um) ano da data da sentença, salvo se houver sido antecedida de separação judicial por igual prazo, caso em que a homologação produzirá efeito imediato, obedecidas as condições estabelecidas para a eficácia das sentenças estrangeiras no país. O Superior Tribunal de Justiça, na forma de seu regimento interno, poderá reexaminar, a requerimento do interessado, decisões já proferidas em pedidos de homologação de sentenças estrangeiras de divórcio de brasileiros, a fim de que passem a produzir todos os efeitos legais. (Redação dada pela Lei nº 12.036, de 2009).

§ 7º Salvo o caso de abandono, o domicílio do chefe da família estende-se ao outro cônjuge e aos filhos não emancipados, e o do tutor ou curador aos incapazes sob sua guarda.

§ 8º Quando a pessoa não tiver domicílio, considerar-se-á domiciliada no lugar de sua residência ou naquele em que se encontre.

COMENTÁRIOS

A ordem jurídica é considerada uma das *expressões da soberania estatal*. Já se definiu o Estado como *ordem jurídica coativa* incidente sobre todos os que habitam o seu território. Em regra, o ordenamento vige nos lindes territoriais do Estado. Não poderia invadir território alheio. Ocorre que as nações convivem, como os indivíduos. Para permitir que o estatuto pessoal acompanhe o nacional, mesmo quando ausente, é que se estabelecem regras de reciprocidade cujo resultado é uma rede jurídica de interpenetração.

As funções da lei extraterritorial são: *"a) proteger a pessoa em território estrangeiro; e b) regular os efeitos de atos estrangeiros que venham a se cumprir, no todo ou em parte, no país"*.[61]

A opção do legislador da LINDB foi considerar o *domicílio* – residência com ânimo definitivo – o critério para definir o seu *estatuto pessoal*. Por *estatuto pessoal* se compreende o conjunto de regras jurídicas que disciplinam a vida e o convívio de um cidadão, esteja ele no seu território de origem ou em terras alienígenas.

Para o *domiciliado* no Brasil, o estatuto civil é que lhe assegura a capacidade de direitos e deveres[62] a partir de seu nascimento com vida.[63] Continua o legislador pátrio a resguardar, desde o momento da concepção, os direitos do nascituro e agora com razão maior, após firmado pelo Brasil o Pacto de São José da Costa Rica. O ordenamento brasileiro reconhece que a vida é um fluxo vital que tem início na *concepção* e que se prolonga naturalmente até sua cessação pela morte.

É com a concepção que tem início a tutela jurídica da personalidade. O nascituro é um ser que já *existe*, embora sua *personalidade* só venha a se exteriorizar com o nascimento. A jurisprudência tende a avançar no reconhecimento dessa proteção jurídica à pessoa que ainda não nasceu. Exemplo disso é o reconhecimento, pelo Tribunal de Justiça de São Paulo, do direito do feto a reclamar atendimento pré-natal adequado à gestante encarcerada, pioneirismo tributável à Defensoria Pública

Personalidade é o conjunto de atributos que qualificam a pessoa humana. Semanticamente, seria expressão sinônima a *identidade*. É a

---

61 MARIA HELENA DINIZ, op. cit., *idem*, p. 202.
62 Artigo 1º do Código Civil.
63 Artigo 2º do Código Civil.

qualidade da pessoa. Aquilo que a caracteriza, que a distingue das demais. Decorre do mero fato de alguém integrar a espécie humana. Se todas as pessoas têm *personalidade*, nem todas têm *capacidade*. *Capacidade jurídica* é a condição de se autorreger e de atuar no mundo das relações sociais. *Capacidade* seria *"a medida jurídica da personalidade. Por isso Crome chega mesmo a afirmar que personalidade jurídica e capacidade jurídica são expressões idênticas"*.[64]

Toda a disciplina sobre a *personalidade*, o *nome* – signo distintivo de uma pessoa e que integra sua *personalidade* –, a capacidade e as relações denominadas *direito de família* regem-se pela lei domiciliar. Se a pessoa escolheu residir num determinado Estado-nação, natural se sujeite às regras jurídicas aí incidentes.

O *direito de família* é o conjunto de regras jurídicas que regulam o casamento, seus efeitos, a filiação, a adoção, a sucessão e outras pertinentes a essa instituição familiar. Família é uma instituição no sentido pretendido por HAURIOU: empresa humana que, alimentada por uma ideia-força, perdura no tempo.

Natural que a rapidez com que a sociedade contemporânea se transforma, a família sofra os impactos dessa verdadeira revolução de valores e de costumes. Mesmo assim, ela continua ser a base da sociedade, origina-se do casamento e, pese embora as suas múltiplas configurações, continua a existir na simbologia como o ideal do convívio entre as pessoas.

O casamento é a forma natural de constituição de uma família. Ele estabelece comunhão plena de vida, com base na igualdade de direitos e deveres dos cônjuges.[65] Se ele é celebrado no Brasil, incide a lei brasileira sobre impedimentos dirimentes e formalidades da celebração.

Impedimento é a incapacidade nupcial estabelecida pelo direito, na clássica lição de CLÓVIS. O legislador pode fixar óbices à celebração de matrimônios, seja em decorrência de imposições genéticas, seja por

---

64   MARIA HELENA DINIZ, op. cit., *idem*, p. 206.
65   Artigo 1.511 do Código Civil.

LEI DE INTRODUÇÃO ÀS NORMAS DO DIREITO BRASILEIRO (Art. 7º)

motivos de ordem ética ou até de política pública. Não podem se casar, no Brasil: I – os ascendentes com os descendentes, seja o parentesco natural ou civil; II – os afins em linha reta; III – o adotante com quem foi cônjuge do adotado e o adotado com quem o foi do adotante; IV – os irmãos, unilaterais ou bilaterais, e demais colaterais, até o terceiro grau, inclusive; V – o adotado com o filho do adotante; VI – as pessoas casadas; VI – o cônjuge sobrevivente com o condenado por homicídio ou tentativa de homicídio contra o seu consorte.[66]

Por se cuidar de ato solene, a celebração do casamento não pode prescindir das formalidades previstas na lei.[67]

Os estrangeiros podem se casar perante autoridade consular de seu país. Compreende-se que prefiram os não nacionais a submissão ao seu estatuto pessoal, mesmo estando em território estrangeiro. Têm direito a esse vínculo, com preterição à regra do *ius domicilii*. Todavia, a opção só é possível se ambos forem da mesma nacionalidade. A leitura do § 2º do artigo 7º da LINDB não pode ser outra, sob o prisma da razoabilidade. Se os cônjuges forem de nacionalidade diferente e quiserem se casar no Brasil, o casamento deverá ser realizado de acordo com a lei brasileira.

Adverte MARIA HELENA DINIZ *"que o casamento de estrangeiros, domiciliados ou não no Brasil, perante cônsul de seu país só é celebrado conforme o direito alienígena, no que concerne à forma do ato, pois seus efeitos materiais são apreciados de acordo com a lei brasileira".*[68] O casamento de brasileiros no exterior – mesmo que ali domiciliados – também pode ser celebrado perante autoridade consular brasileira. A prova desse matrimônio é a certidão do assento no registro do consulado e deverá ser registrado em 180 dias, a contar da volta de um ou de ambos os cônjuges ao Brasil, no cartório do respectivo domicílio ou, em sua falta, no 1º Ofício da Capital do Estado em que passarem a residir.[69]

---

66 Artigo 1.521 do Código Civil.
67 Artigos 1.533 a 1.542 do Código Civil.
68 MARIA HELENA DINIZ, op. cit., *idem*, p. 229, citando a *RT* 200/653.
69 Artigo 1.544 do Código Civil.

Se os nubentes tiverem domicílio diverso, será a lei do primeiro domicílio conjugal que disciplinará as hipóteses de invalidade do casamento.

As hipóteses de *invalidade* do casamento abrangem a nulidade e a anulabilidade. É nulo o casamento contraído pelo enfermo mental, sem o necessário discernimento para os atos da vida civil ou por infringência de impedimento.[70] Depende de decretação judicial, em ação direta promovida por qualquer interessado ou pelo Ministério Público.[71]

Apenas *anulável* será o casamento de quem não completou a idade mínima para casar, do menor em idade núbil, quando não autorizado por seu representante legal, por vício da vontade, o do incapaz de consentir ou manifestar, de modo inequívoco, o seu consentimento, o realizado pelo mandatário, sem que ele ou o outro contraente soubesse da revogação do mandato e não sobrevindo coabitação entre os cônjuges ou, finalmente, por incompetência da autoridade celebrante.[72]

Orientam-se doutrina e jurisprudência a restringir o alcance do § 3º do artigo 7º da LINDB ao caso exclusivo de casamento realizado no exterior, tendo os nubentes domicílio diferente e a intenção de se domiciliarem no Brasil. Assim não fora e *"seria ilógico por pretender que se acate princípio pelo qual o ordenamento jurídico de um Estado pudesse submeter a validade de um ato jurídico aí praticado à disciplina de uma norma que lhe é estranha. Por isso o Supremo Tribunal Federal, ao examinar a Sentença Estrangeira nº 2.085, em acórdão proferido em unanimidade, em 13.09.1972, julgou inócuo tal artigo: ' Tendo a nova lei adotado o princípio domiciliar para reger, entre outros, o direito de família (art. 7º), ao contrário da antiga, para quem a lei pessoal era, não a do domicílio, mas a da nacionalidade, o legislador resolveu estender o princípio domiciliar aos casos de invalidade matrimonial (art. 7º, § 3º), esquecido de que, enquanto a lógica não for sepultada,*

---

70   Artigo 1.548 do Código Civil.
71   Artigo 1.549 do Código Civil.
72   Artigo 1.550 do Código Civil.

a validade ou invalidade de um ato só pode ser aferida em face da lei a que ele obedecer'".[73]

Está-se a contemplar, no § 3º, apenas a invalidade do ângulo *substancial* e não sob o aspecto da *forma.* Em relação às formalidades do casamento, incide o § 1º do artigo 7º, ou seja, a lei do local da celebração.

O estatuto patrimonial do casamento será o vigente no domicílio dos cônjuges. Se tiverem domicílios diferentes, incidirá a lei do primeiro domicílio conjugal. A norma do artigo 1639 do Código Civil também valerá para os cônjuges que vierem residir no Brasil, pois hoje é lícita a alteração do regime de bens, mediante autorização judicial em pedido motivado de ambos. Diante dessa possibilidade, esvazia-se – de certa forma – o preceito do § 5º do artigo 7º da LINDB. A ressalva que a doutrina fazia a essa disposição era justamente vulnerar o princípio da imutabilidade do regime de bens. Desaparecido esse óbice, o naturalizado brasileiro faz jus à alteração do regime patrimonial do casamento, desde que seja fruto da vontade de ambos, haja motivo ponderável e se resguardem direitos ou interesses de terceiro, tudo prudentemente apreciado pelo juiz.

Nos termos do art. 7º, § 6º, com a redação dada pela Lei nº 12.036/2009, "§ 6º O divórcio realizado no estrangeiro, se um ou ambos os cônjuges forem brasileiros, só será reconhecido no Brasil depois de 1 (um) ano da data da sentença, salvo se houver sido antecedida de separação judicial por igual prazo, caso em que a homologação produzirá efeito imediato, obedecidas as condições estabelecidas para a eficácia das sentenças estrangeiras no país. O Superior Tribunal de Justiça, na forma de seu regimento interno, poderá reexaminar, a requerimento do interessado, decisões já proferidas em pedidos de homologação de sentenças estrangeiras de divórcio de brasileiros, a fim de que passem a produzir todos os efeitos legais".

A menção ao Supremo Tribunal Federal, com a alteração realizada pela Lei nº 12.036/2009, foi suprimida, adequando-se a norma à nova competência decorrente da Emenda Constitucional nº 45/2004,

---

73   MARIA HELENA DINIZ, op. cit., *idem*, p. 232.

que atribuiu ao Superior Tribunal de Justiça processar e julgar, originariamente, a homologação de sentenças estrangeiras.[74]

A dicção do § 7º do artigo 7º também sofreu adaptação à normatividade superveniente à sua edição. Já não existe o *chefe da família,* pois o matrimônio pressupõe igualdade entre os cônjuges. O preceito estabelece a unicidade domiciliar, em favor da instituição da família. A entidade familiar se destina ao convívio e o normal é que pais e filhos residam juntos. O natural é que o local escolhido pelo casal para a sua residência com ânimo definitivo seja também o lugar de moradia dos filhos não emancipados. Por analogia, o domicílio do tutor ou do curador será considerado o dos incapazes sob sua guarda. Os institutos da tutela e da curatela foram estabelecidos em favor dos incapazes e a mais adequada compreensão de efetiva proteção é aquela que não prescinde da contínua presença do responsável junto àquele que a lei visou a proteger.

Finalmente, o § 8º consagra o bom senso. O domicílio é a residência com ânimo de definitividade, de permanência. Todavia, há pessoas que não têm domicílio. Para permitir não sejam excluídas da incidência da ordem jurídica, considera-se domicílio o local de sua residência. Se não residir, ou tiver vocação itinerante, será suficiente ser encontrada em qualquer lugar. Este, para os efeitos jurídicos, será considerado o seu domicílio.

A figura do *sem-domicílio* tem o nome de *adômide.*[75] É a adoção de um *"concurso sucessivo de elemento de conexão, pois, faltando o critério de conexão principal, que é o domicílio, a lei indica dois critérios de conexão subsidiários, ou seja, o do lugar da residência ou o daquele em que a pessoa se achar, destinados a funcionar sucessivamente na medida em que o anterior não possa preencher sua função".*[76]

A sucessiva onda de alterações do processo, com vistas a estimular a Justiça a satisfazer ao princípio da *eficiência* e a se ajustar aos reclamos

---

74 Artigo 105, inciso I, alínea "i", da Constituição da República, redação da Emenda Constitucional nº 45, de 08.12.2004.
75 Expressão utilizada por MARIA HELENA DINIZ, op. cit., p. 243.
76 MARIA HELENA DINIZ, op. cit., *idem, ibidem.*

da Reforma do Judiciário, ainda não enfrentou com ousadia o tema da *comunicação dos atos judiciais*. Em pleno século XXI, não se justifica a regra da *citação pessoal* ou da *intimação pessoal*, pese embora ameniza-da esta última pela possibilidade de utilização do correio eletrônico.[77]

A dicção do parágrafo único ao artigo 238 do CPC já constitui um passo, embora tímido, na direção do aperfeiçoamento das comunicações dos atos do juízo. A regra presume válidas as comunicações e intimações dirigidas ao endereço residencial ou profissional declinado na inicial, contestação ou embargos, cumprindo às partes atualizar o respectivo endereço, sempre que houver modificação temporária ou definitiva.[78]

Impõe-se eliminar a necessidade desse contato pessoal para os atos de chamamento e de intimação/notificação, impediente do ritmo desejável ao andamento da Justiça e preservador de um modelo medieval. A comunicação atingiu estágio compatível com as necessidades contemporâneas e existe tecnologia disponível para a implementação de uma virtualidade efetiva nos atos processuais. Em data não remota, será possível atribuir-se um endereço eletrônico a cada pessoa – física ou jurídica –, suficiente a comprovação de remessa do ato citatório, intimatório, notificatório a esse endereço, para o prosseguimento da demanda. A exceção será o não recebimento, prova a cargo do interessado.

Sem isso, não se conferirá à Justiça a sua destinação de verdadeira solucionadora dos problemas humanos que devem ser submetidos à apreciação do Estado-juiz. Ela continuará a ser disfuncional, lenta e gradualmente descartável.[79]

---

[77] Projeto de Lei 5.828/2001, artigo 5º.

[78] Parágrafo único do artigo 238 do Código de Processo Civil, acrescentado pela Lei nº 11.382, de 06.12.2006.

[79] A opção por alternativas diversas à jurisdição convencional – arbitragem, mediação, negociação, conciliação, pacificação, harmonização etc. – já sinaliza que as aspirações de uma sociedade pós-moderna, afeiçoada ao ritmo dos demais setores – *v.g.* comunicações, bancos, instituições financeiras, supermercados etc. –, não custará a resolver seus problemas de outra forma, que não a tradicional via de uma institucionalização dos conflitos que é o processo. Até para sobreviver, cumpre à Justiça estar atenta e se ajustar aos tempos presentes.

Artigo. 8º Para qualificar os bens e regular as relações a eles concernentes, aplicar-se-á a lei do país em que estiverem situados.

§ 1º Aplicar-se-á a lei do país em que for domiciliado o proprietário, quanto aos bens móveis que ele trouxer ou se destinarem a transporte para outros lugares.

§ 2º O penhor regula-se pela lei do domicílio que tiver a pessoa, em cuja posse se encontre a coisa apenhada.

COMENTÁRIOS

O dispositivo do artigo. 8º regula as relações patrimoniais atinentes aos bens móveis ou imóveis, apropriados individualmente (*uti singuli*), que estejam sob o domínio de cidadãos nacionais e estrangeiros, domiciliados ou não no país. Da sua dicção, extrai-se que deve ser considerado o comando da lei territorial, que abrange os objetos situados em determinado país (*lex rei sitae*).

Excetuam-se, aqui, os navios e aeronaves, regidos originalmente pela Lei do Pavilhão, que determina a predominância da regra prevalente na nacionalidade em que estiverem matriculados.

Há que se observar, contudo, o ânimo de permanência da coisa. É o que diz o § 1º do artigo 8º, ao referir-se *"aos bens móveis que ele* [estrangeiro] *trouxer ou se destinarem a transporte para outros lugares"*. Estão incluídos nesse rol os objetos de uso pessoal, que acompanham a precária permanência do possuidor, e incluem aqueles revestidos de interesse econômico e mercantil.

Sobre o penhor, conforme dispõe o § 2º, por sua vez, o penhor deve ser regulado pela lei do domicílio daquele que possuir a coisa apenhada, independentemente da localização da coisa.

O nível de detalhamento desse dispositivo, como em toda Lei de Introdução às Normas do Direito Brasileiro, enfatiza a dimensão da segurança jurídica (ou a segurança jurídica possível), em especial pela referência, habitual à já aludida Constituição do Homem Comum, a questões patrimoniais.

Artigo 9° Para qualificar e reger as obrigações, aplicar-se-á a lei do país em que se constituírem.

§ 1° Destinando-se a obrigação a ser executada no Brasil e dependendo de forma essencial, será esta observada, admitidas as peculiaridades da lei estrangeira quanto aos requisitos extrínsecos do ato.

§ 2° A obrigação resultante do contrato reputa-se constituída no lugar em que residir o proponente.

COMENTÁRIOS

Racional que as obrigações decorrentes da lei se pautem pelo direito que presidiu a sua instituição. Quem se obriga perante um ordenamento a ele estará jungido em relação às consequências desse vínculo obrigacional.

Ressalte-se que as obrigações constituem mero *acessório* do *principal* que é a relação jurídica de que decorrem. Não faria sentido que uma lei de regência incidisse sobre a relação e outra, diferente, viesse a incidir sobre as obrigações dela derivadas.

As obrigações originadas de atos ilícitos serão regidas pela lei do local onde eles foram praticados. Aquelas resultantes de atos unilaterais de vontade atenderão à forma imposta pela lei do local em que essa vontade se manifestou. No pertinente à capacidade do agente, incidirá o estatuto pessoal de quem se obrigou.

Para a hipótese de a obrigação vir a ser cumprida no Brasil, se houver exigência de forma essencial, não há como deixar de satisfazê-la. Sublinha MARIA HELENA DINIZ que o artigo 9° da LINDB não sufraga o princípio da *autonomia da vontade*, mas impõe a forma da lei. *"A locus regit actum refere-se, portanto, à forma ad solemnitatem e ad probationem dos atos e negócios jurídicos, e só encontra limites na ordem pública"*.[80] A

---

80   MARIA HELENA DINIZ, *Lei de Introdução ao Código Civil Brasileiro Interpretada*, cit., *idem*, p. 261.

exceção provém de haver o Brasil firmado e ratificado a Convenção Interamericana sobre o Direito Aplicável aos Contratos Internacionais em 1994. Essa Convenção prestigiou as especificidades do contrato e a possibilidade de adoção da alternativa mais adequada à relação jurídica pretendida pelos contratantes. Estes viram assegurado o princípio da autonomia da vontade, livres para a opção por qualquer das leis vigentes nos países das partes, com o único limite de não poderem escolher a *lex mercatoria* – justamente a de vigência fática mais intensa na economia globalizada – ou de escolherem normatividade de organismo privado.

Como exceções à lei do local de celebração, MARIA HELENA DINIZ menciona os contratos trabalhistas, nos quais incidirá a lei do local da execução do serviço ou do trabalho. Os contratos de transferência de tecnologia, em que imperará de maneira absoluta o direito brasileiro e os atos relativos à economia dirigida ou aos regimes de Bolsa e Mercados, *"que se subordinarão à* lex loci solutionis (place of performance)*, filiando-se, portanto, à lei do país de sua execução"*.[81]

O parágrafo 1º do artigo 9º se propõe a conciliar a solenidade de forma exigível para a obrigação celebrada fora do Brasil mas destinada a produzir efeitos no território nacional e os requisitos extrínsecos do Estado em que assumida. Na verdade, a lei brasileira não abre mão da forma essencial, quando em lei prevista, para que as obrigações se mostrem exigíveis. Prevalecerá, na prática, a adição das exigências da lei brasileira àquelas previstas na lei alienígena, de maneira a conferir a maior segurança ao direito obrigacional. Subsistirá o maior conjunto de formalidades que poderão ser acrescidas, nunca dispensadas, se não houver coincidência entre os sistemas.

O exemplo é o da aquisição da propriedade imobiliária. Em outros Estados-nação, não é necessária a escritura pública. As obrigações decorrentes da aquisição de domínio imobiliário no estrangeiro não po-

---

81 MARIA HELENA DINIZ, op. cit., *idem*, p. 264.

derão dispensar a escritura pública, lavrada por notário – delegado de concessão pública –, inviável satisfazer-se o direito brasileiro apenas com a forma de transmissão admitida no exterior.

A dicção do § 2º do artigo 9º opta pela regência da lei do domicílio do proponente para reconhecer constituída a obrigação resultante do contrato. A disciplina se destina a contemplar os contratos entre ausentes, ou seja: o proponente reside num país e o solicitado em outro.

Não existe contradição entre esse preceito e o do artigo 435 do Código Civil, que praticamente repetiu o artigo 1.087 do Código Civil de 1916. O artigo 435 considera celebrado o negócio jurídico contratual no lugar em que foi proposto. O § 2º do artigo 9º da LINDB considera celebrada a obrigação resultante do contrato no lugar em que residir o proponente.

Para a solução do legislador de introdução, as atividades negociais não raro ocorrem no lugar de residência do proponente, muito mais flexível do que o de sua residência definitiva, conceito que inspira a fixação do domicílio. A dinâmica negocial, o mundo sem fronteiras, já não se coaduna com a pretensa fisionomia de estabilidade característica aos códigos de outra época.

> *Artigo 10. A sucessão por morte ou por ausência obedece à lei do país em que era domiciliado o defunto ou o desaparecido, qualquer que seja a natureza e a situação dos bens.*
>
> *§ 1º A sucessão de bens de estrangeiros, situados no País, será regulada pela lei brasileira em benefício do cônjuge ou dos filhos brasileiros, ou de quem os represente, sempre que não lhes seja mais favorável a lei pessoal do* **de cujus**.
>
> *§ 2º A lei do domicílio do herdeiro ou legatário regula a capacidade para suceder.*

COMENTÁRIOS

Dentre as três teorias[82] que procuram resolver o conflito de leis sucessórias o legislador da LINDB optou pelo sistema da unidade sucessória. A proposta é unificar sob a égide de um só ordenamento a transmissão *mortis causa*, com todas as suas decorrências. Aberta a sucessão, a herança transmite-se, desde logo, aos herdeiros legítimos e testamentários.[83] E a sucessão abre-se no lugar do último domicílio do falecido.[84]

A lei do domicílio do defunto ou desaparecido é que vai reger toda espécie de sucessão em virtude da morte. A legítima, a testamentária, a decorrente de ausência. Sempre será a lei domiciliar do falecido aquela a ser aplicada.

Assim é porque o domicílio do *de cujus* foi o centro de convergência de seus direitos e obrigações. Presumivelmente, o lugar que ele escolheu para findar seus dias. Ainda que o patrimônio pudesse estar espalhado por vários lugares, no país ou no exterior, a vontade que prevaleceu foi a de fixar-se naquele local. Racional que a sua lei venha a incidir sobre a destinação do seu universo patrimonial. Independentemente de sua nacionalidade. A definitividade de intenção com que se radicou no lugar em que veio a falecer é que fará incidir a norma do artigo 10 da Lei de Introdução às Normas do Direito Brasileiro.

A lei brasileira é que regulará a sucessão de bens de estrangeiros situados no país, em benefício do cônjuge ou dos filhos brasileiros, ou de quem os represente. Salvo se lhes for mais favorável a lei pessoal do falecido. O preceito é de índole constitucional, presente no inciso XXXI do artigo 5º da Constituição da República.[85] O objetivo do le-

---

82 Os outros sistemas são o da pluralidade sucessória e o misto, examinados por MARIA HELENA DINIZ na "Lei de Introdução", citada, *idem*, p. 271.

83 Artigo 1.784 do Código Civil.

84 Artigo 1.785 do Código Civil.

85 A única diferença diz com a inclusão da cláusula *"ou de quem os represente"*, redação que a Lei nº 9.047/95 conferiu ao § 1º do artigo 10 da LICC e que não consta do inciso XXXI do artigo 5º da Constituição da República.

gislador foi proteger os herdeiros brasileiros, não priorizar a soberania estatal mediante regra de incidência obrigatória da lei pátria. Tanto que a lei estrangeira será a aplicável, se for mais benéfica aos herdeiros brasileiros.

Já em relação ao herdeiro ou legatário, é o seu estatuto pessoal que rege a capacidade para suceder. O que se entende por *capacidade para suceder?* É *"a aptidão para herdar os bens deixados pelo* de cujus *ou a qualidade de suceder na herança. Não teria, por exemplo, tal capacidade o deserdado ou o indigno"*.[86]

O alcance do § 2º ao artigo 10 é limitado. Não se cuida da *capacidade para ter direito à sucessão*. Esta é objeto da disciplina da *lei domiciliar do de cujus* – artigo 10, *caput*, da LINDB. Pois *"o art. 10, § 2º, disciplina a "aptidão para exercer o direito de suceder", reconhecido pela lei domiciliar do autor da herança e regido pela lei pessoal do herdeiro, e não a "capacidade para ter direito de sucessor", que se rege pela* lex domicilii *do falecido"*.[87]

> **Artigo 11. As organizações destinadas a fins de interesse coletivo, como as sociedades e as fundações, obedecem à lei do Estado em que se constituírem.**
>
> **§ 1º Não poderão, entretanto, ter no Brasil filiais, agências ou estabelecimentos antes de serem os atos constitutivos aprovados pelo Governo brasileiro, ficando sujeitas à lei brasileira.**
>
> **§ 2º Os Governos estrangeiros, bem como as organizações de qualquer natureza, que eles tenham constituído, dirijam ou hajam investido de funções púbicas, não poderão adquirir no Brasil bens imóveis ou suscetíveis de desapropriação.**
>
> **§ 3º Os Governos estrangeiros podem adquirir a propriedade dos prédios necessários à sede dos representantes diplomáticos ou dos agentes consulares.**

---

86 MARIA HELENA DINIZ, op. cit., *idem*, p. 278.
87 MARIA HELENA DINIZ, op. cit., *idem, ibidem*.

COMENTÁRIOS

O hoje denominado *Terceiro Setor*[88] foi a fórmula encontrada pelo indivíduo para melhor atender à consecução de seus objetivos e de se contrapor à onipotência do Estado. Os grupos intermediários representam a obviedade de que, isoladamente, é muito mais dificultoso ao ser humano obter as metas que ele – ou a sociedade por ele – estabeleceu.

São inúmeras as formulações encontradas para permitir o funcionamento de entidades que congreguem pessoas. Nem sempre contaram com o beneplácito do poder. Em França, houve época em que associar-se constituía delito.

A Constituição do Brasil de 1988 estimula a criação de associações e dedica ao tema pelo menos seis dos incisos ao artigo 5º, na eloquente enunciação dos direitos e garantias fundamentais.[89] Consagra a liberdade de reunião – gérmen associativo –, a liberdade de associação, a independência na criação e funcionamento, a necessidade de decisão judicial para suspensão ou dissolução, a liberdade de se deixar a associação e sua legitimidade para representar os filiados em juízo ou fora dele. A multiplicação de grupos intermediários é um fenômeno consequente à constitucionalização pós-autoritarismo. Proliferam as ONGs,[90] as Cooperativas,[91] as Organizações da Sociedade Civil de Interesse Público[92] e perduram as tradicionais figuras das sociedades e fundações.

---

88 Terceiro Setor é uma designação genérica para as entidades que não integram o Primeiro Setor – o Estado – nem o Segundo Setor – a Empresa. Abrange um conjunto enorme de entidades permanentes ou transitórias, como as ONGs, as OSCIPS, as Cooperativas e outras.

89 Artigo 5º, incisos de XVI a XXI, da Constituição da República.

90 Organizações Não Governamentais constituem designação genérica para grupos formados por cidadãos que não perseguem fins empresariais nem integram o Estado e militam em áreas como o meio ambiente, a defesa da cidadania, do consumidor e empalmam outras bandeiras na sociedade complexa e pluralista em que hoje se vive.

91 A Lei nº 5.764, de 16.12.1971, estabelece o regime jurídico das cooperativas. A Lei nº 9.867, de 10.11.1999, dispõe sobre a criação e o funcionamento das Cooperativas Sociais, com vistas à integração social dos cidadãos.

92 As OSCIPS, previstas pela Lei 9.790/99, são pessoas jurídicas de direito privado que integram o chamado Terceiro Setor.

LEI DE INTRODUÇÃO ÀS NORMAS DO DIREITO BRASILEIRO (Art. 11)

Ainda hoje, não é inteiramente livre a formação desses grupos sociais. O seu surgimento é regulado pela lei. Mas a qual a lei a incidir sobre uma sociedade que pode surgir num Estado-nação, com sócios de várias nacionalidades e para produzir efeitos no território de outro ou de muitos outros Estados-nação?

A LINDB dispõe que as sociedades e fundações obedecerão à lei do país em que se constituírem. A locução – *como as sociedades e fundações* – denota a intenção meramente exemplificativa do legislador. Todo grupo intermediário, toda forma de agregação de pessoas para alcançar objetivos lícitos, vedada a organização paramilitar, será reconhecida no Brasil se criada em qualquer lugar do mundo, de acordo com as exigências da lei local. O artigo 44 do Código Civil classifica as pessoas jurídicas de direito privado como associações, sociedades, fundações, organizações religiosas, partidos políticos e empresas individuais de responsabilidade limitada.

Não se poderia falar, a rigor, em *nacionalidade* das organizações sociais, embora se costume rotular uma sociedade de brasileira ou estrangeira, conforme o local do seu *nascimento*. A existência legal das pessoas jurídicas de direito privado começa com o registro de seus atos constitutivos.[93] Será brasileira a pessoa jurídica registrada no Brasil – tenha ou não sócios brasileiros – e será estrangeira aquela que nasceu no exterior, ainda que seus integrantes sejam brasileiros.

O § 1º do artigo 11 da LINDB subordina o funcionamento de filiais, agências ou estabelecimentos de *pessoas jurídicas estrangeiras* no Brasil à aprovação de seus atos constitutivos pelo Governo brasileiro. Não se confunde a *liberdade* de se criar pessoa jurídica de direito

---

93 Artigo 45 do Código Civil. O registro público de empresas mercantis é o DNRC – Departamento Nacional de Registro do Comércio e a Junta Comercial. As sociedades simples – artigos 997 a 1.038 do Código Civil, associações em geral, fundações e partidos políticos, são registrados no Registro Civil das Pessoas Jurídicas, atuação delegada de serviço público. Observe-se que a EIRELI será registrada no Registro Público de Empresas Mercantis, conforme disposto no art. 1.033, parágrafo único, do CC de 2002.

COMENTÁRIOS AO NOVO CÓDIGO CIVIL

privado, assegurada pela Constituição, e a autorização para seu *funcionamento*, que depende do *placet* governamental.

Ainda que o mundo seja globalizado, convertido na *aldeia global* de Mc Luhan, persiste a ideia de que a soberania nacional pode impor restrições aos alienígenas. Se o exercício de atividades ou de qualquer trabalho é livre, mas se submete às qualificações profissionais,[94] ou seja, o Estado pode impor ao brasileiro certas exigências para que ele desempenhe mister regulamentado, com razão maior as sociedades estrangeiras precisam ser previamente aprovadas para funcionar em solo brasileiro. Até para que o Estado confirme a sua desvinculação com a ilicitude ou com a finalidade paramilitar.[95]

Expressão de defesa da soberania territorial o preceito do § 3º da LINDB. Veda a governo estrangeiro ou organização de qualquer natureza por ele constituída, dirigida ou investida de função pública, a aquisição, no Brasil, de bens imóveis ou suscetíveis de expropriação.

Transmitir a titularidade dominial de solo brasileiro para governo estrangeiro representaria risco à soberania nacional. Nada impede, contudo, que pessoas físicas estrangeiras ou entidades privadas possam comprar grandes áreas, como ocorreu há alguns anos com o Projeto Jari. Na verdade, constata-se tendência até contrária ao espírito desse dispositivo, quando se estimula a comunidade internacional a investir na Floresta Amazônica, alvo de acelerada destruição e destinada à eliminação se continuar sob a irresponsabilidade dos proprietários brasileiros e com o beneplácito da leniência estatal. A única alternativa para salvar a última *rain forest* tropical do planeta seria entregá-la a ONGs ou pessoas físicas conscientes, que adquirissem significativas parcelas com o exclusivo e altruísta intuito de preservação.

A criação de *Parques de Papel*, reservas legais criadas mas entregues à sanha dendroclasta sem qualquer fiscalização e controle não representa solução, mas fornece a sensação falaciosa de que algo se está

---

94 Artigo 5º, inciso XIII, da Constituição da República.
95 Artigo 5º, inciso XVII, da Constituição da República.

LEI DE INTRODUÇÃO ÀS NORMAS DO DIREITO BRASILEIRO (Art. 12)

a fazer. Estratégia de *marketing*, sem reprimir o ritmo da devastação, constatável empiricamente ou comprovada pela sofisticada inspeção a cargo de satélites.

A exceção à regra do § 2º está no parágrafo subsequente. Admite-se a compra – pelos governos alienígenas – de prédios necessários à sede dos representantes diplomáticos ou dos agentes consulares. A interpretação do dispositivo haverá de ser temperada e permite a aquisição de imóveis não apenas para sediar as repartições diplomáticas e consulares, mas também para a residência dos agentes permanentes desses governos. Esses imóveis não são considerados *territórios estrangeiros* no Brasil, mas significam flexibilização da soberania territorial em nome de regras internacionais para o convívio democrático entre as nações, presente sempre o requisito da reciprocidade.

> **Artigo 12. É competente a autoridade judiciária brasileira, quando for o réu domiciliado no Brasil ou aqui tiver de ser cumprida a obrigação.**
>
> **§ 1º Só à autoridade judiciária brasileira compete conhecer das ações relativas a imóveis situados no Brasil.**
>
> **§ 2º A autoridade judiciária brasileira cumprirá, concedido o exequatur segundo a forma estabelecida pela lei brasileira, às diligências deprecadas por autoridade estrangeira competente, observando a lei desta, quanto ao objeto das diligências.**

COMENTÁRIOS

Uma das expressões da soberania estatal é a jurisdição. O Estado tem o direito de fazer valer, dentro de seu território, a decisão de seus juízes.

Esse direito haverá de conviver com o direito dos demais Estados. A movimentação de pessoas ao redor do planeta é cada vez mais intensa, propiciada pela facilidade e desenvolvimento dos transportes e pelo avanço das comunicações. Não é raro que a jurisdição de um país tenha de incidir sobre súdito de Estado estrangeiro. As regras do Direito Internacional se propõem a disciplinar as questões decorrentes desse aparente conflito.

Dois princípios inspiradores constituem verdadeiro pressuposto à opção que se fizer: *"o da* efetividade, *que estabelece ser o juiz incompetente para proferir decisão que não tenha possibilidade de ser executada* (RTJ *153:58), e o da* submissão, *que estabelece que em certas hipóteses mais ou menos limitadas uma pessoa poderá sujeitar-se, voluntariamente, a uma jurisdição a que não estaria normalmente submetida".*[96]

A jurisdição – poder de dizer o direito aplicável – é típica exteriorização daquilo que restou do longevo conceito de soberania, tão relativizado pela formação de novas formulações estatais, *v.g.*, a União Europeia. Seria inconsequência pretender a autoridade judiciária julgar sem que a sua competência fosse reconhecida pelo Estado estrangeiro onde a decisão devesse surtir efeitos. Um Estado não se submete a outro, a não ser perante a voluntária submissão, decorrente de tratados em que estiver presente a regra de reciprocidade. Também a submissão a uma jurisdição supranacional não é imposta, mas se condiciona à celebração de tratados e sua ratificação de acordo com o ordenamento de cada Estado-parte.

Em princípio, cada Estado fixa a sua competência e as regras de funcionamento de seu Judiciário. A ele estarão sujeitas todas as pessoas em território brasileiro. Por outro lado, o acesso à ordem jurídica justa – mais do que *acesso à Justiça* – é assegurado a qualquer *pessoa*. Todo o capítulo dos direitos e garantias fundamentais da Constituição da República se destina aos *seres humanos*, não somente aos brasileiros. Assim é que o estrangeiro pode ocupar o polo ativo ou o passivo de qualquer relação jurídico-processual no foro brasileiro. Prevalecerá o seu estatuto pessoal para aferição da capacidade para estar em juízo.[97]

---

96 MARIA HELENA DINIZ, op. cit., *idem*, p. 306.
97 Artigo 7º da LINDB.

LEI DE INTRODUÇÃO ÀS NORMAS DO DIREITO BRASILEIRO (Art. 13)

O artigo 12 dispõe que o réu – seja ele brasileiro, seja estrangeiro – estará submetido à jurisdição brasileira, se domiciliado no Brasil ou se aqui tiver de ser cumprida a obrigação. A regra é repetida no Código de Processo Civil.[98] É uma hipótese de *competência concorrente*, pois a *competência absoluta* da Justiça brasileira é prevista em outro dispositivo.[99] A competência concorrente do juiz brasileiro não pode ser afastada pela vontade das partes.[100] Ainda que se tenha eleito foro alienígena, inaceitável que tal cláusula afaste a jurisdição nacional, a cuja autoridade não está vedado apreciar a matéria.[101] Em sentido inverso, a doutrina de MARIA HELENA DINIZ: *"Há quem entenda que a competência da justiça brasileira, nesses casos, é obrigatória, não podendo ser arredada. Mas há juristas que entendem, com os quais concordamos, que tal obrigatoriedade só diz respeito à disposição do § 1º do art. 12, ou seja, de que só à autoridade judiciária brasileira competirá conhecer das ações concernentes a imóveis aqui situados. Logo, em relação ao réu domiciliado no Brasil e à obrigação a ser aqui executada, as partes poderão convencionar de outro modo, excluindo a competência da justiça brasileira".*[102]

O § 1º do artigo 12 da LINDB estabelece que a competência da justiça brasileira é exclusiva se a demanda tiver por objeto imóveis situados no Brasil.

Artigo 13. A prova dos fatos ocorridos em país estrangeiro rege-se pela lei que nele vigorar, quanto ao ônus e aos meios de produzir-se, não admitindo os tribunais brasileiros provas que a lei brasileira desconheça.

---

98 Artigo 88, incisos I e II, do CPC.
99 Artigo 89 do CPC.
100 *RSTJ*/368 e, no mesmo sentido, STJ-*RT* 786/245, *in* THEOTÔNIO NEGRÃO/JOSÉ ROBERTO FERREIRA GOUVÊA, *CPC e Legislação Processual em Vigor*, 35ª ed., Saraiva, 2003, p. 193.
101 *RT* 632/82.
102 MARIA HELENA DINIZ, op. cit., *idem*, p. 312.

COMENTÁRIOS

Existem fatos relevantes para a apreciação e julgamento de uma lide e que ocorreram no estrangeiro. Essa prova será colhida consoante a lei do país em que o fato ocorreu. Incide o ordenamento de origem quanto ao ônus de provar. A quem incumbe fazer a prova? A quem interessa produzi-la?

O *onus probandi* é a obrigação de provar. Ônus porque significa encargo, peso, sacrifício. A propósito, convém recordar a afirmação do Professor JOAQUIM CANUTO MENDES DE ALMEIDA, processualista das Arcadas, de que a ação não é direito. É ônus. Quem necessita da Justiça para fazer valer um direito se vê na contingência de não apenas convencer o juiz, para isso se incumbindo do ônus da prova, mas também submeter-se ao suplício do processo. Arena de astúcias em que nem sempre vence aquele que tem razão, mas quem se mostrar capaz de persuadir, nem sempre calcado na verdade e na ética processual.

Pois o ônus de provar, quase sempre cometido àquele que vier a se beneficiar do resultado dessa prova, será o previsto na legislação do país em que o fato ocorreu. No processo civil brasileiro, por exemplo, o ônus da prova incumbe ao autor, quanto ao fato constitutivo do seu direito. Ao réu, quanto à existência de fato impeditivo, modificativo ou extintivo do direito do autor.[103] A regra não é absoluta, pois se permite convenção diversa entre as partes, desde que a distribuição diferente do previsto não recaia sobre direito indisponível da parte ou torne excessivamente difícil a uma delas exercer o seu direito.[104]

Os *meios de produzir-se* a prova são as formas de que se serve o sistema para elaborar um elemento probatório idôneo. Como é que se consegue uma prova?

As provas são pessoais ou materiais. O depoimento pessoal é uma prova, assim como a confissão e o testemunho. Exibir documen-

---

103 Artigo 333 do CPC.
104 Parágrafo único do artigo 333 do CPC.

LEI DE INTRODUÇÃO ÀS NORMAS DO DIREITO BRASILEIRO (Art. 13)

tos ou coisas constitui meio de prova, concedida lata compreensão ao conceito de *documento*. Além da conotação consensual de qualquer escrito para esclarecer qualquer coisa, são documentos os livros comerciais, a escritura contábil, as cartas, bilhetes ou mensagens, as reproduções fotográficas ou obtidas por outros processos de repetição. Com o desenvolvimento das TCIs – Tecnologias de Comunicação e Informação, haverá possibilidade de ampliação imensa do rol de elementos probatórios. A comunicação virtual pode constituir prova e sabe-se que, mesmo deletada qualquer mensagem, ela já terá sido captada pela rede e poderá ser reconstituída mercê do mundo mágico e ainda indomável das infovias.

Existe ainda prova pericial, que o CPC distingue em exame, vistoria ou avaliação, geralmente a cargo de técnicos nas múltiplas esferas em que o conhecimento se repartiu e se especializou.

Os meios de produção da prova serão aqueles previstos pela lei em vigor no lugar onde os fatos a serem provados ocorreram. A única exceção decorre da parte final do artigo 13 da LINDB: a inadmissibilidade das provas que o direito brasileiro desconheça.

A linguagem do legislador poderia indicar *provas desconhecidas* como se fossem aquelas ainda não utilizadas pelo Brasil, diante de eventual déficit científico. Não pode ser essa a leitura da norma. O que pretendeu o legislador – e o disse com linguagem inapropriada – foi vedar prova ilícita. Prova inadmissível por vulnerar a ética. Os bons costumes. A moral pública ou coletiva.

Cabe lembrar a teoria dos *frutos da árvore envenenada*, tão cara ao direito anglo-saxão e que veda o aproveitamento de provas, ainda que persuasivas, obtidas de forma ilícita. A ilicitude dos meios de obtenção torna inadmissível o uso de prova em qualquer processo brasileiro.[105]

A visão de MARIA HELENA DINIZ é mais abrangente. Para ela, *"a exclusão da aplicabilidade pelo nosso juiz ou tribunal de prova desconhecida pelo nosso direito justificar-se-á não só ante a ressalva da*

---

105 Artigo 5º, inciso LVI, da Constituição da República.

ordem pública, mas também ante a circunstância da impossibilidade de produzir tal prova pela inexistência de preceito legal indicativo da forma processual para levá-la a efeito adequadamente".[106] Exemplifica ela com a impossibilidade de se aceitar instrumento particular para comprovação da alienação de imóvel. Com a inaceitabilidade do *juramento*, figura desconhecida no direito brasileiro.

Prefiro permanecer na via estreita da inadmissibilidade por ilicitude. Tudo o mais poderá ser aceito no processo brasileiro. O objetivo do processo é atingir o justo concreto possível. Daí os preceitos da livre apreciação da prova e a norma saudável que permite ao juiz brasileiro servir-se das regras de *experiência comum*, subministradas pela observação *do que ordinariamente acontece.*[107]

As questões submetidas à apreciação do juiz brasileiro são aquelas em que valerá mais o *bom senso*, essa lógica natural de que toda pessoa mentalmente hígida há de ser provida. A sofisticação das lides com tecnicismo inatingível atua em desfavor da solução ditada pelo sentido comum e consensual do que é justo, do que é admissível e do que é repulsivo ou repugnante em termos de relações humanas.

O preciosismo técnico na apreciação do contexto probatório, resultante de condições financeiras, de astúcia, de obstaculização premeditada – disfarçada em tecnicismo procedimental – à atuação da Justiça, quase sempre resulta em decisão inexpugnável sob o ponto de vista formal. Discutível, para ser eufemístico, sob o ângulo da efetiva realização da justiça.

Artigo 14. Não conhecendo a lei estrangeira, poderá o juiz exigir de quem a invoca prova do texto e da vigência.

---

106 MARIA HELENA DINIZ, op. cit., *idem*, p. 323.
107 Artigo 335 do CPC.

COMENTÁRIOS

O princípio *iuria novit curia* representa uma ficção cada vez mais contextualmente fragilizada. No Brasil de intensa produção legiferante, é impossível exigir-se ao juiz domine a inescrutável vigência normativa. A voracidade com que se produzem normas – não apenas a *lei*, produto do Parlamento, como também – e principalmente – as Medidas Provisórias, os Regulamentos, as Portarias, as Ordens de Serviço, as Instruções Normativas – inviabiliza o seu conhecimento por parte de qualquer operador do direito.

O fenômeno é universal. JOSÉ NARCISO DA CUNHA RODRIGUES, então Procurador-Geral da República Portuguesa, ao comentar a *inflação legislativa*, observou serem *"conhecidas as consequências da inflação das leis e a sua ligação às concepções políticas. Como reconhece NICOLAS NITSCH, a atividade legislativa cumpre, na atualidade, além de outros objetivos, o de criar a ilusão de que os problemas estão resolvidos, de que as aspirações da opinião pública se encontram satisfeitas. A inflação das leis gerou prolixidade e ruído, tornando difícil a compreensão das normas e sendo fator de incerteza jurídica e de litígios"*.[108]

Nada obstante, o sistema repousa sobre essa ficção e cumpre ao juiz manter-se atualizado. Seria excessivo pretender ainda conhecesse a legislação alienígena. Prudente, portanto, a previsão do artigo 14 da LINDB. Recomendável seria que a parte se adiantasse e não necessitasse da *exigência* do juiz para juntar aos autos prova do texto e da vigência da lei alienígena.

A hipótese está reservada para a incidência de lei de outro país sobre a questão discutida no foro brasileiro. Antes de determinar à parte

---

108 JOSÉ NARCISO DA CUNHA RODRIGUES, "Sobre a Justiça no Próximo Milênio", *in Perspectivas do Direito no Início do Século XXI*, Boletim da Faculdade de Direito, Universidade de Coimbra, Studia Jurídica 41 – Colloquia 3, Coimbra Editora, 1999, p. 100, e a citar NICOLAS NITSCH, *L'inflation juridique et ses conséquences*, Archives de philosophie du droit, Tome 25, 1980, p. 168.

comprove a existência e a vigência da lei, deverá o juiz verificar se é, realmente, caso de aplicação do direito estrangeiro.

Se a parte não conseguir provar, há uma série de propostas contida na doutrina e na prática. Mencionem-se a conversão do julgamento em diligência, a decisão consoante a norma invocada e provavelmente em vigor no estrangeiro, com base na presunção da boa-fé de quem alegou, o julgamento segundo os princípios gerais de direito.[109] Há quem alvitre a rejeição da demanda fundada em lei de existência e vigor incomprovado por quem a invocou,[110] mas parece desconforme com o ideal de se realizar – em cada processo – a verdadeira e possível justiça concreta.

Com vistas à *estrutura cooperatória* que deve viger no processo e considerada a profusão normativa brasileira, o preceito do artigo 14 da LINDB deveria servir de orientação para todos os advogados, inclusive para as leis locais, para as leis alteradas e para as demais vicissitudes a que se encontra sujeito o contexto normativo. Providência que pouco dispêndio representa para a parte, mas auxilia a celeridade e o índice de acerto da justiça.

> *Artigo 15. Será executada no Brasil a sentença proferida no estrangeiro, que reúna os seguintes requisitos:*
> *a) haver sido proferida por juiz competente;*
> *b) terem sido as partes citadas ou haver-se legalmente verificado a revelia;*
> *c) ter passado em julgado e estar revestida das formalidades necessárias para a execução no lugar em que foi proferida;*
> *d) estar traduzida por intérprete autorizado;*
> *e) ter sido homologada pelo Supremo Tribunal Federal.*
> *Parágrafo único. (Revogado pela Lei nº 12.036/2009).*

---

109 MARIA HELENA DINIZ, op. cit., *idem*, p. 329, a citar PONTES DE MIRANDA, RODRIGO OTÁVIO, WOLFF, MELCHIOR, HAROLDO VALLADÃO e DESPAGNET.

110 ZITELMANN, MORELLI e ANZILOTTI, mencionados por MARIA HELENA DINIZ, op. cit., *idem, ibidem*.

COMENTÁRIOS

Irradiação do princípio da soberania, a jurisdição se preordena a surtir efeito no respectivo território soberano. A necessidade de convivência harmônica entre várias soberanias equivalentes impõe a adoção de estratégia de admissão de soberania estrangeira – sob a forma da *jurisdictio* – sobre o território nacional. Por isso a norma condicionadora da validade de uma decisão estrangeira em solo brasileiro.

A formulação respeita ambas as expressões de soberania. A nacional, que estabelece os requisitos de validade e eficácia da sentença no Brasil. A estrangeira, que produzirá os efeitos pretendidos pela jurisdição, apenas subordinados à satisfação das condições postas pelo legislador.

O Brasil adotou um critério temperado dentre as várias possibilidades entrevistas na doutrina. Para a postura mais radical, seria necessária a propositura de nova ação, instruído novo processo e exação de novo *decisum*, para que o julgado alienígena pudesse vir a ser aproveitado – apenas quanto à sua solução final – em solo estrangeiro. À evidência, nem haveria garantia de se atingir o mesmo resultado, pois não seria infrequente a produção de uma sentença em sentido inverso.

Para outra posição, a sentença estrangeira seria mero documento ou elemento probatório e não estariam dispensados novo processo e julgamento. Outros países adotam singelamente o critério da reciprocidade. Se um determinado país aceita como válida uma decisão estrangeira, o país em que se prolatou esse julgamento acataria também a sentença alienígena. Bastaria, a tanto, o exame da competência interna do país prolator.

Já o Brasil acolheu o *juízo de delibação*. Há o reconhecimento da eficácia da sentença estrangeira destinada à execução em outro território, desde que examinados e preenchidos os seus requisitos – não só extrínsecos – mas também intrínsecos.

Tais requisitos são: 1) haver sido proferida por juiz competente; 2) terem sido as partes citadas ou haver-se legalmente verificado a revelia;

3) ter transitado em julgado e estar revestida das formalidades necessárias à execução no lugar em que foi proferida; 4) estar traduzida por intérprete autorizado e ser autenticada por agente consular brasileiro; 5) ter sido homologada pelo Superior Tribunal de Justiça, órgão para o qual foi transferida a competência anteriormente prevista para o Supremo Tribunal Federal.[111] Para MARIA HELENA DINIZ, são requisitos *externos* à execução da sentença estrangeira no Brasil: observância das formalidades extrínsecas reclamadas para a sua execução no Estado de origem; estar traduzida em língua portuguesa por intérprete autorizado ou juramentado, por ser imprescindível sua inteligibilidade e ser autenticada por cônsul brasi-leiro.[112] Constituem requisitos *internos*: haver sido prolatada por juiz competente, à luz da competência internacional; citação das partes ou regular revelia; trânsito em julgado;[113] não contrariar a ordem pública, a soberania nacional e os bons costumes e ter sido previamente homologada pelo STJ.[114]

Artigo 16. Quando, nos termos dos artigos precedentes, se houver de aplicar a lei estrangeira, ter-se-á em vista a disposição desta, sem considerar-se qualquer remissão por ela feita a outra lei.

COMENTÁRIOS

O artigo 16 da LINDB veda a aplicação do princípio do *reenvio* ou *retorno*. O que vem a ser o *retorno?* Trata-se do *"modo de interpretar a norma de direito internacional privado, mediante substituição da lei nacional pela estrangeira, desprezando o elemento de conexão apon-*

---

111 Artigo 105, inciso I, alínea "i", da Constituição da República, com a redação conferida pela Emenda Constitucional nº 45/2004.
112 Súmula 259 do STF.
113 Súmula 420 do STF.
114 MARIA HELENA DINIZ, op. cit., *idem*, p. 339.

tado pela ordenação nacional, para dar preferência à indicada pelo ordenamento alienígena".[115]

Viu-se que muitas vezes a jurisdição de um Estado se vê obrigada a recorrer à legislação estrangeira para resolver questão concreta de súdito daquele país. A técnica de elaboração legislativa não difere muito, notadamente nos países de mesma origem ou sistema. O ramo romano-germânico, do chamado *direito ocidental*, priorizou a elaboração normativa com a pretensão de exaurir as hipóteses suscetíveis de previsão. A sofisticação nos processos de produção da norma, a complexidade das relações humanas e outros fatores obrigam o legislador a fazer inúmeras remissões a outros textos normativos preexistentes.

No momento em que o juiz nacional aplica uma lei estrangeira, defrontar-se-á com remissões a outras leis daquele mesmo ordenamento alienígena. Se viesse a consultar o diploma mencionado, com certeza encontraria outras remissões. O resultado disso seria a necessidade de imersão profunda num ordenamento que não é o dele.

Para obviar esse mergulho numa *endless task* – uma tarefa infindável – o legislador brasileiro proibiu o reenvio. Ou seja: ao aplicar a lei estrangeira, diante de uma remissão a outra lei estrangeira, o juiz brasileiro não se entregará ao mecanismo de reenvio, que o obrigaria a consultar e a interpretar a disposição alienígena contida na primeira norma. O artigo 16 veda o *reenvio* ou *retorno*. Ao repeli-lo, estabelece *"normas sobre a qualificação de fato interjurisdicional"*.[116]

A opção legislativa é pragmática e lógica. Afinal, o juiz brasileiro existe e se preordena a aplicar a *lei brasileira*. Por isso, *"se o fato está sendo examinado no seu fórum e não pela jurisdição estrangeira, claro está que o direito internacional privado estrangeiro não poderá em retorno indicar a lei para a apreciação daquele caso* sub judice. *Daí as*

---

115 MARIA HELENA DINIZ, op. cit., *idem*, p. 355.
116 MARIA HELENA DINIZ, op. cit., *idem*, p. 357.

COMENTÁRIOS AO NOVO CÓDIGO CIVIL

palavras certeiras de LEWALD de que "o magistrado deverá encontrar a solução sob o prisma de seu direito internacional privado".[117]

Embora obrigado a aplicar o *direito material estrangeiro*, o juiz brasileiro não se verá constrangido ao *reenvio*, para observar também a norma de *direito internacional alienígena*. A exceção decorre da convenções firmadas para a matéria de letras de câmbio e notas promissórias, seguidas de uma similar para os cheques. Ambas, por terem sido firmadas na cidade suíça, são conhecidas como *Convenção de Genebra*.[118] Elas acolhem o *reenvio* no tema da capacidade para obrigar-se mediante emissão de cheque, promissória ou letra de câmbio, pois o artigo 2º estipula que a capacidade será regida por lei nacional, salvo se esta estabelecer que a disciplina será posta por lei de outro país.

> *Artigo 17. As leis, atos e sentenças de outro país, bem como quaisquer declarações de vontade, não terão eficácia no Brasil, quando ofenderem a soberania nacional, a ordem pública e os bons costumes.*

COMENTÁRIOS

O preceito confere um *poder cautelar geral* de amplíssima envergadura ao juiz brasileiro. Os atos jurídicos enunciados de maneira exemplificativa[119] – *leis, atos e sentenças* – de outro país só terão eficá-

---

117 MARIA HELENA DINIZ, op. cit., *idem*, p. 358.

118 Convenção sobre letras de câmbio e notas promissórias, assinada em 07.06.1930, e Convenção sobre cheques, firmada também em Genebra, em 19.03.1931, ambas promulgadas pelos Decretos nºs 57.663/66 e 57.595/66.

119 Evidente que "lei" é aqui expressão de ato normativo *in genere*, a abranger todas as suas exteriorizações e espécies. Os "atos" não eliminam o instrumento deles comprobatório, ou seja, toda espécie de documento. "Sentença" está mencionada no sentido de "decisão judicial", incluindo despachos, acórdãos e qualquer outra espécie de julgamento proferido por órgão jurisdicional monocrático ou colegiado.

cia se ultrapassarem a calibragem de compatibilidade com a *soberania nacional, a ordem pública e os bons costumes.*

Diante da vagueza conceitual do tríplice elemento a servir de critério à autoridade judicial, é muito dilatada a esfera do *controle ético,* quase *censório,* cometida à autoridade judicial.

O que se entende hoje por *soberania nacional?*

O tema *soberania,* que teve seus atributos delineados paralelamente à conceituação de *Poder Constituinte,* encontra-se cada dia mais relativizado em todo o planeta. Já não existe o *poder incontrastável de fixar competências* ou o *monopólio absoluto do poder,* titularizado pelas nações. O mundo está cada vez mais submetido a outra ordem de ideias. Em lugar da *independência a qualquer custo,* a *sobrevivência ao menor custo possível.*

Soberania é um valor simbólico. Tem o seu lugar na retórica e no discurso. Figura nas Constituições. Ainda alimenta debates doutrinários. Mas longe está de ser aquela qualidade do poder que o torna *supremo* – etimologicamente, qual o significado de *soberania?...* – e sem qualquer similar ou confronto. O princípio da soberania estatal na esfera das relações internacionais, originado na modernidade, ainda figura na Carta das Nações Unidas.[120] Ocorre que *"a noção de soberania no plano internacional não coincide com a de soberania interna. Esta... é o poder de controlar a ação de todos os órgãos de governo. Quanto à soberania internacional de um Estado, ela significa, simplesmente, a sua independência em relação a todos os demais Estados. O soberano interno, exatamente pelo fato de deter o poder supremo na sociedade política, mantém a ele subordinados os detentores de todos os demais poderes oficiais (mas não necessariamente os detentores dos poderes de fato). Semelhante situação não se encontra nas relações internacionais, e a norma citada da Carta das Nações Unidas é bastante clara a respeito: todos os Estados são igualmente soberanos, vale dizer, inde-*

---

120   Carta das Nações Unidas, artigo 2º, alínea "i": *a Organização é baseada no princípio da igualdade soberana de todos os seus membros.*

pendentes entre si, ainda que essa disposição normativa esteja longe de corresponder à realidade factual, como ninguém ignora".[121]

Na ordem internacional, prevalecem os interesses, subordinados à *lex mercatoria*. Impõe-se o mais forte. Na ordem interna, a soberania é o primeiro fundamento da República.[122] E, se soberania é poder, o constituinte recorda que *"todo poder emana do povo, que o exerce por meio de representantes eleitos ou diretamente".*[123] Retrocede-se na história da titularidade da soberania, que dos reis – por direito divino – passou para o povo, em seguida para a nação e, por último, para o Estado.[124] Promete-se ao povo o exercício direto do Poder, ainda tímido, ainda limitado, mas qual a ideia que o povo tem de soberania? O que o povo entende por nação?

O jusfilósofo GILBERTO DE MELLO KUJAWSKI observa, com a percuciência proverbial: *"O que chamamos de nação paira sobre nossas cabeças como um imenso e ampuloso espectro, vazio e sonoro, mas despojado de substrato social, um fantasma imponderável e onipresente, só que destituído de pressão coletiva para impor ação verdadeiramente nacionalizadora e que, talvez por isso mesmo, nos persegue e nos assombra como o maior pecado de omissão no curso de nossa história marcada pela dissociação entre um Estado hipertrofiado e uma sociedade distrófica".*[125]

Não representa demasia afirmar que *soberania* é um conceito problemático. Paradigma clássico, assim como tantos outros, já não corresponde *"ao atual estágio de desenvolvimento civilizacional. A atual consciência jurídica universal não tolera mais uma comunidade inter-*

---

121 FÁBIO KONDER COMPARATO, *Ética – Direito, Moral e Religião no Mundo Moderno*, São Paulo, Companhia das Letras, 2006, p. 661.
122 Artigo 1º, inciso I, da Constituição da República.
123 Parágrafo único do artigo 1º da Constituição da República, a instaurar o modelo de Democracia Participativa, convivente com a Democracia Representativa.
124 Consultar DALMO DE ABREU DALLARI, *Elementos de Teoria Geral do Estado*, para acompanhar a trajetória da titularidade da soberania na história da civilização.
125 GILBERTO DE MELLO KUJAWSKI, "Ideia do Brasil – A arquitetura imperfeita", série Livre Pensar, São Paulo, Editora SENAC, 2001, p. 80.

nacional satisfeita no autocomprazimento das realizações que o mundo desenvolvido obteve nos últimos anos à sombra dos velhos dogmas, enquanto assiste impavidamente, à sua volta, à miséria, à destruição, à desesperança e ao atropelo sistemático dos valores em que essa mesma comunidade se pretende fundar".[126]

Como invocar o velho e tranquilizador conceito de soberania, quando, *"e constituindo uma perigosa e importante ameaça que os Estados nacionais têm que enfrentar, desenvolveu-se, nos últimos anos, todo um conjunto de dificuldades derivadas do surto e da ramificação de poderosas formas de economia subterrânea, de branqueamento de capitais, da emergência de redes de influência e de pressão não publicamente conhecidas e controladas. Mas, com cobertura da lei, assistimos também à concentração de poderes e à acumulação de influência por parte de grupos que se constituem em novos poderes fáticos perante os quais o cidadão comum é deixado totalmente desarmado por um Direito estatocêntrico e baseado em concepções de direitos fundamentais predominantemente orientadas para a proteção do indivíduo isolado em face do Estado".*[127]

Torna-se cada vez mais difícil concluir qual seria a *ofensa* à *soberania nacional* que permitiria à autoridade judiciária brasileira afastar a eficácia de lei, ato ou sentença estrangeira. Tão flexibilizado restou o conceito de soberania, que os Estados já admitem a inserção de cláusulas constitucionais permissivas de sua pontual desconsideração, com vistas à integração nos grandes blocos nacionais. Formados, justamente, para se contraporem à força soberana do capital sem pátria e dos condutores do rumo percorrido pelo capital apátrida.

Ordem Pública, sem a carga emotiva de *soberania*, nem por isso é conceito provido de mais singela possibilidade conceitual. Um jurista de insuspeitada reputação, GIUSEPPE VERGOTTINI, após assinalar

---

126 JORGE SAMPAIO, "O Direito e a Justiça", *in Perspectivas do Direito no Início do Século XXI*, Boletim da Faculdade de Direito, Universidade de Coimbra, série Studia Jurídica, coloquia-3, 1999, p. 188.
127 JORGE SAMPAIO, op. cit., *idem*, p. 191.

COMENTÁRIOS AO NOVO CÓDIGO CIVIL

o uso da expressão com significados completamente diferentes, em hipóteses que não se conciliam com um sistema orgânico de conceitos, arrisca-se a asseverar: *"A Ordem Pública é concebida ao mesmo tempo como uma* circunstância de fato *e como um* fim *do ordenamento político e estatal e nesse sentido a encontramos na legislação administrativa, policial e penal como* sinônimo *de* convivência ordenada, *segura, pacífica e equilibrada, isto é, normal e conveniente aos princípios gerais de ordem desejados pelas opções de base que disciplinam a dinâmica de um ordenamento"*.[128]

O conteúdo de *ordem pública* varia de acordo com o ordenamento e o momento histórico. Está condicionado à inspiração ideológica e dos princípios orientadores constantes do pacto fundamental. A depender da *elasticidade* conceitual, ela servirá para garantir direitos ou para reprimi-los, notadamente a liberdade sob suas várias possibilidades de exteriorização.

Cumpre observar que *"no direito privado, ... todas as vezes que a ordem pública é evocada como limite ao exercício de direitos, ela se apresenta como* noção residual *que é difícil definir de forma precisa: trata-se, na verdade, de um limite que atua quando não existem limites específicos e que tende a coincidir com a exigência, por via integrativa, do núcleo de princípios que caracterizam a constituição do Estado, mas que por vezes coincide com a exigência também de um núcleo de valores e de critérios extrajurídicos que fogem a uma possível predeterminação objetiva"*.[129]

Todavia, *ordem pública* ainda ostenta um *núcleo semântico* mínimo. *Ordem* não pode refugir ao significado de algo que se pretende organizado, bem posto, concatenado. *Pública* tende a conduzir a interpretação para a vereda oposta ao significado de *privado, particular, in-*

---

128 GIUSEPPE VERGOTTINI, "Ordem Pública", verbete no *Dicionário de Política*, de NORBERTO BOBBIO *et allii*, 5ª ed, vol. 2, Imprensa Oficial-Editora UNB, 2000, p. 851.
129 GIUSEPPE VERGOTTINI, op. cit., *idem, ibidem*.

dividualista. Higidez mental, bom senso, domínio moderado do vernáculo e da ciência jurídica poderão garantir resultados não desastrosos.

O que dizer, entretanto, dos *bons costumes?*

Expressão longevamente integrada à seara jurídica, ela pretende refletir o *sentimento moral* que não pode ser ignorado pelo aplicador da lei. O substrato *ético* das normas jurídicas é o que lhes confere legitimidade, ou seja, o consentimento do destinatário. Ele se reconhece na opção legislativa. A lei – e sua aplicação – não pode se desviar daquilo que o povo, num determinado momento histórico, entenda deva ser a trilha norteadora de sua conduta.

Na linguagem da lei civil, *bons costumes* se enquadraria na categoria de *conceito legal indeterminado*. Expressão de conteúdo e extensão com alta dose de indeterminação, imprecisão e generalidade. Será preenchido pela formação filosófica, ideológica e até pela idiossincrasia do aplicador da lei.

Numa sociedade em que a ética se encontra em frangalhos, não é fácil a obtenção de um consenso a respeito do significado de *bons costumes*. Quais são os hábitos considerados bons pela sociedade imersa em materialismo, hedonismo e egoísmo?

Cumpre ao intérprete reaproximar o direito da ética e contribuir para o resgate de valores que se viram esgarçados nas últimas décadas, em virtude do esgarçamento da família, da ausência de perspectivas concretas para uma juventude cada vez mais desapegada de crença e de ideais. Existem exceções, o que permite não naufrague a esperança, juntamente com o naufrágio de uma série de signos de higidez moral relegados ao oblívio.

Com vistas a essa revalorização da moral e da ética é que os métodos de recrutamento dos profissionais do direito – sobretudo Magistratura e Ministério Público – precisam ser reformulados. Muito mais importante do que o domínio técnico das ciências jurídicas ou erudição consistente em memorizar – enciclopedicamente – grande número de informações é selecionar profissionais de irrepreensível conduta ética.[130] Seres humanos sensíveis e habilitados a distribuir justiça num país de crescente miséria e de evidentes iniquidades, a iniciar-se pela insensata repartição da renda nacional.

Essas as qualidades a serem aferidas e priorizadas nos concursos públicos de provas e títulos para ingresso na judicatura e no Ministério Público, em lugar da prática hoje imperante de avaliar a capacidade mnemônica do candidato. A regra é a aprovação daqueles que souberam decorar a maior parte da legislação, da doutrina e da jurisprudência disponível, nem sempre os mais credenciados ao desempenho da angustiante missão de julgar seu semelhante.

Artigo 18. Tratando-se de brasileiros, são competentes as autoridades consulares brasileiras para lhes celebrar o casamento e os mais atos de Registro Civil e de tabelionato, inclusive o registro de nascimento e de óbito dos filhos de brasileiro ou brasileira, nascidos no país da sede do Consulado.

COMENTÁRIOS

As autoridades consulares brasileiras têm atribuição para a celebração do matrimônio e prática dos demais atos cometidos ao Registro Civil das Pessoas Naturais e ao tabelião de notas, em relação aos brasileiros no exterior.

Não é necessário que o brasileiro resida no exterior. Basta que esteja no estrangeiro e necessite dos préstimos de um registrador civil ou de um tabelião. Inclusive para a tirada do protesto de letras e títulos cambiais. Nada impede, por isso, que dois brasileiros se casem no ex-

---

130 Manter *conduta irrepreensível* na vida pública e na vida particular é dever legal do magistrado, à luz da Lei Orgânica da Magistratura Nacional, a LOMAN – Lei Complementar Federal nº 35, de 14.03.1979, artigo 35, inciso VIII.

LEI DE INTRODUÇÃO ÀS NORMAS DO DIREITO BRASILEIRO (Art. 19)

terior, perante a repartição consular. Só é possível essa celebração se ambos os cônjuges forem brasileiros.[131] Mesmo celebrado por agente brasileiro, no exercício de atribuições que lhe foram cometidas por lei, para produzir efeitos no Brasil a certidão do assento deverá ser trasladada no Serviço do Registro Civil do domicílio do interessado ou naquele do Distrito Federal. Também é preciso que o cônsul remeta a segunda via da certidão do assento ao Ministério das Relações Exteriores, que a encaminhará para o serviço de Registro Civil competente.

> *Artigo 19. Reputam-se válidos todos os atos indicados no artigo anterior e celebrados pelos cônsules brasileiros na vigência do Decreto-Lei nº 4.657, de 4 de setembro de 1942, desde que satisfaçam todos os requisitos legais.*
>
> *Parágrafo único. No caso em que a celebração desses atos tiver sido recusada pelas autoridades consulares, com fundamento no art. 18 do mesmo Decreto-Lei, ao interessado é facultado renovar o pedido dentro em 90 (noventa) dias, contados da data da publicação desta Lei.*

COMENTÁRIOS

O preceito valida os atos praticados pelo cônsul brasileiro no exterior, em relação a brasileiros não residentes no Brasil. A menção à própria Lei de Introdução decorre de o dispositivo ter sido acrescentado pcla Lci nº 3.238, dc 1º dc agosto dc 1957.

No caso de recusa pelo cônsul de celebração de casamento de nubentes brasileiros, domiciliados no exterior, abriu-se oportunidade para a renovação do pedido dentro de noventa dias, a partir da publicação da lei. Pressupôs o legislador de que, alertado pela dicção do *caput*, o

---

131 Decreto nº 24.113/34, artigo 13, parágrafo único.

cônsul já não se recusaria à celebração. Presunção relativa, sem que previsse o legislador como proceder o interessado, diante de uma segunda recusa.

O entendimento doutrinário é o de que esse prazo não é fatal. Não decairiam os brasileiros radicados no exterior, interessados em se casar perante autoridade consular pátria, se viessem a ultrapassar os noventa dias previstos no parágrafo único. O intuito do legislador foi facilitar o acesso dos brasileiros fora da pátria à tutela jurídica de um interesse relevante, que é o de constituir nova família. Na lição de MARIA HELENA DINIZ, *"com isso percebe-se que a Lei nº 3.238/57 veio a alterar os artigos 7º, § 2º, e 18 da Lei de Introdução ao Código Civil, eliminando a exigência do domicílio, ficando apenas com o elemento de conexão "nacionalidade". Consequentemente, brasileiros, domiciliados ou não no Brasil, poderão, no exterior, convolar casamento perante autoridade consultar brasileira".*[132]

---

132 MARIA HELENA DINIZ, op. cit., *idem*, p. 380, a citar OSCAR TENÓRIO, *Direito Internacional Privado*, vol. 2, pp. 69/70.

BIBLIOGRAFIA

ABBAGNANO, Nicola. *Dicionário de Filosofia*, São Paulo, Editora Mestre Jou, 1970.

AGOSTINHO, Santo. Confissões, tradução de J. Oliveira Santos, S. J. e A. Ambrósio de Pina, S. J., *Pensadores*, São Paulo, Abril Cultural, 1973, pp. 244 e 248.

AGUIAR JÚNIOR, Ruy Rosado de. *RT* 775/24.

ALDRICH, Virgil C. *Filosofia da Arte*, Rio de Janeiro, Zahar Editores, 1969.

ALEXY, Robert. *Teoria de los Derechos Fundamentales*, Madrid: Centro de Estudios Constitucionales, 1993.

_____. Zum Begriff des Rechtsprinzips. *Recht, Vernunft, Diskurs*, Frankfurt: Suhrkamp, 1995.

ALVES FELIPE, Jorge Franklin e ALVES, Geraldo Magela. *O Novo Código Civil Anotado*, coord. GOUVÊA, João Bosco Cascardo de. Rio de Janeiro, Forense, 2002.

AMARAL, Antonia C. Z., ROSAS, Roberto e VELLOSO, Carlos Mario da Silva. *Principios Constitucionais Fundamentais*. São Paulo: Aduaneiras, 2005.

ANDRADE NERY, Rosa Maria de e NERY JÚNIOR, Nelson. *Código Civil Comentado*. São Paulo: RT.

ARONNE, Ricardo. *Código Civil Anotado*, coord. PEREIRA, Rodrigo da Cunha, Síntese, Porto Alegre, s/d.

BANDEIRA DE MELLO, Celso Antonio. *Curso de Direito Administrativo*, Sao Paulo, Malheiros, 1994.

BARROSO, Luís Roberto. "Neoconstitucionalismo e Constitucionalização do Direito", *Revista da Escola Nacional da Magistratura – AMB*, ano I, nº 2, p. 31, out. 2006.

_____. *Interpretação e Aplicação da Constituição*, 6ª ed., São Paulo, Saraiva, 2004.

BOBBIO, Norberto. *O Positivismo Jurídico* – Lições de Filosofia do Direito, São Paulo, Ícone Editora, 1995.

_____. "Principi Generati del Diritto", *Nuovissimo Digesto Italiano*, 1966.

BONFANTE, Pietro. *Instituciones de Derecho Romano*, 3ª ed., Madrid, Instituto Editorial Réus, 1965.

BRITO, Alejandro Guzmán. "La Función Jurisdiccional en las concepciones clásica, moderna y contemporánea", *La Función Judicial*, obra coletiva, prólogo del Doctor ABELARDO F. ROSSI, Buenos Aires, Ediciones Depalma, 1981, p. 225.

BRITTO, Carlos Ayres. *Teoria da Constituição*, Rio de Janeiro, Forense, 2003.

BURDEAU, Georges. *Manuel de Droit Public*, Paris: Imprenta, 1948.

C. LOSSO PEDROSO, Marcelo Batuíra da. *Liberdade e Irrenunciabilidade no Direito do Trabalho* – Do Estudo dos Princípios à 'Economic Anallysis of Law' aplicados ao Direito do Trabalho, Porto Alegre, Sérgio Antonio Fabris Editor, 2005.

CAHALI, Yussef Said. *Família e Sucessões*. São Paulo: RT, 2011.

CANARIS, Claus-Wilhelm. *Pensamento Sistemático e Conceito de Sistema na Ciência do Direito*, tradução de Menezes Cordeiro, Lisboa, Fundação Calouste Gulbenkian, 1996, p. 77.

CHORÃO, Mário Bigotte. *Temas Fundamentais de Direito*, Coimbra, Livraria Almedina, 1991.

COELHO, Fábio Ulhoa. *Comentários à Nova Lei de Falências e de Recuperação de Empresas*, São Paulo, Saraiva, 2005.

COELHO, Luís Fernando. *Lógica Jurídica e Interpretação das Leis*, 2ª ed., Rio de Janeiro, Forense, 1981.

COMPARATO, Fábio Konder. *Ética* – Direito, Moral e Religião no Mundo Moderno, São Paulo, Companhia das Letras, 2006.

CUNHARODRIGUES,JoséNarciso da. "Sobre a Justiça no Próximo Milênio", *Perspectivas do Direito no Início do Século XXI*, Boletim da Faculdade de Direito, Universidade de Coimbra, Studia Jurídica 41 – Colloquia 3, Coimbra Editora, 1999, p. 100.

DALLARI, Dalmo de Abreu. *Elementos de Teoria Geral do Estado*, 16ª ed., São Paulo, Saraiva, 1991.

DEL VECCHIO, Giorgio. *Derecho y Vida* – Nuevos Ensayos de Filosofia Jurídica, Barcelona, Bosch, Casa Editorial, 1942.

DELGADO, Mário Luiz. *Problemas de Direito Intertemporal no Código Civil*, São Paulo, Saraiva, 2004.

_____. "Problemas de Direito Intertemporal: Breves Considerações sobre as disposições finais e transitórias do novo Código Civil Brasileiro", *Questões Controvertidas no novo Código Civil*, São Paulo, Editora Método, 2003, p. 492.

DINIZ, Maria Helena. *Código Civil Anotado*, 11ª ed., São Paulo, Saraiva, 2005.

_____. *Lei de Introdução ao Código Civil Brasileiro Interpretada*, 17ª ed., São Paulo, Saraiva, 1999.

_____. *Novo Código Civil Comentado*, coordenação FIUZA, Ricardo, 2ª ed., Saraiva, 2004.

DUVIGNAUD, Jean. *Sociologia da Arte*, Rio de Janeiro, Forense, 1979.

BIBLIOGRAFIA

DWORKIN, Ronald. *Taking Rights Seriously*. USA: Bloomsbury, 2003.

ERRAZURIZ, Barros. *Curso de Derecho Civil*, 4ª ed., Chile, vol. I, nº 79.

FACHIN, Luiz Edson. Proposta de Enunciado apresentada durante a III Jornada de Direito Civil, promovida pelo Centro de Estudos Judiciários do Conselho da Justiça Federal, no período de 1º a 03.12.2004, *in* DINIZ, Maria Helena, *Código Civil Anotado*, 11ª ed., São Paulo, Saraiva, 2005.

FERRAZ JÚNIOR, Tércio Sampaio. "Teoria da Norma Jurídica: um modelo pragmático", *A Norma Jurídica*, coord. SÉRGIO FERRAZ, Rio de Janeiro, Freitas Bastos, 1980.

_____. *Teoria da Norma Jurídica*, Rio de Janeiro, Forense, 1978.

FERREIRA, Pinto. *Comentários à Constituição Brasileira*, São Paulo, Saraiva, 1989, 1º vol.

FIGUEIREDO TEIXEIRA, Sálvio de. "O Juiz em face do Código de Processo Civil", *Revista de Processo* nº 10, p. 226.

FIUZA, Ricardo. *Código Civil Comentado*. 8ª ed. São Paulo: Saraiva, 2012.

GASSET, J. Ortega y. "La Idea de Principio en Leibniz", *Revista de Occidente,* Madrid, vol. 7, p. 264, 1967.

GOMES, Orlando. "Memória justificativa do Anteprojeto de Reforma do Código Civil" (1963), *Código Civil – Anteprojetos*, Brasília, Senado Federal, 1989, v. 2, p. 199.

GOMES CANOTILHO, José Joaquim. *Direito Constitucional*, 6ª ed., Coimbra, Livraria Almedina, 1993.

GRAU, Eros Roberto. "A jurisprudência dos interesses e a interpretação do Direito", *in* JOÃO MAURÍCIO ADEODATO, org., *Jhering e o Direito no Brasil*, Recife, Universitária, 1996.

_____. *A Ordem Econômica na Constituição de 1988* – interpretação e crítica, São Paulo, Malheiros, 1997.

_____. *La Doble Desestructuración y la Interpretación del Derecho*, Barcelona, Editorial J. M. Bosch, S.L., 1998.

HÄBERLE, Peter. *Hermenêutica Constitucional – A Sociedade Aberta dos Intérpretes* da Constituição: Contribuição para a Interpretação Pluralista e Procedimental da Constituição, trad. GILMAR FERREIRA MENDES, Porto Alegre, Sergio Antonio Fabris Editor, 1997.

JHERING. *Geist des Römischen Rechts*, Leipzig: Breitkopf und Härtel, 1886, t. I.

JOÃO XXIII. Encíclica *Pacem in Terris*, II, 58.

KANT, Emmanuel. *Escritos Políticos*, UTET, 1956.

KANTOROWISCZ, Germán. "La Lucha por la Ciencia del Derecho", do original alemão "Der Kampf um die Rechtswissenschaft", primeira edição alemã com o pseudônimo GNAEUS FLAVIUS, 1906, *La Ciencia Del Derecho*, Buenos Aires, Editorial Losada S/A, 1949.

LARENZ, Karl. *Methodenlehre*, cap. VI, 3, b, pp. 482/483.

_____. "Weigweiser zu richterlicher Rechtsschöpfung", *FS Nikisch*, pp. 275/305.

LOPES, Serpa. *Comentários à Lei de Introdução ao Código Civil*, Rio de Janeiro: Freitas Bastos, 1959, São Paulo: RT, 1999. vol. 1.

MAMEDE, Gladston. *Semiologia e Direito* – Tópicos para um debate referenciado pela animalidade e pela cultura, Belo Horizonte, Editorial 786, 1995.

MARTINS-COSTA, Judith. *Boa-Fé no Direito Privado*.

_____. "As cláusulas gerais como fatores de mobilidade do sistema jurídico", *RT* 680/50.

MAXIMILIANO, Carlos. *Direito Intertemporal ou Teoria da Retroatividade das Leis*, 2ª ed., São Paulo/Rio, Livraria Freitas Bastos, 1955.

MIRANDA. *Tratado das Ações*, São Paulo: RT, 1972, tomo 3.

MORAES, Alexandre de. *Direito Constitucional*, 19ª ed, São Paulo, Atlas, 2006.

MOREIRA NETO, Diogo de Figueiredo. "Princípios Constitucionais Fundamentais – Uma Digressão Prospectiva", *Princípios Constitucionais Fundamentais*, VELLO-SO, Carlos Mário da Silva, ROSAS, Roberto e AMARAL, Antonio Carlos Rodrigues do, Coordenadores, *Estudos em homenagem ao Professor Ives Gandra da Silva Martins*, São Paulo, LEX Editora S/A, 2005.

NALINI, José Renato. *A Rebelião da Toga*, Campinas-SP, Millennium, 2006.

_____. *Ética Ambiental*, 2ª ed., Campinas, Millenium Editora, 2003.

NEGRÃO, Thetônio, FERREIRA GOUVÊA, José Roberto. *Código Civil e Legislação Civil em vigor*, 23ª ed., São Paulo, Saraiva, 2004.

NERY JÚNIOR, Nelson e NERY, Rosa Maria de Andrade, *Código Civil Comentado e Legislação Extravagante*, 3ª ed., São Paulo, RT, 2005.

NITSCH, Nicolas. *L'Inflation Juridique et ses Conséquences*, Arquives de Philosophil du Droit, Tome 25, 1980.

NUSDEO, Fábio. "A Principiologia da Ordem Econômica Constitucional", *Princípios Constitucionais Fundamentais*.

OLIVEIRA BARACHO, José Alfredo de. "Teoria Geral da Justiça Constitucional", *Direito Constitucional Contemporâneo*, ROCHA, Fernando Luiz Ximenes e MORAES, Filomeno, Coordenadores e coautores, Belo Horizonte, Del Rey, 2005.

PEREIRA, Jane Reis Gonçalves. *Direitos Fundamentais e Interpretação Constitucional*, Rio de Janeiro: Renovar, 2005.

PONTES DE MELLO KUJAWSKI, Gilberto de. "Ideia do Brasil – A Arquitetura Imperfeita", série Livre Pensar, São Paulo, Editora SENAC, 2001.

PORCHAT, Reynaldo. *Curso Elementar de Direito Romano*, 2ª ed., São Paulo, Melhoramentos, 1937.

PORTALIS, Jean Etienne Marie. "Discurso Preliminar do Primeiro Projeto de Código Civil apresentado no ano IX pelos Srs. Portalis, Tronchet, Bigot-Préameneau e Maleville", contido na *Coletânea completa dos discursos pronunciados por ocasião da apresentação do Código Civil pelos diversos oradores do Conselho de Estado e do Tribunato*, Paris, 1855.

RÁO, Vicente. *O Direito e a Vida dos Direitos*, 6ª ed., atualizada por Ovidio Rocha Barros Sandoval, São Paulo, RT, 2005.

REALE, Miguel. Exposição de Motivos do Anteprojeto do Código Civil, apresentado pelo Prof. em 16.01.1975, *Diário do Congresso Nacional*, Seção I, 13.06.1975.

_____. *Estudos Preliminares do Código Civil*, São Paulo, RT, 2003.

_____. *Filosofia do Direito*, 19ª ed., 2ª tiragem, São Paulo, Saraiva, 2000.

_____. *História do Novo Código Civil*, São Paulo, RT, 2005.

_____. *Lições Preliminares de Direito*, 27ª ed., São Paulo, Saraiva, 2004.

RESCIGNO, Pietro. "Apprenti Sulle 'clausole generali'", *Est. Romagnoli*, v. II, p. 1.275/1.285.

RIPERT, Georges. *Le Déclin du Droit*, Paris, Librairie Générale de Droit et de Jurisprudence, 1949.

RODRIGUES, Silvio. *Direito Civil – Direito de Família*, 28ª ed. revista e atualizada por F. Cahali, São Paulo, Saraiva, 2004, vol. 6.

ROUBIER, Paul. *Le Droit Transitoire* – Conflits des lois dans le temps, 2ª ed., Paris, Éditions Dalloz et Sirey, 1960.

_____. *Les Conflicts de lois dans le temps*, Paris: Sirey, 1933, 2º vol.

RUGGIERO, Roberto de. *Instituições de Direito Civil*, São Paulo, Saraiva, 1934, v. I.

SAINT-JUST. *Fragmentos das Instituições Republicanas*, Edições Einaudi, p. 45.

SALEILLES, Raymond. *Méthode d'Interpretation et Sources en Droit Privé Positif – Essai Critique par FRANÇOIS GENY, Doyen Honoraire de la Faculté de Droit de Nancy, precede d'une Préface*, 2ª ed., Paris, Librairie Générale de Droit & de Jurisprudence, 1954.

SAMPAIO, Jorge. "O Direito e a Justiça", *Perspectivas do Direito no Início do Século XXI*, Boletim da Faculdade de Direito, Universidade de Coimbra, série Studia Juridica, coloquia-3, 1999, p. 188.

SANTOS, Antonio Jeová dos. *Direito Intertemporal e o novo Código Civil* – Aplicações da Lei nº 10.406/2002, 2ª ed., São Paulo, RT, 2004.

SARLET, Ingo (org.). *Constituição, Direitos Fundamentais e Direito Privado*, Porto Alegre, Livraria do Advogado, 2003.

SARMENTO, Daniel. *Direitos Fundamentais e Relações Privadas*, Rio de Janeiro: Lumen Juris, 2004.

SAUSSURE, Ferdinand de. *Curso de Lingüística Geral*, trad. Izidoro Blinkstein e outros, São Paulo, Cultrix, 1989.

SIQUEIRA JÚNIOR, Paulo Hamilton. *Comentários ao Código Civil* – artigo por artigo, coordenação CAMILLO, Carlos Eduardo Nicoletti, TALAVERA, Glauber Moreno, FUJITA, Jorge Shiguemitsu e SCAVONE JÚNIOR, Luiz Antonio, São Paulo, Revista dos Tribunais, 2006.

STRECK, Lenio Luiz. *Direito Constitucional Contemporâneo*, ROCHA, Fernando Luiz Ximenes e MORAES, Filomeno, organizadores e co-autores, Belo Horizonte, Del Rey, 2005.

TAVARES, André Ramos. *Constituição do Brasil Integrada*, São Paulo, Saraiva, 2005.

TENÓRIO, Oscar. *Direito Internacional Privado*, 11. ed. Rio de Janeiro: Freitas Bastos, 1976, vol. 2.

VERGOTTINI, Giuseppe. "Ordem Pública", verbete no *Dicionário de Política*, de Norberto Bobbio, *et allii*, 5ª ed, vol. 2, Imprensa Oficial-Editora UnB, 2000.

WIEACKER. *Privatrechtsgeschichte*, § 25, III, 3, pp. 476/477.

ZAVASCKI, Teori Albino. "A tutela da posse na Constituição e no Projeto do Novo Código Civil", *in* MARTINS-COSTA, Judith, org., *A Reconstrução do Direito Privado* – Reflexos dos princípios, diretrizes e direitos fundamentais constitucionais no direito privado, São Paulo, RT, 2002.

ZITELMANN, Ernesto. "Las Lagunas del Derecho", *La Ciencia del Derecho*, Savigny, Kirchmann, Zitelmann, Kantorowicz, Buenos Aires, Editorial Losada S/A, 1949.